中共中央宣传部、国家新闻出版广电总局主题出版重点出版物

中华文化的前途和使命

许嘉璐 著

许嘉璐自署

图书在版编目(CIP)数据

中华文化的前途和使命/许嘉璐著. —北京:中华书局,2017.6
(2018.8 重印)
ISBN 978-7-101-12613-6

Ⅰ.中… Ⅱ.许… Ⅲ.中华文化-研究 Ⅳ.K203

中国版本图书馆 CIP 数据核字(2017)第 129437 号

书　　名	中华文化的前途和使命
著　　者	许嘉璐
责任编辑	陈　虎　傅　可
出版发行	中华书局
	(北京市丰台区太平桥西里 38 号　100073)
	http://www.zhbc.com.cn
	E-mail:zhbc@zhbc.com.cn
印　　刷	北京瑞古冠中印刷厂
版　　次	2017 年 6 月北京第 1 版
	2018 年 8 月北京第 3 次印刷
规　　格	开本/700×1000 毫米　1/16
	印张 17　插页 2　字数 160 千字
印　　数	20001-25000 册
国际书号	ISBN 978-7-101-12613-6
定　　价	48.00 元

目录

前言：世界格局巨变与中华文化担当

这几年出现了久盼才来的文化热、"国学热"，各族人民的"怀旧"和渴望，人文、社会、哲学等专业学者的灯下伏案，党和政府的不断支持、提倡，是正在兴起这一热潮彼此呼应、相互支撑的三大支柱。面对这一情况，我国人文、社会、哲学等学科应该如何回应之？

横观世界，欧、美、亚越来越多的学者也在反思，不时地回顾由苏格拉底到亚里士多德留下的遗产和缺陷，对"现代"发出质疑，审慎而严厉地批判西方（盎格鲁·撒克逊—希腊·罗马文化区域）工业化"现代"社会的种种恶疾。这些声音，无意中与中国文化的动向发生了共振，形成东西夹击之势。

在这种情势下，中国学人应以什么样的视角、胸怀和方法去审视世界大势，反观自身的文化传统和当下的文化现状？又如何与世界人民联手，共同应对人类深陷的种种危机？

世界正在发生甚至可以说已经发生了巨变。宣告必然、必须要发生这一巨变的，是遍布于全球、人人容易感知的危机（或曰"风险"）。环境急速恶化、局部冲突不断、核战的可能性、贫富差距拉大、莫名流行病频发、不平等的普遍存在……这不能不促使人们警觉：地球怎么了？人类怎么了？社会出了什么毛病？未来的路在哪里？中东的乱局、欧洲的"难民潮"、英国的脱欧、美国的"分裂"……不过是事情的表象、危机的序幕。人类身陷其中的种种风险，通常容易被人割裂开来，分别关注。有的人似乎"事不关己，高高挂起"，却又时而指责诅咒；有的人因受教育的水平和所学专业的局限，也因为在相关报道和分析的论著中充斥着专业术语和"行话"，无法保证对风险的认知和关注。于是，我们似乎看到了这样的景象：在被一片蒙蒙灰雾覆盖下的人们中，有人逐渐警觉，有人发出告诫，有人苦思对策，而更多的人在照常行路、嬉戏，不知"身在此山中"的危险后果。这时人们最需要的是什么？需要社会如《庄子·逍遥游》里面的巨鲲，化而为鹏，"怒（鼓足力量）而飞"，"抟扶摇而上者九万里"，俯瞰下界，究其懵懵然、木木然的根由，探寻人之身与心、人与人、人与自然本应具足的和谐共生之路。应该由谁负起这副重担？学人、政府、民众，不分学科专业、部门高低、城乡差别，都应以清醒的头脑、明察的眼睛、坚强的双肩，勇敢地担当起来，由所有民族共担重任。

社会是复杂的、层次式的。政府综合国内外情况、吸收专家意见，领导全社会力挽狂澜。学界的责任在于率先透过现象捕捉本质，向上建言于政府，向下达至全民，究其缘由，揭示人心，鞭挞邪恶，探寻出路。我所谓的学界，并不单指人文、社会、哲学学科，也包括了自然学科和技术领域，因为人的主观情况和客观环境条件的复杂性、多样化，绝不是某一个或某一类学科一支孤军即能探究的。至于广大民众，作为国家和民族的主人、主体，既应该受到公平和尽可能的保护，也应该成为化解危机的主力。单从这一角度说，民众也应该得到良好的、真正科学的熏陶和教育，成为对世界走向保持清醒头脑的巨大群体。

明摆在世人眼前的世界性危机，是自人类脱离了采摘狩猎和农耕，进入工业化，生产率千百倍地提高，相应地对自然资源的消耗也提高了千百倍而造成的。农场主或贵族转营工业的收益因此而节节提升，于是，生产率—资源—利润空前紧密的关联就此开始。工业化极大地促进了技术和科学的发展，技术和科学又不断地提高生产率，于是社会迅速前奔。工业产品需要更为广大的市场，生产资料需要无限的供应地，这就是出现"殖民运动"的实际推动力。伴随着"殖民运动"，层出不穷地出现了论证工业社会符合"理性"、科学成果的绝对性、欧洲文化中心论、侵略并殖民其他民族的必然性和神圣性的论著，学术派别也迭出而炫目。人们或被迫或甘愿紧随其后，去接受上帝的代言人前来传播"天国"的福音。

随着现代枪炮、老式毒品、工业产品滚滚而来，是当年摆脱了《创世纪》思路的全新观念。"上帝已死"？不，他还活着！生活在"世界中心"的自然科学家和人文学者，心之深处仍然潜藏着希伯来—希腊·罗马的哲学，"文艺复兴"把人格神请下了宝座，却同时创造了一个令人震惊艳美和崇拜、带着旧神之灵的新神——抽象的自由、平等、博爱和发展越来越快的科学技术。在某种程度上可以说，"文艺复兴"乃以希伯来—希腊·罗马混血之躯壳，"兴"起"新世界"之神，而对纪元前后的文化和中世纪的黑暗并没有从根子上予以否定。

自人类成为人类以来，人与人之间的关系（主要指群体之间）只有三种方式：隔绝、对抗、对话。在任何历史阶段，人类关系从不会是纯一的隔绝、对抗或对话，而是以其中一种方式为主，其余二者为辅。远征、"发现新大陆"、踏上"东印度"，是人类从以隔绝为主转为以对抗为主的标志性实践，两次空前的世界大战则是对抗阶段的巅峰。"物极必反"，先进武器、血腥屠戮都产生在基督徒集中地区，即秉持"工业化社会"极力向蒙昧、野蛮地区和国家推广自由、平等、博爱、民主精神原则的世界中心，亦即现代科学技术最发达的"历史中心环"里。这个"环"即过去人们常常说的"西方列强"，他们自认为是除自己之外的所有地区（"非西方"）的"主人"。

此前"世界中心"之"核"，先后是荷、葡、西、意、法、英等欧洲国家。经两次大战，大英帝国元气大伤，中心之"核"移到了美利坚。美国在20世纪二三十年代爆发的经济危机，究其实质仍在于其制度本源，在其工业化—资本化—金融化—自由化的路上，径直地把高喊"自由、平等、博爱"口号（还可以再加上"人权"）的中心引上了悬崖。众所周知，经济领域的自由化，简言之就是市场拒绝政府的规划、干预、约束，一切随市场之便。20世纪90年代起，美国独霸，"自由化"愈加"自由"，号称"新自由主义"，凭借其世界最富有的经济体实力和地位，集老殖民者给其所侵略地区制定的"规则"之大成，通过废除金本位、成立国际货币基金组织、世界银行和经合组织，给全世界制定了规则，再加上为保护这一新型殖民运动的军事、政治、文化、教育、管理等一揽子指针，构成了近一个世纪的"世界秩序"。

若仅"就事论事"看，也就是把当前世界情势从历史和环境中单摘出去分析，美国在西欧的参与下，的确推出了"新秩序"；但如果把表象翻过去看，露出来的不过是老殖民主义穿上了新衣，其内核仍是启蒙运动留给后代的二元对立、非此即彼，物竞天择、适者生存，机械论、终结论，绝对论、宿命论之类已多次被历史否定了的"原则"（西方有的学者称之为

"范式")。"世界秩序",实际就是用极巧妙的方式把这套规则强行推到全世界而已,无论是所谓新兴国家(大多为前殖民地),还是"西方"内部美国之外的国家,无一幸免。

"世界秩序"仅就其字面理解,就是世界各国共同遵循的规则。基辛格以这个词语为其新书命名(World Order)。他在书的《序言》中说:"该体系(案,指规则、秩序)没有一个各国均认可的定义。"甚至直率地指出:"从来不存在一个真正全球性的'世界秩序'。"但是早在19世纪初,美国就已经声称:"我们是全人类的代表。"从"代表"到"世界秩序"的制定者和总指挥只有一步之遥,而这个短暂的距离,就是踏着"世界秩序奏鸣曲"走过的;指挥和演员则是新自由主义的吹鼓手和他们身后的政客。

何为"秩序"? 我们引进词源学的一点例证,对于弄清楚其实质似乎不无益处。《说文》上说:"秩,积也";"序,东西墙也"。"积"字也从"禾",以之释"秩",原指收割后禾粟的储存形态;此犹《史记》所说的"如积薪耳,后来者居上"。禾也好,薪也好,其他物事也好,"积"都有个次第,这个次第是事物本有的("秩"中之"禾"易之以"巾"而成"帙"字,表示书策之次第,取意相同)。"序"所指的"东西墙",乃谓古人室前阶上之"堂"左右两边的墙(堂无顶,坐北朝南,南边无墙),"序"就成了主、客及他人登堂、依年龄或尊卑安排座席的标记性设施,因而就也有了次第之义。这个次第是由民俗演变而成为礼仪的,创立者不知谁何,换言之,是公认的。由此可见,汉语的"秩序"涵蕴着物随其自然、人循其伦理而排列的意思。汉语的"秩序"和英语的 Order 对译,而 Order 除了规则、程序这类意思外,还有"命令"之义。例如 Order in council,既可译为政务令,也可译为枢密令。中英词义上的这种微别,是否可以引发这样的思考——"世界秩序",在中国的古今语境中只是指世界各国自然而然形成的、公认的、彼此相处的目的、方式和原则,而 World order 则隐含着(甚或是在暗示着)由某国或某集团制定并以不断翻新的花样"命令"各国必须遵守、不得违规的意思。基辛格在《世界秩序》中引用了 1839 年美国政府探险远征队 John O'Sullivan 文章中的这样一段话:

我们是代表人类进步的国家,谁会给我们的前进设限呢? 又有什么力量能给我们设限呢? 上帝与我们同在,世间没有任何国家可与我们媲美。

基辛格概括了该文中的意旨：

> 一个伟大、自由的联邦奉上帝的旨意，雄居其他国家之上，愿意将其原则传遍整个西半球。
>
> ······
>
> 美国不仅仅是一个国家，还是上帝神圣计划的推手和世界秩序的缩影。

John O'Sullivan 生活于美国雄心已勃勃但尚未称霸之时，一个多世纪后，小布什在发动侵略中东的战争之后，"口误"地声称这是一场"新十字军东征"。今古相映，不管二人是否真的相信上帝的存在，上帝"选民"的身份是否已从犹太民族转到美国基督新教教徒那里，其自诩为有资格为全球制定"秩序"、统辖整个人类的至高无上的观念，已经了然如指。

"世界秩序"胯下的一匹骏马就是"全球化"。"全球化"的意图和规划，早在1947年制定的"关贸总协定"已经奠定了基础，但在"冷战"和众多殖民地尚未独立时期只能实现"半球化"，或者可改称为"西方一体化"。直到1991成立了WTO（"世界贸易组织"），才真正飞快地实现了全球化。

全球化的实质，就如我以前多次说过的，是以美国为首的西方资本主义国家将其多余的产能、产品、资金转移到第三世界（即不发达国家，其中绝大部分是西方列强的原殖民地），最终的目的是攫取无限度的高额利润。

人类社会的每一阶段（最原始人群除外），经济（最初是生存所需的食物）和社会结构、政治，以及后来从狩猎演变出来的军事行动之间，从来是密不可分的。演变到高级资本主义，高度垄断以及非实体经济急速发展，经济和文化、政治等的联系越发紧密，于是，"全球化"，远非限于经济领域。直言之，人们（尤其是美国）所说的"全球化"实亦"文化全球化""教育全球化""政治全球化""价值观全球化""传播媒体全球化""经济和社会管理全球化"······一言以蔽之，在口头上大讲"文化多元"，而其中却潜藏着多元中有一元是凌驾于他者之上、要消解他者、使其归顺于"我"这一元的意图和目标。经过几十年的经营和金融资本暴增扩张，这个"我"已专属美国，连多年盟友也扫进"他者"之中了。这种"全球化"，以交流为借口，以垄断为手段，以友谊、援助、促进教育、支持发展、增加收入等为旗帜，遮掩了食利者的真实面目。由于前殖民地、半殖民地在经历一百多年，甚至几百年被压迫豪夺后，急盼着财富的增加和国力的强盛，于是张开双臂欢迎之。的确，在接受了"全球化"的这些国家里，"现代文明""绝对真理"，果然扎根了，发酵了，膨胀了，但自己民族的宝贵传统、文化和生活方式，在新自由主义的霓虹灯和激光图影的闪烁中，显得如此老朽、丑陋，因而被不少人抛弃了。

日久见人心。霸权掌控下的"全球化"肆无忌惮地畅行于世界不过20多年（以WTO成立之日计），"新兴国家"先后真的"兴"起来了，但多数没有探索自己应走和可走的路，几乎完全按照"新自由主义"的药方吃药，走得越快，跌得越重。例如阿根廷、墨西哥、乌克兰等国即是，俄国叶利钦所欢迎接纳的"休克疗法"当然也在其中。而一旦有谁不顺从，违背秩序，轻则中止"援助"，继而"制裁"，太不听话则发动颜色革命、动枪动炮。智利在20世纪70年代发生的推翻阿连德政府的军事政变，以及后来在中东所发生的种种事件及其所造成的恶果，已为世人所详熟。也许人们没有忘记小布什的"口误"，那么这句话就能帮助不明就里的人们沟通了古今，明白了那不过是千年之前宗教与骑士为夺回圣地、"圣墓"进行的征伐、屠戮换上了"新自由主义"旗帜，以"反恐"之名对阻碍"全球化"而发动的讨伐而已。恐怖与极端势力确实存在，但"新自由主义"不自省这二者之所以"成了气候"的社会、历史、经济、政治种种根源以及自己的责任，仍在坚持亨廷顿构建在二元对立、文化排他等"现代"理念基础上的"文明冲突论"。另一个奇特景观是，"恐怖主义""流氓国家"两顶吓人的大帽子拿在国际独裁者手中，随时可以扣到不守"秩序"者的头上。证据呢？有时可以"莫须有"。美国著名学者诺姆·乔姆斯基20余年前出版了一本《新自由主义和全球秩序》（*Neoliberalism and Global Order*），对多数人的权利、自由市场、传媒、人权、侵略等问题，较全面地解剖并尖锐地抨击了美国的内外政策。就像其书名所显示的，他认为这二者几乎就是一个硬币的两面，一个是理论体系，一个是据此理论对全世界发布的号令。威斯康辛的罗伯特·W·迈克杰尼斯为乔姆斯基这本小书写的"导言"直截了当地指出：

> 之所以出现市场的全球化，是因为那些发达国家的政府，特别是美国政府，将种种贸易合约和协定，强加到世界人民的头上，使得那些大型公司和富商们，能够轻而易举地主宰其他国家的经济命脉，却不需为那些国家的人民承担任何责任。
>
> ……
>
> 新自由主义传递的一个最强信息是，目前的状况无须改变，人类的发展已经到了最高阶段，难以再有什么发展的余地了。

说到这里，我们可以列出下面这样一张图，也许能简明地显示出时时见于书刊的一些时政名词术语之间的关系：

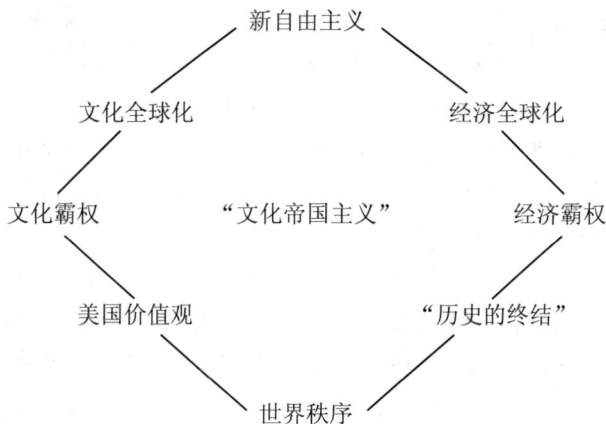

这个环形简图中词语间的直线，我完全有理由改为数学的等号，并且可以把它平列为递等式（借用四则混合运算术语）：

世界秩序＝经济、文化霸权＝新自由主义＝美国价值观＝文化帝国主义＝"历史的终结"

物极必反，盛极必衰。"全球化"推行不过数年，有预见性或敏感性的民族与国家以及美、欧的一批智者已经揭其本质，陈其恶果，甚至直称美国所极力鼓吹、软硬兼施构建的是"文化帝国主义"（2002，〔德〕伯尔尼德·哈姆、〔加〕拉塞尔·斯曼戴奇等）。近年来，"帝国"式微之象天天见诸各国（尤其是西方国家）的传媒；遍及全球的对于本土或民族文化传统的怀念与回归，就是对"全球化""美国化"的抗拒和反动。真正具有标志性意义的，莫过于今年2月慕尼黑安全会议的主题："后真相、后西方、后秩序"。与会者"明确感知到旧的国际秩序难以维系，需要确立新的秩序"（傅莹）。今天世界一片混乱和迷茫——一切都在不确定性当中——但是，也有日益增多的人越来越明晓其根源，就在于"西方""秩序"和"真相"。

未来路在何方？"新的秩序"怎样建立？就像电视剧《西游记》主题歌的歌词所说："路在脚下"——就在几千年乃至上万年的文明史中，就在人类自己的"一念"之间——是继续沿着彼此对抗，唯物质享乐是求，以战争、屠杀、压迫为乐事的旧路走下去，依然如美国"宪法之父"第四任总统麦迪逊所说，政府的主要责任是"保护少数富人"（转引自乔姆斯基）这一套路去管理国家和世界？还是改弦更张，走上包容、和谐、互尊、互鉴、互利，为多数人、为世界、为永续的康庄大道？

中华民族最早形成了高度发达的农耕社会，在生产活动和社会生活中最早、最完整地体验到人与人、人与自然、现在与未来、物质与精神之间应该有着怎样的关系。

眼下，为"世界秩序"思考、研究、呐喊、争辩之声哄然杂沓，粗略分之，大约有固守派、悲观派、迷茫派和颠覆派数种。一提到固守派，大概人们首先想到的就是弗朗西斯·福山。他在1998年金融危机和非美国家逐渐觉醒的形势下，虽然声称怀疑了自己所坚信的新自由主义和历史终结论，但他只是用资本主义卫道士的眼睛，寻觅资本主义制度机体上的小伤小疤。加拿大著名学者马克·斯坦恩，2006年出版了他"最好"的一本书《美国独行——西方世界的末日》。书中，他既惊愕于西方之将衰，又坚持着美国中心论和亨廷顿的文明冲突论，把西方世界之面临末日归结为若干枝节性、技术性的问题。我觉得称之为"悲观者"颇为恰当，因为他看不到未来。在理论界，"迷茫者"尤多，他们看到300多年来的秩序已经破碎，却未知其由，遑论探索未来，每一发声或仅局于一隅，或言不及义，书文中弥漫着悲观气息。颠覆派不但痛斥新老自由主义、霸权主义、帝国主义之邪恶，矛头直指占人口仅 1% 的食利者，而且一再提出要重塑文明、再建秩序、尊重文化多样性、开展跨文化交流。例如，图宾根大学的孔汉思，多年倡导各种宗教、信仰共建"世界共同伦理"，都是令人赞佩敬仰的勇士。但是似乎在这一类学者中像《十字路口》（Crossroads）一书的作者彼特·诺兰（Peter Nalan）那样，特别注意到西方（尤其是美国）应该关注世界东方的学者并不多见。诺兰对中国的传统文化和现当代经济发展及社会问题给予了高度重视，认为美国应该接受中国崛起的事实，并从中国的儒家、道家那里汲取养料，避免二元对抗的弊病。

即如我们在上面略述的，西方学者从不同角度、用不同方法剖析当代，环顾东西，窥测未来，颇多启示意义；但在我看来还有以下可以或应该补苴之处。

1.他们没有向人们清晰地显示出（或许并没有意识到）文化的整体性、复杂性，当然也就没有分析每种文化内部的层次及其相互关系，因此时时把一些文化表象和文化核心（信仰、哲理）混而论之。

2.由是之故，在反思西方（特别是美国）形势一至于此的文化根源时，鲜有触及问题症结之所在者。例如，西方政党、政府、学术"权威"十年间即失去了选民的信任，显赫的经济美景及其相关的理论大厦轰然倒塌，根本的因由不外乎绝对少数对大多数掠夺过分，财富落不到圈外人而已。但是为什么多数人对此讳莫如深？是思维的局限，还是"新自由主义"施加的"政治正确"压力所致呢？

3.许多西方学者（有些即原来的"后现代主义"者）在极力批判"现代"的哲学理念、"绝对真理"和思维方式的同时，却不免在不知不觉中又坠落陈旧的窠臼之中，因而难以避免出现"自悖"之处，当然也就不易切中骨髓。

4.大多西方学者对于东方传统文化和近百余年的状况，特别是中国当代的起伏变化普遍缺少了解，这是近 200 年来中—西交流偏向于"西学东传"这一不平衡状态的反映，也是有待于东方诸国提供合作的领域。

说到这里，我们该返回到本文题目的下半段了：中华文化的担当。

以上的文字，其实都是叙述我所感受和认识到的西方文化的危机、世界秩序的荒诞，以说明人类遭遇的噩梦乃是现代文化、科技、经济、政体、思想、生活方式所造成。面对这一几百年来空前的格局大变革，仅靠危机中心地带知识精英的自觉是无法应对的；中华文化经历了数千年的血火锤炼、栉风沐雨，形成了汤因比所称赞的五千年的"超稳定"，积累了丰富的管理国家、遴选人才、防微杜渐的经验和文化。因此，对于关注、认识和挽救人类于泥淖这一历史性任务，中国有着实实在在的自信。

这种文化自信来源有二：一是全面深入了解了自己民族的文化宝库竟如此丰富而璀璨，通过比较，明确地认识到在多样化的古今文化中，中华文化独具优秀的特色，截然区别于尊崇"丛林法则"的西方文化；二是百年的历史，特别是亲见亲历的30多年来改革开放的辉煌成果，和西方日薄西山、五大洲乱象丛生形成了强烈对照，而彼此的现在都是过去的延伸，中国这株硕大的不老树的特色，即在于其根深且深植于亿万人民的记忆中。反过来说，中华文化之源远流长，几经衰而复兴、"遇难呈祥"，原因之一也就在于中华民族的子子孙孙对自己文化的自信。由此想开去，我们本着对万事万物（由肉体到精神、由个体到集体、由个人到宇宙）规律的认识，目睹全球混乱、污浊、残酷的现状，也从不悲观。我们坚信，大乱之后必是大治。历史没有终结，而且永远不会终结，终结的只不过是曾经如日中天，但已不合时宜的思想和制度，就当前说，就是疯狂的资本主义，这和工业化和现代主义当年终结了帝王制度的那场巨变何其相似乃尔。

中华民族，尤其是民族的知识精英，是否应该在如下几个方面尽力？

1. 清除掉自己身上滞留着的西方有害激素。我们不要轻视百余年来西学东侵滴进民族肌体中的不良"营养"，它已沉淀在教育、学术、商业、科技、家庭等领域，随处可见（从某种意义上说，在一般民众的日常生活中和偏远地方，包括少数民族地区，受害较少）。这些"杂质"来自"现代"和"全球化"，已经阻碍了西方自身的正常发展和变革，也在阻碍着我们各项事业的进步。当然，我们永远不会拒绝学习他者之长，包括欧美的成果和经验。例如，开展不同文化间人文、社会、哲学和自然科学的对话与相互渗透，即可补我之哲思注重整体性而稍嫌笼统之不足。

2. 筛去我们传统文化中的糟粕。当然这就需研究、辩难和争论。中华文化中有许多思想和理念是超越时空的；有些是应该随着时间的推移而有所演进的；有些则是经过生活与科学的检验应该抛弃的。既然"人无完人"，那么即使是古圣贤的言行，也可能在当时就并不能成为经典，何况对于千百年后的今日，岂可皆以为瑰宝？当然，是非长短，有仁智所见之异也是常情，因此在研究中的批判与自我批判不可或缺。为此，我们应该学习"鹅湖之会"，朱、陆等各持己见，往复辩诘有年，未衷一是，朱熹复请陆九渊至己所主持的白鹿洞书院畅论其见，此乃宋代大儒留给后人的学林佳话及典范。至明，出现了集儒学学统、道统之大成的王阳明，不可谓与"鹅湖之会"没有关系。我之絮絮于学术史上此一众所皆知之事，乃因当今学界尚缺乏此种气象，希望尽快有所改变而已。

3.当今中华文化急需克服者，为学者与现实、与大众、与教育系统之严重脱节。无论人文、社会、哲学学科抑或自然学科和技术，学人、科学家大多局局于高等学校、研究院所的书房和实验室中，鲜有走出大楼到社会中调查民众对文化之所期，或者进入中小学课堂和社区（含工厂、村寨）去讲课、演示和座谈者。与男女少面对面交流，这是现有的任何媒体所不能代替和比拟的。民族传统的保存和传承，一仗政府的重视，一靠学界的研究和普及，一凭广大民众的知而行之或行中获知。我把这一过程戏称之为"固本强身"。

4.学会并实施中华文化走出国门的伟大事业，使中国人的智慧达到地球上一切有人居住之处。文化多样性的逻辑延伸，就是文化间的交流。文化交流也可分为三个层面或板块：政府、政党间的交流主要是彼此战略、政策和具体事项的互告互知，参与者都是为了捍卫自家的利益；民众的交流（包括商贸和通婚）一般是分散的，停留于文化表层的；学界的交流则将涉及文化的核心或底层：哲学、历史、心理、信仰。这种交流虽然参与的人少，却具有极强的代表性和影响力。中华文化走向世界是对人类最大的贡献之一：和而不同、天人一体、人我同命、手足相应等理念，与当前统治着全球的"世界秩序"既相克也可以相生。时时有西方政要和智库，从不同角度一再指称中国要改变现有秩序并要取现在的"领袖"而代之。这是以己之心度他人之腹的典型："世界秩序"早已自失其秩、已乱其序，何劳中国去改变之？多极世界已成定局，文化多样化开启了人类往来的新纪元，我们的子孙将生活在一个民主的世界、协商共享的地球上，何劳什么人出来当领袖、充坛主？西方的这些同行们多虑了，也过于看得起我们这个东方古国了。

5．"关注当下，关注世界，关注未来"，是知识分子的天职，无论是从事科学研究还是从政从商，概莫能外。我这里所说的"关注"，并非一般意义上的关心、注意，而是中国儒家"知而行之"的"知"、"知者行之始，行者知之成"（王阳明）的"知"。因为受现代西方二分哲学的熏染，当代中国兴起了"纯学术"（盖始于梁启超）之说，波澜所及，学术与社会、治学与治世、现象与本质、形式与内容、自然与人类分离乃至对立起来的观念渐渐成为主流。这三个"关注"就是要反其道而行之：抛弃学术"价值中立"的思维，以各自的专业资源（如文学、史学、哲学以及生物学、天文学、物理学等），解剖世界格局中的种种真相与幻象、真理与荒谬，并以此告知同行与民众，共同主动、自觉地参与世界格局之巨变。值得我们借鉴的是，欧美许多学者直言不讳地称自己母国的现行战略是"帝国主义"，面临的是末日，斥责幕后决策的巨贾财阀。这类文字，很少出自中国学者的笔下，这难道不该引发我们深思吗？

我知道，要完成人类历史上第二次伟大的变革，也可以说是第二次"文艺复兴"，是很困难的，需要的时间会很长，这就是人类历史的特点和规律。但是这绝对不是乌托邦，中国古人提出的天下大同，是人们朦胧的理想；19世纪初欧文、傅立叶和圣西门等人以先见之明创立学说并进行实验，很了不起。但是那时生产力水平、科学发现和阶级关系，没有给他们提供成功的可能。现在自然科学多次颠覆了"现代"的结论，开阔了人们的视野，辩证唯物主义和历史唯物主义已被证明是迄今最科学、最有用的理论，凭借着中国的经验和文化，有伟大的中华文化的积极参与，促进世界新秩序的诞生，人类走向货真价实的对话时代、无战争时代，完全是可能的。如果我的这一阐述没有根本性错误，那么我就可以自封为"乐观派"了。

第一讲

当前文化问题的症结在哪里

近年来,中国悠久、优秀的文化传统受到强烈的冲击,其后果的直接体现是社会上出现了价值观的迷失、生活目标的迷茫和人际关系的冷漠。在这个问题上,有些国人显得懵懵懂懂,甚至把别人给的毒药当糖果吃。这促使我们去思考:人类文化的规律是什么? 中国的文化怎么啦? 该怎么办?

一、我不得不去思考文化问题

我并不从事文化某个门类的研究,而是研究古代汉语的。但是现实的刺激,又逼迫我不得不去思考文化问题。

我们悠久、优秀的文化传统,包括 5000 年来的文化沉淀,以及 100 多年来现代社会先驱、志士仁人的奋斗和在中国共产党领导下的人民革命中烈士们用鲜血铸成的近现代传统。随着西方剩余资本、技术、产品的大量涌入,这两个"传统"受到强烈的冲击,其后果的直接体现,是社会上普遍存在着的价值观的迷失、生活目标的迷茫和人际关系的冷漠。

同时,以美国哈佛大学教授亨廷顿及其弟子弗朗西斯·福山为代表的一批西方学者,写了一系列的文章和著作,给了我相当大的刺激。亨廷顿鼓励美国将其现行的文化价值观推广到全世界,为阿富汗战争、伊拉克战争提供了理论根据。他断言,基督教文化与伊斯兰文化的冲突不可避免。弗朗西斯·福山是美国新保守主义理论的代表人物,他公开宣称,美国的民主制度是人类历史的终结,人类社会最终都要走向美国的模式,历史将把所有的人都塑造成抱有美国式的价值观、民主自由与个人至上的人。福山的观点不是无的放矢,而是与我们针锋相对。从2000 多年前,中国人就认为人类社会的最终目标是大同社会,"大道之行也,天下为公"。李大钊、陈独秀等人引进马克思主义,建立了中国共产党。80 多年来,中国共产党一直努力把马克思主义追求的共产主义理想与中华文化对大同世界的追求融合到一起,形成了中国人的世界观。马克思主义认为,人类所追求的应当是全面发展的人,这样的人应该与他人、社会、自然友好相处,亲密无间。

"文明冲突"和"历史的终结"的理论,不是根据人类的历史和文化发展的规律来研究的,而是这些西方学者以自己的价值观所做的思辨与推衍。因此，在和现实碰撞的时候，他们也感到迷茫。但是，我们还不能乐观。亨廷顿和福山每出一本书，都能成为学术领域最为风行、全世界销量最大的书，说明他们有着广泛的群众、思想和学术基础。配合着这些理论，视中国为敌的势力相互勾结，通过明的、暗的、物质的、精神的手段，把西方的价值观向中国大举渗透。举一个例子，某些外国势力制订了一个计划，要在中国每一个县的每一个乡建一所教堂，现在已经建了1000多所了。难道他们真是上帝派来的天使，要把上帝无私的爱带给"受苦受难"的中国人？其实，这些都不奇怪，这是由他们的本性决定的。但是，值得我们忧虑的是，国人在这些方面还懵懵懂懂，甚至把毒药当糖果吃，眼看着孩子们和父母之间所谓的代沟越来越深，眼看着孩子们盲目地追求西方的生活方式，我们却束手无策，一个个家长只能惊呼和哀叹。

这两个方面的刺激逼迫我去思考：人类文化的规律是什么？中国的文化怎么啦？该怎么办？

中国共产党在建党之初，就非常重视文化、宣传和教育。从苏区开始到解放全中国，文化就是除了军事战线之外众多战线中的一条。"三个代表"重要思想，把文化从中国众多战线中的一条变为建党的"三根柱子"之一，这是历史性的跨越。从那以后，中共中央推出了很多加强文化建设的政策和措施，这都不断给我巨大的鼓舞，也促使我坚持学习、研讨，当然我也没有停止呐喊。下面，我谈谈自己的一些想法。

二、什么是文化，什么不是文化

广义的文化，指的是人类所创造的物质的和精神的所有成果。文化必须是人类创造的。比如黄果树的瀑布、九寨沟的风景就不是文化，那是大自然的赋予。但是，在黄果树瀑布旁边筑的小亭子，九寨沟藏族姑娘的热情接待，那就是文化。大猩猩、狗熊等动物在画布上用爪子印的画不是文化，尽管在西方拍卖行它可能价值几千万美元，因为文化正是人类从动物里分化出来的一个要素。有的学者说"文化就是人化"，人之所以成为人，就是因为有了"文"，而且"化"了。狭义的文化，就是人类所创造的精神成果。谈文化应该把物质文化和精神文化区分开，但是二者又难以严格地区分。

三、要把握文化,首先要将它条理化

文化无所不在,只要有人的地方就有文化。人类有如此多的民族、语言,人类的生活又如此丰富,文化也就丰富多彩。要把握文化,首先要将它条理化。我将文化分为三个层级。

1.表层文化(又称为物质文化)。

这是人类最易感知的文化,是围绕衣食住行所体现的去取好恶。物质本身不是文化,但"去取好恶"赋予在上面就是文化。比如,我选这种衣服,他选那种衣服,是对衣服的去取好恶,这就是物质文化。

2.中层文化(又称为制度文化)。

中层文化包括风俗、礼仪、制度、法律、宗教、艺术,等等。这一层的特点是要借助物质来体现底层的文化。以前,婆媳妇要有盖头,这是从远古时候抢婚演化来的。当时,抢婚的人怕抢来的姑娘照着原路逃回去,所以把姑娘脑袋一蒙,背着就走。可见,风俗要借助物质来体现。我们举行诗歌朗诵会,通过朗诵古诗、现代诗来激励人心,给人以美的享受,也需要借助物质,比如要借助麦克风,朗诵者也得稍做打扮。

3.底层文化(又称为哲学文化)。

底层文化就是人的个体和群体的伦理观、人生观、世界观、审美观。也有人说包括价值观,其实价值观是伦理观、人生观、审美观的综合。

四、文化三个层级间的关系

表层文化和中层文化反映着底层文化的内涵,底层文化内涵渗透于表层文化和中层文化中。比如,一个人穿什么衣服体现了他的审美观。有些人一身都是名牌,但是搭配不合理,颜色不协调,反映了他的层次和品位,这就是表层文化反映着底层文化。绘画、诗歌、音乐等中层文化,也无不体现着底层文化的内涵。

表层文化和中层文化的变化渗透到并影响着底层文化,底层文化引导并制约着表层文化和中层文化的变化。比如,有这样一个年轻人,他染着五彩的头发,戴着耳钉,穿着皱皱巴巴的衬衣,外面罩上一件比衬衣短的牛仔衫,穿着很久没刷的运动鞋。这个孩子这样追求个性,他的思想可能就会慢慢地转变为个人主义,从而渐渐忽略了集体主义,表层文化的变化就这样影响到了这个人的世界观和价值观。再如,有一个孩子平时学习很辛苦,放学回家除了做作业就是上网,在网上交了很多朋友,却未把同一屋檐下的爸爸妈妈当成自己的朋友。这种中层文化与表层文化的表现,久而久之就会影响和改变孩子的伦理观和人生观。

表层文化和中层文化相互影响最为直接,它们相互牵动和制约。电视上明星穿了什么衣服,梳了什么发型,马上就会在社会上流行起来,形成时尚和风潮。

简而言之,表层文化、中层文化和底层文化是彼此交互的。孩子生下来喝荷兰奶粉,用进口奶瓶,穿迪士尼的衣服,蹒跚学步的时候就开始吃麦当劳,再大一点儿的时候玩外国的游戏,而后要听外国的歌曲,上了大学就要准备出国。这样下去,我们的孩子到底是姓"中"还是姓"美"呢?面对孩子们对衣食住行的追求,我们不能任其泛滥、迷恋,但也不是一味拒绝优秀、文明的东西。现在许多年轻人将模糊、不知所云的东西视为美,而认为那些明朗的、敲打人心的东西没意思。如果我们的年轻人都变成玩世不恭的一代,中国的未来就要变质了。

从理论上讲,文化的三层应该是完整的一体。但是在人类历史上从未有过完整的情况,这就是文化的复杂之处。就说旧中国,有的父母一方面教育孩子要忠、要孝,一方面自己花天酒地、无恶不作。社会是复杂的,文化是复杂的,这三个层次就不会是完整的。文化本身就是一个开放的体系,层级之间要容纳不同的东西。但是,如果各个层级之间出现断裂的话,就要造成社会的断裂。如果我们的文化、艺术、宗教不去适应社会主义社会,而是与西方生活方式相适应,将西方的生活方式作为我们生活的主流,就要影响到法律、政策的制定,最终将导致中华民族优秀的传统伦理观、价值观荡然无存。

五、文化的层级和系统间相互纠葛,"你中有我,我中有你"

文化是一个混沌、庞大的体系。从纵向看,在一个文化整体下有种

种亚文化,亚文化下面还有很多次亚文化。所谓亚文化,比如以地域划
分,有西部文化、广东(岭南)文化、江南文化、东北文化,等等;以民族划
分,有汉族文化、蒙古族文化,等等;以行业划分,有机关文化、学校文化、
企业文化、军队文化、农村文化,等等;以人群划分,有大众文化与精英文
化、俗文化与雅文化,等等。所谓次亚文化,比如西部文化,既有陕北文
化,也有青海文化。文化的层级和系统间相互纠葛,"你中有我,我中有
你"。比如,陕北文化基本是农村文化,蒙古族文化既有大众文化,也有
精英文化。

六、文化发展的五大规律

1.变动不居。

文化变化的速度与社会经济(生产力)发展的速度成正比。人类真
正具有文化,是在形成了社会、有了劳动剩余时间之后,但那时的生产力
并不发达。从原始的房子到建筑面积 15 万平方米的富丽堂皇的故宫,
用了 3000 多年。但在 20 世纪 50 年代,我们用 10 个月的时间就建造了
建筑面积达 17 万多平方米的人民大会堂。工业化使得生产力成百上千
倍提高,文化发展也随之加快。各个民族的山歌是农业文化的产物,是
中国文化几千年的沉淀。而现在只要在网上支付一定费用,就可以看到
好莱坞的大片。实现从山歌到网上下载,这一步我们只用了 100 多年。

文化变化的速度是国家活力的表现。文化发展慢,反映国家活力不
足。从"文化大革命"中只听语录歌,到现在孩子们听流行歌曲,也在一
定程度上反映了我国的活力。

文化相对停滞和过速都是危险的。文化相对停滞,国家就处于相
对危险的时期。比如,我国从明朝末期起,文化就基本停滞了,这段时
间正是国家最危险的时候。但文化发展过快也不好,就好像人跑得太
快容易丢掉身上带的东西一样。在快速发展中,最容易丢失的就是精
神和传统。丢掉传统的东西就会无根,就会迷茫和迷失。古今中外,
概莫能外。

文化变动的动力,从社会上说就是生产力和生产关系。但是,文化
作为复杂的系统,还有其内动力,这就是层级和系统内部的彼此冲撞。

比如,衣食住行的表层文化改变了,作为中层文化的礼仪也发生了变化。比如原来老北京的四合院,父母亲住在正房,儿子儿媳住厢房,早上起来上班之前总要到父母房里说:"妈,您起来啦,我上班去了。"但是,现在父母住丰台,自己在延庆,能打个电话就不错了,总不能开车到丰台和妈妈说"我上班了",然后再回延庆上班。这样渗透到底层,作为底层文化的"孝"的内涵和形式也都发生了变化。如父母亲生病住院了,有时子女只能通过请"特护"来代替自己尽孝。

文化的外动力,就是异质文化的接触和冲撞。如裤子并不是中原人的发明,而是胡人的发明,战国时人们学习胡服骑射,军队开始穿裤子,到了南北朝裤子才在日常生活中真正流行起来。今天我们坐的椅子,其实也是历史上的胡人发明的。

2.多元多彩。

文化多元多彩是必然的,这也是文化发展所必需的。文化就是人化,人的复杂性导致行动的不统一性,而不同的行动,又造成了文化的不同基元。文化是一种生活方式,人有了意志之后,总要追求自己的生活方式,文化也随之不同,文化是人的思想、言论、行动的综合。

对于文化的不同,人力只能进行干预和引导,而不能掌控。汉朝要独尊儒术,朝廷只能去引导社会风气,而不能禁止人们研究儒家之外的学术。我们要使大家统一思想和行动,就应当用高尚、向上的东西加以引导。

多元多彩是文化内动力的基础。比如,作曲家王立平所作的曲子中有传统的因素,也融入西方的元素,让人百听不厌。这肯定对别的作曲家有所刺激和冲撞,可能就带动了歌唱家、作曲家的反思,他们就会来参照和学习,这就是内动力。如果文化发展停滞了,多元多彩的性质就会减弱。也可以反过来说,一个时代是不是多元多彩,可以从文化是快速发展还是相对停滞中看出来。

3.吸收异质。

基于不同地理、历史、文化、生产等因素而形成的文化就是异质文化。质的差异有程度的不同,也有近缘和远缘的不同。青海的花儿和陕北的陕调属于近缘,非洲的调子和我们属于远缘,远缘可以变为近缘。美国人在工业革命后到了极致,一切文化产品都标准化、工业化后,灵感枯竭了,就去非洲部落寻找灵感,学来了爵士乐、迪斯科和抽象画。本来是远缘的东西进入了美国的文化,又流传到欧洲,就近缘化了。

表层文化很少表现质的差异,而在中层文化中,质的色彩就浓了。佛教、道教与其他宗教,京剧、昆曲与意大利歌剧,国画与西洋画,中国与西方的家庭观念的差异,要比德州扒鸡与肯德基炸鸡的差别大。质的差异最主要在底层文化,越趋向底层,权重越大。基督教、伊斯兰教、佛教、儒学和道教的实质差别就在底层,就在于它们看待伦理、看待个人价值的观点和态度不同。

异质文化的接触和冲撞,有战争、商贸和移民三种方式。战争是短暂的,但破坏严重。日本侵略并占领台湾50年,用刺刀加棍棒禁止中国人说汉语,逼迫他们以做日本良民为荣,企图这样由表层到底层将台湾的中国文化全面更换。但是,中华几千年的文化根底不是几十年能摧毁的。在台湾光复那天,全岛沸腾,一时间台北、高雄满街响彻中国话。商贸具有线性扩散的特点,比如我们通过丝绸之路向沿途传播中华文化,带回西域和波斯文化。但是,这是局部的、缓慢的。移民将文化由面扩散,快而全面。无论是历史还是今天,移民都是成块儿的。比如,匈奴在汉代逐渐归顺了中原,整个部落、部族的几万人南下,汉朝皇帝就划出一块地方让他们住,并派专人管辖。如今,有30万台湾同胞在上海一个地区居住,台湾本土的咖啡店、槟榔、文学创作也全都过来了。在移民和商贸中又产生了通婚,通婚是文化融合最快的方式之一。商贸和移民是和平方式,是双方自愿的,因而能彼此吸收,也是最稳、最深、最持久的。

4.雅俗互动。

雅文化与俗文化是互动的,二者没有高低之分。所谓高级与低级的区分,在于百姓是否欢迎,内容是否引人向上,是否能引起人们精神的愉悦。雅文化加工精细,欣赏者少;俗文化加工比较粗,和原生态距离不远,容易取悦受众,欣赏者多。

俗文化是艺术的源头之一,雅文化是在俗文化基础上形成的。在两百多年前,京剧是唱野台子戏的,是俗文化,进京后经过精雕细刻才最终形成雅文化。中国的诗歌起源于《诗经》,最初很大一部分就是男女调情的写照,但后来成了经典。经汉乐府、六朝文人诗,后来慢慢形成了可以唱的律诗,之后又出现元曲、元杂剧。四大名著,除了《红楼梦》,最初都是说书的话本。雅文化从俗文化中吸取营养而提高,反过来再推动俗文化。比如《梁祝》受到百姓欢迎之后,就推动了越剧的发展,有的段子成了南方年轻人传唱的曲调。阿炳最初靠拉二胡、吹唢呐为生,这是俗文化。但后来他创作的一些曲子,例如《二泉映月》,就成为雅文化,反过来又推动了二胡曲的创作,成为大众欣赏的艺术。这种互动循环往复、推陈出新,文化才得以前进,这是非常重要的规律。

目前,从事雅文化的人士总在感叹坐冷板凳,而从事俗文化的又看不起雅文化。其实,只要懂得文化的规律就应当明白,谁也不要看不起谁。雅文化要蹲下身来向俗文化学习,因为俗文化贴近百姓,是雅文化的源头之一;俗文化则要仰头向雅文化学习,否则难以提高,难以适应人们对文化的不断追求。

5.表动底静。

表层文化就像地球上的山河,底层文化就像大地母亲。山河的形状可以改变,但山河之性无法改变。底层就是本性,最为稳定;表层、中层要向下渗透,久则撼基,其中中层尤其关键。判断一个社会文化断裂与否,主要要看中层文化和底层文化的关系。比如,我们是吃烤鸭、板鸭还是炖老鸭,这没有关系;但是,歌曲、诗歌是让人颓废还是催人奋进,这就很重要。如果中层文化和底层文化相抵触,这个断裂就将形成社会的危机,今天我们所看到的很多现象就属于这一类。

七、当前文化问题的症结

当前文化问题的症结可以概括为以下六点:(1)底层欠晰;(2)中层彷徨;(3)表层无属;(4)俗而无章;(5)高雅孤芳;(6)亚者乏力。

首先,底层文化欠细、欠明朗。我们现在提倡爱国主义和集体主义,又提倡以爱国主义为核心的传统文化,但这又不完全是传统文化所提倡的仁、义、礼、智、信,也不像孙中山先生提出的忠孝、仁爱、信义、和平。我们的集体主义、爱国主义的支柱是什么,目前还不清晰。

如果中层文化中的宗教、艺术和风俗与整个国家的文化追求相抵触,我们可以禁止它,这是各国的通例。但要明确,我们之所以提出中国的宗教要适应社会主义社会,并不是从消极防范出发的,而是根据宗教作为一种文化现象从来都是变动不居,从来都要适应所处的时代和国家、社会环境这一规律而提出的。在几千年宗教史上,几大宗教都在不同历史时期有过重大改革,改革的原则和目的,就是要适应已经变化的社会现实。

现在中国城市的表层文化属于哪一家? 风靡城市的消费主义、时尚侈靡之风是什么文化? 比如数码相机,从 200 万像素发展到 1000 万像素,一年一个新款,我们去跟风、去追逐,一年换一个,这是中华民族的美德吗?

俗文化目前也没有章法,几乎处于自生自灭状态。美国大片、贺岁片以"电影就是娱乐"之名占据了所有电影院线,各色流行音乐、电脑游戏已成为很多青少年的必需品。那么,原有的俗文化呢? 中华民族的非物质文化呢? 陕北民歌《三十里铺》是曾经流传甚广的一首歌曲,歌曲中"四妹子"的原型现在已经八十岁了。记者到歌曲的发生地陕北绥德三十里铺村采访时,问那里的女孩子们有没有听过这首歌,她们都说没有听过,听的都是流行歌曲。俗文化的自生自灭,是因为没章法——"行省"没章法,"道尹"没章法,"百姓"自然也没章法。现在文化部加强非物质文化遗产的保护,就是要有个章法。

高雅文化成了曲高和寡。据调查,现在有的剧团、乐团即使有再好的角,唱再好的曲,在演第一场的时候能有 30% 的上座率就很好了。即便赠票,也就只能达到五成的上座率。孤芳自赏的东西很难令大众喜欢,剧团自身必须变革。

亚文化也十分乏力。比如,壮族、土家族等少数民族的民族文化保护情况如何? 虽然民族还在,但文化已经没有太多力量了,这样下去很危险。中华民族的文化是 56 个民族共同创造的,民族亚文化乏力,中华文化整体的活力也不会强。地域亚文化、社区亚文化也是如此。

八、几点对策

一要文化自觉,纲举目张。要解决这些问题,首先需要民族的文化自觉,纲举则目张。所谓文化自觉,就是领导阶层和知识阶层要对民族文化的重要性、传统文化中的良莠、文化前进的方向,具有清醒而明确的理性认识。文化自觉并不等于 13 亿人都明白。从江泽民同志在"三个代表"重要思想中提出"代表中国先进文化的前进方向",到胡锦涛总书记提出"八荣八耻"的社会主义荣辱观这一系列有关文化建设的指示、号召,可以看出领导阶层的文化自觉意识越来越明晰。许多省、市的领导都提出要建立文化大省,这也是文化自觉的表现。知识阶层如何呢?惊呼、哀怨多,沉静思考、深入研究、建议创新少,自觉还有待提高。自觉是纲,底层文化是纲,纲举则文化、教育、社会管理这些目即张,中层文化、表层文化也就会逐渐变化。

二要三层并举,沟通古今。建设我们的文化,需要表、中、底三层一起动,只举一层是不行的。我曾经在国防大学作过三次报告,讲的就是中国民主制度与中华传统文化的关系。我认为现在由中国共产党领导的多党合作和政治协商制度、人民代表大会制度和民族区域自治制度,都是中国第一代领导人在吸取中华传统文化优点,又结合百年来的传统而形成的,并非凭空想象。这是对底层文化和中层文化的分析。我希望有更多的人剖析文化的层次,促进三层同步建设。

所谓沟通古今,我认为最好的典范就是胡锦涛总书记提出的"八荣八耻"的社会主义荣辱观。这是经过党中央深思熟虑,脱胎于传统文化,又结合了时代特色提出的道德体系。"以热爱祖国为荣、以危害祖国为耻",讲的就是"忠";"以服务人民为荣、以背离人民为耻",讲的就是"仁"与"义";"以崇尚科学为荣、以愚昧无知为耻",讲的就是"智";"以辛勤劳动为荣、以好逸恶劳为耻",讲的就是"勤"与"廉";"以团结互助为荣、以损人利己为耻",讲的就是"礼"与"义";"以诚实守信为荣、以见利忘义为耻",讲的就是"信"与"义";"以遵纪守法为荣、以违法乱纪为耻"和"以艰苦奋斗为荣、以骄奢淫逸为耻",在传统文化中也都属于"礼"的范畴。沟通古今,很容易勾起民族对传统的记忆,因而也最容易传播,人们易于接受。

三要着眼青年,关注农民。着眼青年的道理不用多说了。农民是我们的衣食父母,而且在农民那里还保存着我们优秀的文化。前些天,我被一篇新闻报道深深打动:长春的一个八岁小姑娘,双目失明并可能不久于人世,小姑娘最大的梦想就是到北京天安门看升国旗仪式。但医生考虑到她的病情而不允许,于是几千名志愿者假造了一个天安门升旗的场景,包括旅途中的各种情景。在升旗时,小姑娘想给国旗敬个队礼,最后爸爸帮她抬起了小手,这时候小姑娘笑了。这说明,民族的希望在人民之中,在农民之中,在城市的普通家庭里。

四要全民启蒙,学校任重。虽然不能要求人人都能达到理性的高度,但我们还是要通过全民启蒙来实现文化自觉。"取法乎上,仅得其中"。学校是传播、创造文化的重要场所,学校对学生进行文化启蒙的任务最重。今天幼儿园的孩子就是明天社会上的基础劳动力,那时的博士生就产生于今天的小学生中,那时的处长就产生于今天的中学生里,今天的大学生中到时会有不少司局长,今天的一些博士后到时会当上部长。因此,如果学校还盲目地追求分数,还不做好民族文化和精神的启蒙,后果就非常严重了。

五要自觉开掘,重在创新。"八荣八耻"是做人的基本准则,但要让人们知荣知耻,光凭发文件、作报告、贴标语是不行的,还要靠大量中层的东西。我们可以充分利用文学、艺术、风俗等中层文化,以创新的思维和方法,用人们愿意接受的方式和手段去宣传、去渗透。韩剧的成功对我们来说既是悲哀又是好事,因为这反映了中国人民对传统的怀念,可惜我们还创作不出这类作品来。甚至禅宗也会给我们以启发,告诉人们在每个人的心中都有善良的一面,只不过被有些东西遮蔽住了。只要醒悟了,意识到自己心中真、善、美的一面并努力纯化,就是好人、有价值的人。我们要自觉地去开掘和宣传藏于民间、代表民族精神和民族前进方向的点点滴滴。但是,只是一味照搬肯定不行,关键还在于创新。比如,现有的剧种想要进入寻常百姓家,达到万人空巷的状况,必须对剧种的形式加以改变,尽管这可能很难。只要自觉了,我们就有可能开掘出许多优秀的东西供广大的人民享受。

文化问题是一个民族得以强大的最根本问题,正如毛主席所说的"物质可以变成精神,精神可以变成物质"。全国人民的文化素养提高了,知识分子的文化素养提高了,这时手里的设备和头脑中的技术就可以成倍地发挥作用。文化的强大不仅能够增加精神实力,还可以增加经济实力。文化已经成为当今经济全球化过程中重要的出口产品。美国最大的出口产品不是汽车,也不是 Windows,而是文化产品。目前,我国图书进出口版权比是10∶1,这与我们 5000 年的文化底蕴十分不符。

古代的四大文明中只有中华文明不曾中断,21世纪的中国小学生几乎可以毫无障碍地诵读8世纪的唐诗,这在全世界都是奇迹。可我们好像浑然不觉,似乎祖先什么都没给我们留下,都以追求西方文化为时髦。

我们要清楚地认识文化建设的现状和存在的问题,在市场经济的大潮中,利用现代技术手段,靠观念的转变与开放,促成体制与机制的改革。光坐而论道是不行的,我们要行动起来,为中华文化建设献计献策,为中华文化发展做出我们独特的贡献。

中华文化源流（上）

引子

　　中华文化源远流长。如果着眼于中华文化发展的过程，可以说，中华文化发祥于公元前30世纪——也就是距今5000年的黄河中、下游。从史前时期到夏、商、周的前期，为文化"聚拢"期，到"春秋"时集其大成。这种聚拢期到春秋时代可以说达到了一个顶峰，也就是说聚拢到顶点了。为什么叫聚拢期？这是因为在黄河中游当时活跃着很多的部落（有的学者称为部族，有的人称为部落，有的人称为民族，我想那时民族还没有形成），这些部族或者部落各有各的文化。如果我们看《史记》的《五帝本纪》的话，就能看出信息来。五帝，一个传一个，几乎都不是同一个族。每一个帝对前一个帝的接续，都把本部族的文化融合进来了。远的不说，咱们就说夏、商、周。商和夏不是一个部族，周和商也不是一个部族，所以当周武王打进商都的时候，要废除他的社稷，而且当时就已经称再稍北边一点的邻近地区的人为戎、为狄。我想这是后来的人以后代的眼光看当时的与北部交界的那些和自己风俗习惯不一样的部族的称呼。当时若干个小部落、小部族，最后都慢慢地归结到夏、商、周帝国。到周的前期，已经基本上是大一统了，所以可以说它是一个聚拢期。换句话说，中华文化的源头是多源的，这个特征请大家记住。春秋作为一个顶峰，把当时黄河中游的不同源头的文化汇总为一身，刚才我说了，已经基本形成了一个大一统的帝国。但是，经过几百年以后，周王朝对于全国的控制力慢慢减弱。是什么原因呢？后边我们要讲。衰落之后，最初封建的一些诸侯势力强大了，这就是战国时代。战国时代，我们今天读《战国策》、读《史记》，都知道各国之间的纷争，这是政治和军事层面。从文化上说，起到一个什么作用？周王朝的思想体系，当时控制全国的那种文化力量衰弱了，这个时候自然就给了诸侯各国一个自由空间。在春秋时期是不行的，春秋时期谁的文化背离了周王朝，按周天子的规定，就要进行征讨。现在没有这个压力了，所以各国就竞相发展自己的文化。这在学术的层面，就表现为百家争鸣的局面。用我们今天的话来说，百家争鸣就是各种学术形成自己的流派。任何学术出现了多种的流派，是这个学术成熟的表现。回顾人类自古以来的学术思想史，恐怕都是如此。

学术流派出现的时候就是它的成熟期,所以,我们说春秋时期是中华文化的聚拢期,而战国时代是它的成熟期。然而像战国这样纷乱是不行的,无论是从当时统治者的角度考虑,还是从老百姓的角度考虑,都承受不了,最后总要有一个强者把各国统一起来。这个任务,大家都知道,是嬴政,也就是秦始皇完成了。从现在遗留的史料看,秦始皇非常有韬略,他对中国的贡献不仅仅是在战国之后统一了中国,不仅仅是"书同文""车同轨",这些都透露出他要在文化建设上有所举措。但是,他的时间太短,由于他的暴政,更重要的是由于他打乱并断绝了贵族们的那种特权思想,于是遭到六国贵族的反对;由于他的暴政,遭到天下老百姓的反对。六国贵族和老百姓这样一结合,就造成了秦帝国必然灭亡的结果。项羽就是六国贵族的代表,刘邦就是农民起义的代表。到了汉代,又成为大一统的国家。政权的稳定、社会的稳定,就要求社会上的学术、社会上的思想不能再纷争下去。怎么统一?最初统一于黄老。为什么要崇拜黄老?黄老是无为而治,这适合在战乱之后休养生息。但是,老是无为而治,国家就不能前进,政权也不能巩固,很自然地就要求有一种思想,这种思想自然要从战国的百家当中选出一个来,作为正统的思想。这个时候出来一个董仲舒,就在儒家的基础上加上了他自己的东西,成为汉王朝的官家的思想。从汉武帝开始,这样一个举动实际上就是让儒家文化成了中华文化的主体,从汉一直到清,甚至可以说延伸到现在。儒家文化从汉代开始就有起伏。西汉灭亡,东汉继起,东汉接着亡,这其中应该说董仲舒的学说起到了一定的破坏作用。本来他想巩固这个王朝,然而走向极端,就要走向反面。董仲舒最著名的思想之一,就是天人感应。接着就是魏晋南北朝,又出现纷争。在纷争的时候,学术又向前发展,就像从前的战国。唐继承了这些主体文化(儒家的),加上纷争时发展了的东西,所以,到唐代又形成了一个高峰。唐代的国力强大,同时各方面的文化都上了一个高高的台阶。唐代的成就不仅高于以前的任何朝代,而且以后的宋、元、明、清都没有超过唐代。所以可以说唐代的文化,在中国几千年的文化当中是一个顶峰。

就在这样一个粗略纵向描绘的轮廓当中,中华文化曾经有过几次和异质文化的对撞,受到了几次大的冲击。一次是魏晋时期的"五胡乱华",结果是形成南北分治的局面。这期间,中华文化或者说是汉文化大量吸收了异族的文化。大江南北由于环境的不同、条件不同而形成各自的特色，分别发展。这样一个分别发展，就为唐代文化高峰的出现做好了准备。另一次是蒙古族入主中原。中华固有的文化——中华文化以汉文化为主体，汉文化以儒家文化为主体——在一个游牧民族入主以后，受到了摧残和压抑。这当然是坏事情，可是从某个角度说又是好事情。为什么呢？因为正统被冲掉了，就给民间亚文化造成了一个发展的空间。我随便举个例子说，历代都有祭孔典礼，蒙古人骑在马背上，管你什么祭孔不祭孔的；说对古书都要尊敬，他才不尊敬呢。但是人们，特别是到了农耕时代的人民，对文化的需求不会因为外部环境的残酷而停滞下来，人们对文化的需求和人们对食物的需求一样。宋代民间本来就有一些小曲儿呀，小戏呀，这个时候慢慢地就被重视起来了，显示了它的生命力。这就是为什么元代偏偏是杂剧、散曲红起来的原因。

这个问题我一直在思考，我们就说文学形式吧。从中原的《诗经》，后来南方出了《楚辞》，汉代文人有汉赋和文章，民间有乐府，这以后到南北朝时期出现了骈文等等这些东西，然后孕育了近体诗。都是近体诗就没意思了，又学着仿古，古体诗；仿乐府，乐府体的诗；时间久了又出现了诗余，就是词。词是唱的，诗慢慢不能唱了，词还能唱，于是词就发展起来了。这些文学形式都能找到出现的外部原因和内部原因，唯独元曲，我找不到原因。于是我又把大家熟知的我也熟悉的几部文学史找来，希望能得到答案。可是没有得到答案。后来我转移到从文化发展的角度去看，我自己得出了这样一个初步的结论：异族入侵之后，原来的正统文化或者说文化的主体受到了摧残和压制。另一方面，社会对于文化的需求并没有中断。这个时候总要找到一种形式来发散自己的情绪，寄托自己的感情，也就是，高雅的不行了，俗的要起来，俗的一起来，被文人注意了，就被提升了，就变雅了。这样讲，曲的走红就找到答案了。对不对呢？还需要学术的鉴定。这是第二次异质文化的冲击。

第三次就是清末西方文化的冲击，到现在这个过程还没有结束。任何一种文化在其发展的过程当中，几乎都不是完全封闭的，随时随地都在和异质文化发生接触。正是因为这个缘故，所以中华文化又是多元的。上面我谈到黄河中游，那个多源是三点水这个"源"，现在我谈到中华文化是这个元首的"元"，这两个意思不完全一样。如果打比方，可以把中华文化比做我们的长江、黄河,它在昆仑山发源之后一路流来,不断地有小河往里汇进,然后到了下游才是一个浩浩荡荡的大川。从地理学意义上来说,某条小河是长江的源头、黄河的源头这个话并不准确,那是黄河的源头中最远的一个,任何支流都应该是它的源头。中华文化的这样一个过程,始终没有中断过。这就产生了以下几个问题:一个问题是,中华文化为什么能够有这样大的包容性,在和异质文化接触之后就能把异质文化吸收过来,变成自己的? 第二个问题是,中华文化在和异质文化的冲撞中始终没有被湮没或崩溃,中华文化为什么有这么大的生命力? 如果我们对中华文化做进一步的观察和思考,还可以进一步地追问第三个问题:在中华文化当中,为什么它看重个人的道德修养,重视家庭亲族关系,喜欢与人和睦相处,关心国家的统一和尊严? 这几个问题的提出是和我最后边的第七个问题"中华文化与其他文化的比较"相配合的。以前我说过,只有中华文化是几千年没有中断过的。我们看希腊文化,希腊邦国崩溃了,它的文化终止了。罗马文化也是这样。印度的文化,当中亚民族入侵以后,佛教几乎没有了,等到它复兴的时候,也有半壁江山,后来复兴的是佛教的源头——婆罗门教,也就是现在的印度教,而不是佛教本身,它中断了,如此等等。只有中国,我们不能只赞叹这是世界奇迹,是世界独一份,要反思之所以如此是什么原因。这就是刚才我所说的几个问题。这几个问题是分层次的,越问越细的。要回答这些问题,只叙述过程是很难得出简明的结论的。因此,分几个问题讲。对这几个问题的论述是我思考的结果。这几个问题讲完了,也许大家能够结合自己的考虑对上述的一些问题得出一些回答。现在,我就讲第一个问题:

一、自然—人群—文化

任何一种文化,在它初始阶段都受到这个民族所生存的自然环境的严重影响。虽然我们不能把自然环境看成是文化发展的唯一的或最主要的决定性因素;但是,也不应该忽略了自然环境对文化发展演变影响的程度。我的话是两方面说,一方面说不能把它看成唯一的或者是最主要的,另一方面说你也别轻视了它,它的影响很大。刚才我说,中华民族

发源于黄河的中、下游。中游,就是现在的陕西、关中一带;下游呢,就指
现在的河南、山东一带。黄河的中游也好,下游也好,请大家注意一个事
实,就是中华民族祖先生存发展得益的不是黄河,而是黄河的支流。到
现在我们没有多少考古的发掘和史料证明是滔滔黄河哺育了中华民族。
为什么?因为我们的祖先用石头打野兽,上树摘果子吃,对于一泻千里
的大河是无能为力的,对于他们来说,面对灾难只能是远离。但是又离
不开水,于是就到支流的沿岸去发展。等到人类能够向黄河这样的大川
开战的时候,那已经是很晚的事了。《左传》写"春秋"时候的事情,人发
誓,老是指"河"(黄河):"所不与舅氏同心者,有如白水(即黄河)!"这是
公子重耳对他的舅舅说的:我要不和舅舅同心,就像黄河。可见大河不
是好东西。所以,为什么中华民族最初赖以生存的是支流,有它的道理。
那么那些地方的环境到底怎么样呢?今天我们去还能感受到。经过了
几千年是否会发生了很大的变化呢?根据农学家的考证,黄河中游周边
的环境,几千年来本质上没有大的变化。当然从某种角度上说,现在的
条件应该比那个时候要好得多了,因为通过人的改造,沟渠纵横,抗自然
灾害的能力加强了。那个地方从地理环境上说是南有大河,北有戈壁,
土地广袤,灌溉方便。这样一个地理位置,适合于农耕;同时,自然灾害
也不断。所以,中华民族的初民很早地就摆脱了游牧进入了农耕,这是
中国的特点。在这样一个环境下耕作,当时的人们还不能够驾驭自然,
有农业就自然有它的孪生姐妹,即手工业。因为制作犁铧、进行纺织等,
就会产生手工业。这样一个环境,今天在我们看来,和人间天堂的苏、杭
比,和珠江三角洲比,差远了,到现在还是比较贫困的地区。但是要和伊
斯兰教、犹太教、基督教的发源地比的话,它的条件要好得多。可是又比
北美洲、大洋洲的很多地方差很多。为什么提北美洲?因为那儿当年是
印第安人的故乡,从现在来看和长江三角洲、珠江三角洲条件也差不多。
为什么作这个比较?我们埋下伏笔,后面我再讲。

　　原始的农业需要多人合作,首先是家庭成员的协力。大家都知道,
在《论语》和其他古书上多次提到耦耕,考古出土的东西也发现了这样的
工具,耜(sì),就是像铁锨一样的铲土的工具,是两个人同时踩的,一左
一右,这就是耦耕。《诗经》上描写了一块土地上一千对——这个一千是
表示多,也就是无数对男人耦耕,集体协作,单一个小家庭不行。两个人

能耕多少地啊？即使有了铁犁、铁铧，有了马、牛拉犁，能耕多少地呢？因此，他们还要突破小的家庭的单位，形成家族生产。落后的生产力就需要和野兽、和大自然的非规律性活动进行搏斗，要向大自然索取。无论是索取还是搏斗，又必须是有分寸的。过了，也不行，要把握"度"。农业生产的特点首先是固定。与此可以对比的就是犹太教的前身，还有伊斯兰教，生产背景是游牧。农业生产的特点是固定，固定就要求稳定。因为春天种下去，秋天才长起来。如果像现在似的离婚率那么高，那就麻烦了：春天种下去了，结婚了，到秋天就离婚了，干活儿的没了。另外，财产、生产资料、农具，需要一代传一代，农业技术也要一代传一代。今天的收获是明天的种子，一年传一年，年复一年，代复一代，延续性是非常强的，游牧社会对上述的很多东西都是不需要的。这些就培育了中华民族注意家庭的和睦、血缘的联系和人与人之间的合作，要努力和大自然保持和谐的习惯；又由于条件不是很好，要想有所收获，就需要付出艰苦的努力，所以就培育了艰苦奋斗的精神；因为时有灾害，所以平时要"防患于未然"，对坏事"遇变不惊"，灾难来了不灰心、能忍耐，因为"大灾之后必有丰年"。这几点就成了后来中华民族文化的最基本的根基。中华民族重视和谐，主要是从家庭、家族和人与人之间的关系这些方面得来的。人和自然的关系，初民是从敬畏天开始的。不管是哪个国家、哪个大洲的，都是这样。本来是一片晴空，突然阴云密布，然后是当啷一打雷，那树就着火了，原始森林一片火，野兽都被烧死了或跑了。或者本来是晴朗的天，突然上游发大水，当时没有预报，水来了把一切冲掉了，淹没了，忽然又地震了，这个时候就很自然把天作为神敬畏。但是中华民族是比较早地摆脱了对天的神秘感。地动山摇，古人无法解释这一切，但也悟出了人和天要和谐相处的道理。待把这些作为一个准则，成为民族的自觉的意识，就会沉淀为民族文化的一个组成部分。说到这里我就要提到中华民族关于阴阳的观念。阴阳的观念是很丰富的，大家设想，到能够归纳出阴阳，这已经是高度的抽象了。那么最初呢，恐怕是一件一件认识。人分男女，空间分前后，时间分白天黑夜，等等。同时在和自然搏斗的过程当中，也注意到了自然的规律。春生、夏长、秋收、冬藏，然后一转，又是春生，周而复始，那就是事物走到极端又向相反的方向走了。中国人早就知道福祸相依：河流一泛滥，是灾难；水退了，你种地，不用上肥,上游的腐殖质覆盖了田亩,准丰收。像这类的事情都给人以启发。

下面我要引用的就是《汉书·司马迁传》中引用的司马谈的话。司马谈在谈六家要旨(即儒家、墨家、道家、法家、名家等)时说过:"道家……其为术也,因阴阳之大顺(就是指道家的学术是顺着、借着阴阳的总规律)……与时迁徙(随着时间的变化而变化),应物变化(随着客观事物的变化而变化)……夫春生夏长,秋收冬藏,是天道之大经也,弗顺则无以为天下纪纲(如果不顺着这种大自然的规律,你就不能够管理天下,天下就掌握不住)。"这段话很精彩、很精当。它告诉我们讲阴阳规律在先秦的时候主要是道家;它的学术是随着时间、随着客观事物的变化而变化的;它把握的是天下最主要的规律(大经)。这说的都是实在的东西:天时、地利、人和。然后司马谈突然一跳,跳出了一句"弗顺则无以为天下纪纲",把它政治化了。本来是大自然的规律,是一个具体事物的规律,而阴阳家、道家把它上升到观察人类社会、观察政治、管理政治的一个规律,这不是政治化了吗?

英国有一个伟大的历史学家,也可以说大家认为是 20 世纪最伟大的历史学家之一,叫汤因比,他写了一部书叫《历史研究》。这部书是他的缩写本,他最初的书是 12 卷,从 20 世纪 30 年代写到 1961 年。在我们这儿搞"文化大革命"的时候,他把 12 卷本重新改编缩写为一卷本,到 1972 年写出这部书来。他在《历史研究》中说了这样一段话:"在不同社会,不同的观察者用来表示静止状态和活动状态这一宇宙韵律的各种符号当中,阴阳是最贴切的,因为它们不是通过心理学、机械学或数学的某些暗喻方式,而是直接表现出了交替的韵律。"[①]说,"在我这部书里,我要用一种什么符号表示历史的规律呢? 我选来选去,我选择了中国的阴阳"。他并不是中国学专家,但是我在读他的书时发现,他对中国知识之渊博,真让人"五体投地"。他下一段话说的是:"中国人传统的'世界观'已经受了中国三千多年的经验的考验,其中一个主要观念是'阴''阳'的辩证交替。无论'阴'还是'阳',只要发展到极端就会变成另一端,从而自动地恢复自然的平衡,因为另一端发展到自然所能容忍的最大限度,

---

① 《历史研究》,第 62 页。

就会最终回到这种交替模式。"①他的意思就是说，一个事物发展到极端就要走到它的反面；走到反面之后又要继续变化，变化到极端又回来了。当然这不是在一个平面上的交替，而是螺旋式的上升。阴阳观念的核心，实际上是朴素的辩证法。所以我从这里感到了，中国人的忍耐乐观、凡事不走极端、对未来总抱有信心，大概主要是源于这种阴阳的概念。所谓"三十年河东，三十年河西""否极泰来"，"否极泰来"本来是《周易》中的话，后来就变成老百姓的话了。甚至于不好听的话也孕育着还有另一面。比方说"最近我特倒霉"，那证明在这之前他不倒霉；这一段我倒霉了，那意味着下一步他就不倒霉了。所以我想，这种民族观念和这个学说是有关系的。

综观世界四大古代文明，它们的发源地的自然条件都不是很好的。两河流域，爱琴海附近，实际上希腊的自然条件并不好；阿拉伯，加沙地带，就是现在的巴勒斯坦地区，自然条件也不好，都和咱们黄河中、下游差不多，甚至还差一点。那么就有一个问题了：为什么我们的祖先就不往南走呢？现在的江南撒下什么长什么，一伸手就能把鱼抓起来了。这个问题要从两个方面思考：一方面，当时的原始人，或者不叫原始人，已经脱离了蒙昧进入了文明的人，生产能力和与自然搏斗的能力有限。今天我们所看到的长江三角洲、珠江三角洲风光如画，人间天堂，那个时候可是草莽一片、恶水横流、毒蛇猛兽、酷暑蚊虫，没有冰箱，没有空调啊，要斩伐，要和这样的大自然搏斗，那不是原始人能做到的。这是一个角度。另一个角度，如果条件好了，恐怕就没有这四大文明了。为什么？无须去动脑子。比如耕地，垄沟相隔几寸好啊？相隔几寸，我这一亩地就能多打一点粮食。条件好了可以不必动脑子。直到现在世界上还有这样的地方：吃饭爬上树，穿衣一块布，一围。居然就有这样的情况：找中国朋友，请求援助，我的选区大旱，希望援助抽水的水泵。我们使馆的官员就去查看了，果然大旱，玉米的叶子卷了，枯死在地里，地也开始裂缝了。但是向左一看，离着 5 米就是一个湖。他要了水泵就放在湖边，从 5 米远的地方抽过来。这要在中国怎么办？城乡人民一起拿水桶挑水，拿脸盆端水，也要把庄稼救

---

① 《历史研究》，第 287 页。

活,对不对啊？所以,自然条件好了,反而扼杀了人的智慧的开发。智慧都是在困难当中想办法解决种种接连不断的问题时才往前走的,时间久了就形成了民族性。在种什么长什么,即使不种也饿不死的条件下,人不想天时、地利问题,怎么改进耕作技术的问题。一改进耕作技术,土壤学、天文学、数学、力学,全都发达了。所以我就说,四大文明都是在条件不是很好又不是极端恶劣的自然环境里出现的,是有道理的。极端恶劣也不行,北极,住在冰洞里边,出来打海豹,自然没有精力、没有时间去思考食、色、性之外的事情,只能满足生活的最基本的需要,死亡率也高,所以也不会产生什么文明。文明就是需要在一个不好不坏的情况下产生。而中华民族得上天的照顾,在一个不好不坏的条件下又是比较好的,适于耕作的自然环境里,比较早地进入农业社会。所以中华民族文化的几个根基点,基本上都立足于原始农业社会对人的要求、对人的品德的要求,这些都是环境铸成的。

人与人之间的合作,家庭、人与自然的和谐,为什么说是中华文化的根基呢？这也需要从文化的源头中寻找答案。我们不妨想想后代的情形。就拿艺术作品来说,首先我们的诗歌,特别是唐代,进入了诗歌的顶峰,几乎每首诗都是情景交融的。为什么宋代诗不行？我说朱熹的诗不怎么样,为什么呢？他是用二十八个字来说明一种道理,全是理。诗是形象的,你全说的是理,如何学习？不行。但是,朱熹也有好诗。像我们平常常说的:"问渠哪得清如许,为有源头活水来。"那是以"一亩方塘"打比喻呀,它就是情景交融的。为什么情景交融？情景交融这种思维方式把情寄于景,用景涵盖情,我用一种带情的眼光去审美,其底层,是人与自然的归一。今天我们不能大讲宗教,要讲宗教的话,为什么唐代禅宗那么盛行啊？也跟自然很有关系。禅宗虽然主要不是人和自然的关系问题,但是也有这样的话:初始,见山是山,见水是水;等修炼到一定程度之后,见山不是山,见水不是水;到了最高点了,我悟到了,见山还是山,见水还是水。哲理很深。最初的原始是客观的,看山就是山,看水就是水。等到了一定程度了,我看山已经不是山了,已经超离了山的外形、水的外形了,看到的是山、水的本质。但是,我还是主体,它还是客体。等到彻悟了,我再看山还是山,看水还是水,山和水已经融化为我自己了,主客体合一了。这种思想是汉民族熟悉的,是与民族固有文化相通而易融的。

再看我们的国画,特别是写意画。写"意"画就不是写"景"画,它可以不讲透视和远近虚实,但是,"意"在里边了。这"意"寄托在什么上?寄托在一块太湖石上、一根竹子上。实际上画家不是在画山水,是在画自己,画自己的心,画自己的情。当他创作的时候——当然我说的是画家,不是画匠,现在咱们国画界画匠太多。我最怕的是在电视里看画家即兴泼墨,大笔一挥,画就成了,它永远卖不出价钱来。真正的大画家要酝酿多时,所谓胸有成竹,到时候画的是他自己的心,情景的交融。书法也是这样。这就是我讲的第一个问题:自然和人群的关系。自然和人群的结合孕育了文化,实际上是孕育了中华文化对于天人关系的领悟。但是这只是一个方面,后面要谈的第三个问题是天人关系的第二个方面。那么,下面要讲的第二个问题就是:

二、家庭—家族—国家

这纯粹是人人关系、人际关系。家庭,不管是母系社会还是父系社会,都是人类在脱离了群婚制之后的社会细胞,它是人类在生产方式不发达时代进行生产的必要条件。

我刚才遗漏了一点意思没有说出来,还是第一个问题的。是不是有人会提出这个问题来:重视家庭,哪个民族不重视?为什么您强调中华文化?我承认都重视,但是有程度的不同。一种程度是刻骨铭心的,一种是必要时重视,不必要时可以把它放到第二位去。我呢,只是说明不同,不想说谁优谁劣,没有褒贬的意思,我引用《圣经》里《新约》的一段话。在《新约·马太福音》的第 12 章和《马可福音》的第 3 章都有这样的一段话:"耶稣还对众人说话的时候,不料,他母亲和他弟兄站在外边要与他说话。有人告诉他说:'看呐,你母亲和你弟兄站在外边要与你说话。'他却回答那人说:'谁是我的母亲,谁是我的弟兄?'就伸手指着门徒们说:'看呐,我的母亲,我的弟兄,凡遵循我天父旨意的人,就是我的弟兄姐妹和母亲啦。'"《旧约》和《新约》的《摩西十诫》以及后来的先知和使者的一些箴言,都教导人们要爱父母,要爱你的弟兄,要爱家人。但是到有天父在的时候,相比之下,父母家人就是次要的。所以按照基督教和天主教后来的教义,受了洗礼之后,就不能为父母尽孝,不能拜祖、祭祖,不能给父母磕头。这就是为什么明代,包括利玛窦等传教士来传教,最后传不动的原因。你动了中国人的祖宗,这可不行。我可以信你们,觉得你很对,我可以入教,但是你必须允许我回家该祭祖祭祖,该给我妈过生日给妈过生日,等着父母去世后,披麻戴孝,守孝三年。教堂说了,不行,要这样你就别入会。后来怎么基督教又推广了呢?宗教改革。后来传教士说可以敬父母,这一下好多人信教了。所以到现在为止,中国的基督教徒、天主教徒既信天主,很虔诚;同时,家庭的伦理仍然保持着。所以我补充一下,我强调中华民族对家庭的重视,是相比较而言的。

进入农耕时代,原始公社解体之后,家庭的作用就更大了。在私有制下,家庭除了有集中一定规模的劳动力的作用之外,还解决了生产和财富的延续性问题。所谓生产的延续性,主要是指农业技术和生产资料的延续和积累,今天的收获就是明天的种子。所谓财富的延续,主要是指土地所有权的继承。这两点对于农耕生产是不可少的,也是区别于游牧社会的特征。游牧社会没有严格的地域观念,他们的生产资料也就是生活资料是流动的,因而家庭的观念就比较淡漠。

中国古代有所谓天、地、君、亲、师之说,年轻同志不知道,我小时候还受到这样的教育。一个人的一生,你应该敬谁?天、地、君、亲、师。我们从这当中可以看出家庭的地位。但是,我这里要说明,天、地、君、亲、师这样一个排列顺序,在实际生活当中是倒过来的,大家注意了没有?为什么呢?古人以家庭为本位,咱们套用语法术语,是"家本位"。本来应该是最亲密的关系,可是父子之间传授的只是生产知识,要更多地了解外部世界,思想要再升华,成为自觉的社会个体,就需要从"师"那里得到知识。所以可以说家庭是血缘之亲,这种亲到一定的时候就要淡漠。什么时候淡漠呀?孙子对于祖父、祖母的感情就不如儿女对父母了,到重孙子这一代,如果见到过的,他也不那么亲了,代沟很厉害呀。如果没见过,只是照片上见过,那更不亲了,这是一种。还有,结了婚,自己一有孩子,对上辈就差点儿了。贾政可以把贾宝玉打得死去活来,赚了林黛玉好多眼泪,可是对贾母是毕恭毕敬,贾母怎么骂他也是对的,骂都是礼教,强迫的,内心并不如此。贾政对自己的父亲、祖父、老祖宗荣国公的父亲呢?你从《红楼梦》里看得出来吗?所以我说血缘之亲到一定时候要淡漠,但是这种淡漠在几千年当中被我们的有关孝的礼仪掩盖了。这话又可以反过来说:孝的礼仪之所以被强调,也是因为这种亲容易淡漠,这是互为因果的。如果让这种淡漠表面化了,不用一种礼仪把它掩盖住,那么整个传统社会的根基就要动摇了。比如说,本来就惦记着赶紧继承遗产,不管你怎么想的,你得披麻戴孝。古代要在父母的墓旁边搭一个草棚子,住三年,枕砖头,不许吃荤,不许唱歌跳舞,更不许看电视。实际上是怎么样? 很可能他在地窖里生一堆孩子。这是有过的,《后汉书》中有这样的故事啊。这样的事可以在史书上谴责,在道德法庭上审判,可这是表面维持、强化。为什么要强化它? 因为它本身就容易淡漠。是不是这样一种辩证关系? 对老师之亲呢? 是文化传承之亲,是对一个人走向更广大的文化天地的基点之亲。特别是传统社会,特别是汉以后,又是一个人通向仕途起点的亲。父母再好,也必须得有老师,由老师引着才能被乡里推举上去,才能做官,所以叫恩师啊。因此,在过去很长时间,学生对老师的亲,对老师的尊敬和老师过世之后的伤痛,反而比对父母还真诚。这一点呢,今天的人难以理解了。毕业了,翅膀硬了,回来踩老师的,在学术会议上见面了装不认识的,大有人在。这在过去是见不到的。我们古人的文集里,古书、史书上比比皆是的是对老师的尊敬。所以我说,天、地、君、亲、师,首先应该是师、亲,下面呢,是君。和君的关系是政治的关系,是政治利害的关系,是关乎天下太平不太平的关系,和每个家庭、每个人都有直接或间接的利害关系。所以它接着是君。然后是地,天天生活在地上,特别是农业社会。这地利如何,生产如何,关系到一年的生活,能不能发家,是吃得饱还是饿死,全靠脚底下这块地。最后是天。浩浩苍天,摸不着,看不见,一切都是文化强加于人的。天,不得了,老天爷。实际上是理性的,没有感性的亲。到中国的所有的城市,特别是到云南、江西这些地方,几乎每个县城,每个街区(现在一盖小区可能就没了),全有土地庙。最小的土地庙比装书的书包大不了多少,却有香火。玉皇大帝庙大家见过几个? 可见地最重要。"天地父母",天为"乾",男性;地为"坤",女性。一个人是跟父亲更亲,还是跟母亲更亲? 所以中华民族对地的感情超过对天。再说,县官不如现管,土地爷就是管我们家的。那灶王爷就更厉害了,家家得祭灶啊,这灶王爷都进屋了。所以我说,过去传统社会讲的是天、地、君、亲、师,先敬天,后敬地。为什么？代表天的是谁呀？天子啊，就是皇上啊，就是他们统治啊。祭地的全是谁呀？也是皇帝呀，所以有地坛嘛。皇帝老爷也是为人之子呀，我以孝治天下，我孝你也得孝，那是亲。在古代"师"是什么，全是官员。下面有一节专讲这个。敬官员就是敬我呀。所以天、地、君、亲、师，实际情况是师、亲、君、地、天。

　　"师"是后天的，可以选择。"亲"是先天的，不可改变。因此，由原始社会传递下来的重血缘关系的观念在后来的社会就由严格的礼制加以强化。于是每个家庭和它的成员，就通过内亲（就是父亲这一支）和外亲（就是母亲这一支）组成了一个社会的网络，每个人都成了这个网络中的一个结点。直到近现代，还有全村同一个姓的现象。李各庄、王各庄，就是全村姓李、姓王。李各庄就是李家庄，因为家原来读"gā"，说俗了叫李各庄。各个家庭和家族通过彼此再发生婚姻的关系，这个网络就越来越大。现在是独生子女了，显示不出来了。你想想，如果一个家庭 8 个孩子，4 男 4 女，都结婚，一下就有 8 家亲戚，这 8 家亲戚，不要说再有 8 个儿女，即使只有 5 个，那就是 40 个儿女，一结婚，40 家亲戚，这是一个网络。然后还有所谓亲上加亲，强化这种血缘的联系。以至于——现在城市不能见到，到农村——全村曲里拐弯都是亲戚，这就是一个网络。在传统社会，这个网络是全国性的。单这个网络还不行，血亲网络还不行，还要加上"师"的网络。我带了这批博士生，这批博士生将来每个人也带同样多的博士生，天哪，我这师爷爷可就不得了了，然后再加上血亲呢？我这些博士生都结了婚呢，我的网络大了吧。他们的孩子呢？将来没准儿哪个博士生就带来人，说这是我老亲家。是不是啊？婚姻的网络，血亲的网络，加上师生的网络交叉，于是社会成了一个大的网络。这样的网络总纲就是天子，这不是好控制吗？大家想想，为什么传统社会这么残酷，一直到乾隆时期（附带说一句，我对现在人们写乾隆实在是反感。乾隆是个暴君呢，杀人不眨眼呢，怎么现在不说那一面了，光说他风流倜傥，为民解困呢？），一有文字狱，要灭九族。有道理。亲和师的关系太深了，不斩尽杀绝，复仇的种子不得了啊。这个九族嘛，那是很厉害的。上追几代，下追几代，横向连着老师啊。为什么杀人连老师也获罪了？表面上说你怎么教育的？责任制。实际上不是的，它是文化的传承。因此我们可以说，在现代社会到来之前，整个中国就是一个放大的家，每个家就是缩小了的国。在先秦的时候，家还有另外一个含义，专指大夫统治的范围，这就透露了这个关系。

《论语·季氏》有这样的话："丘也（就是孔子自称）闻有国有家者，不患寡而患不均，不患贫而患不安。"这个文字上有争论，不管他。"盖均无贫，和无寡，安无倾。夫如是，故远人不服，则修文德以来之；既来之，则安之"。这是很有名的一段，我们不管后面，有国有家者，有国者就是诸侯，有家者是大夫。大夫可以占多少平方公里，实际上可以包括几千个家庭，但是都是他的血亲的分支。对于他来说，他是家长，所以有国有家者，在先秦的时候有这样的一个含义在内。家和国之间的关系，在汉民族，不仅在人的观念中是一体的，治家和治国的原则、方法也是一脉相通的。儒家思想当中的修身、齐家、治国、平天下，不是四件事，不是说一个士——知识分子——的四项职责，是一项职责，是阶段的不同。首先要修身，修身之后要齐家，家庭要和睦。齐者，和也。然后用治家的方法去治国。把国家治理好了，使天下平。这个天下，就是指周天子所在的地方。所以修—齐—治—平，是典型的家放大为国，为天下。也可以从大往小里说，家是天下和国的缩影。我们看《论语·颜渊》，孔子有个学生叫司马牛的，发愁说："人皆有兄弟（人家都弟兄好几个，我们家实行只生一个好），我独亡（我没有，独生子女）。"子夏曰：（这是教育他了）"商闻之矣：（子夏是字，不是名。对人说话，自称名，不能称字，表示对对方的尊敬。我听说有关这个事儿的道理了）死生有命，富贵在天（这个天是自然，自然规律，而不是真正的上天）。君子敬而无失，与人恭而有礼，四海之内，皆兄弟也。君子何患乎无兄弟也？"这就是把天下、把国看成是家的放大的一个典型的观点。这些"敬而无失，与人恭而有礼"，如果在一个家庭里，就有一个词叫"悌"；不是自己的血亲，那就是恭而有礼。"悌"呢，也是恭而有礼，只是专有名词就是了。因此可以说，到春秋时期，汉文化已经要求人们把血亲的关系视作普世性的关系了。因此，只有汉语说到 state、country 时是"国家"，把"国"与"家"连在一起代表自己的国家。这就回答了我刚才所说的问题：为什么中国人这么重视家庭以至于国家的尊严？因为它是连成一体的。

我们小结一下，刚才所讲的第二个问题的要点：农业的特点是生产资料、物种、技能的延续性，就造成了个人与家庭的关系，家庭与家族的关系，扩大就是血亲，再扩大就是国家。中国历来讲天、地、君、亲、师，但是亲与师是构成社会网络也就是国家的主干。

三、宗教—礼制—习俗

这是天人关系和人际关系的综合。以前我讲过，中国是一个没有宗教的国家。这是着眼于几千年的中华文化不是根植于宗教信仰上这一点说的，特别是着眼于中华文化的根底、它的最深层内涵而言的。有人说，儒学就是一种宗教，被称为儒教。这是不对的，为什么呢？根据当代中国宗教学的权威、社科院宗教所的吕大奇先生的研究，宗教有四个基本要素：一是宗教的观念或思想；二是宗教的感情和体验；三是宗教的行为和行动；四是宗教的组织和制度。前两个即宗教的观念或思想、宗教的感情和体验，是内在的；后两个，宗教的行为和活动、宗教的组织和制度，是外在的。这个结论已经被我国学术界所公认。用这四点来衡量儒家学说和后世人们对儒学、儒家的崇拜，显然不能认为是存在着什么儒教。曾经有一段时间，董仲舒把孔子神化，是说上天派他来的，宣传他的学说的。我小的时候，在教室里黑板的上方挂着孔子的像，上课要对着孔子三鞠躬。这些类似宗教，但是它仍然不是宗教。董仲舒的学说到了东汉，就基本上荡然无存了，以后再也没有人去恢复它。那么，三鞠躬不过是形成的一种礼仪，表示我们今天所读的书、我们的学问来自于孔子，最重要的是没有人向社会宣传孔子就是教主，同时没有人有过这种宗教的体验。什么叫宗教的体验？我们是无神论国家，我们这些无神论者不要笑话信仰宗教的人。很多宗教的信徒，是真正有宗教的体验的。比如佛教徒，他坐禅、入定了，就可能有一种感觉，他超脱了自己的肉体，就有一种万法皆空的感觉。包括其他的宗教，都是的。我小的时候，也听过天主教的布道，神父是一个美国神父，他就讲他的宗教的体验。这些我们不能都用一个"假"字来说明。那么，对于儒学我们有没有这种体验呢？比如说许老师是研究古汉语的，多少年一直跟《五经》《四书》打交道，我读着读着书，突然好像孔子就站在我的身边了，给我一种启示，或者我做梦梦见他了。我实在是对不起孔夫子，读了他这么多年的书，我一次也没有梦见过他。另外，宗教需要有仪式，我们现在有祭孔，那是像祭祖一样，并不是一个宗教的仪式，也没有一个规范。无论是基督教、天主教做弥撒做礼拜，还是佛教做法事，伊斯兰教做礼拜，都有一定仪式的。这么衡量起来，儒教不存在，不是个宗教。

也有人看到我们国家有五大宗教，这就是佛教、道教、伊斯兰教、基督教、天主教，难以理解我所说的中国是一个没有宗教的国家。这要从三方面看：一是上面我所说的中华文化的深层内涵，不是源于宗教的。二是中国信教的人口在全国总是少数。现在中国是13亿多人，信教的是1亿多一点，大多数人是不信教的。但是有一种莫名其妙的信仰，比如说，老太太隔三岔五地给土地爷上炷香，土地爷长什么样，她也不知道；土地爷到底职权范围有多大，她也不知道，这都是延续下来的，并不是宗教。三是中国的佛教、道教早已经和儒教相互融通，你中有我，我中有你，佛、道已经不是原来的样子了，也可以说它们已经儒化了。即使是外来的伊斯兰教和基督教、天主教，也在不同程度上向中华文化让步，在保持它原有教义的前提下，吸收了中华文化的许多观念。有关这个方面的情况，我不能详说。有人写了《中国伊斯兰教史》，对伊斯兰教传播的过程以及如何吸收中华文化，伊斯兰教的一些优秀的东西怎么被中华文化吸收，都有所论述。基督教、天主教后来也同意中国的信徒受洗礼之后，还可以在家尽人子之道，这就是一种让步。伊斯兰教，本来《古兰经》中规定的，一个人，如果他的经济条件允许，可以娶四个妻子，但是是有条件的。可是，传到中国之后，不管是我们整个民族信伊斯兰教的，还是分散的，都遵循了长期以来中国的主体习惯：一夫一妻。在中国制订婚姻法的时候，在伊斯兰教教徒中没有什么阻力，但是教义还是保持了原样。这也可以说是中华文化改造了外来的宗教，而不是相反。中华文化只是从外来文化中有选择地吸取营养，让自己更为丰富了。

以上我是着眼于中华文化的整体和几千年的全过程说的。如果着眼于文化的初始阶段，那么，中华民族也不能违背人类发展的总规律，这就是：人类的成长和文化的发生与宗教无法分开，只不过宗教在度过了它的童年之后，在中华大地上就夭折了。这话的意思就是在中华文化的初始阶段，依然是和宗教捆绑在一起的。宗教的产生，源于人类在蒙昧时期对自己所无法控制、无法解释的自然现象的畏惧和崇拜。随着人类想象能力的提高，就更明显地把大自然和对象化了的自身结合起来，于是形成了宗教。这句话有点儿哲学味道，我解释一下。客观是大自然，本身是人的对象。在人的文化初始阶段，只意识到自己客观外部的东西。当人的主观意识要想了解自身的时候，就把自身也当成对象了，这就是自身的对象化。自身的对象化，是人的认识水平的一个飞跃。最初是对上天的敬畏，等后来把自身对象化之后，就用自身的形象、自身的特点赋予大自然这样一个形象和性格。这就是神的出现，人格神呐，这样一来就开始形成宗教了。生活在黄河中、下游的中华民族也有原始的宗教，原始宗教的特征是多神化和神与祖宗合一，对神的崇拜和对祖宗的崇拜是合一的。神话里说自己的始祖怎么踩了神的脚印就怀孕了，有的民族图腾是个老虎，实际上是把老虎作为自己的祖宗，有的是鹰，多神，源于上面所说的对大自然的不能解释的畏惧。在初民看来，几乎是主观之外的一切都是可畏的，包括个体自身的一些功能、结构、疾病，于是对客观的一切都应该崇拜，山有山神，河有河神，树有树神，狼有狼神，虎有虎神，连老鼠都可以成神。我们从前还流传着老鼠娶亲呢，《聊斋》上就有，都把它神化了。有的民族是把老鼠当成图腾的。我们从自己的古书当中，比如《左传》当中，就可以看到很多这样的痕迹。在历代的古迹和民俗当中，也比比皆是。后代的祭灶、拜天地、拜狐仙、拜黄鼠狼等等，都是它的遗迹。图腾是稍微晚一些时候出现的，是从多神当中遴选出对自己的家族关系最密切的神加以特别地崇拜，拿它作为本族的标志。

　　中国没有成为宗教性国家的一个重要原因，是伦理产生于宗教还没有从原始状态走向更高级的时候，也就是伦理关系抢先了一步，成为一个民族的主体思想。这个时候的宗教还是原始状态，没有成为高级的宗教；同时中国组成统一的国家比较早，原始宗教难于和政权结合成政教合一的形式。于是中国走了另外一条路，这就是宗教政治化。宗教政治化的突出表现，是最高统治者独揽了祭天、地、日、月的权力。帝王又自己给自己赋予天命，上天之命，所以称为天之子，就是天子。然后独揽祭天、祭神的权，又用礼制把它固定下来，让它成为神圣不可侵犯的天条。这不是把宗教政治化了吗？所以，在过去，所有的家庭可以祭祖、祭始祖、祭历代祖先。如果年轻的同志不熟悉的话，你就看《红楼梦》。但是绝不许祭天，皇帝在祭天的时候能跟在后面跑，就已经是最大的荣誉了。所以现在大家能去天坛、地坛、日坛、月坛玩儿，真幸福啊！原来是禁区啊，谁要擅自进天坛，那肯定是要掉头的。这本来是一种原始宗教的信仰，把它固定化了、政治化了。宗教政治化，政治是主要的，宗教是外衣。所以就有了孔子下面的话，《论语·述而》："子不语怪、力、乱、神。"就是从孔子嘴里你听不到关于稀奇古怪的事。后来的《二十四史》有很多部史书里有《五行志》，写的都是稀奇古怪的东西，什么黄鼠狼戴着帽子出入朝廷了，哪个乡里的猪长出三条腿啦。孔子不说这些"怪"事；"力"，他是凭着"仁"（仁者爱人）的学说来周游、来宣传的，不喜欢靠力；"乱"，他希望天下太平，国家统一，不能犯上作乱；还有，不谈"神"。《论语·先进》："季路问事鬼神。"鬼神应该怎么侍奉？孔子说："未能事人，焉能事鬼？"你还没把人的事儿做好呢，没有对领导服务好呢，你还管什么鬼呢。"敢问死"，那么关于死的事情呢？这又涉及宗教信仰的问题，人死了之后能不能复生、复活啊？死了以后灵魂呢？"未知生，焉知死"？你活着的事儿还不知道呢，问什么死？可见，孔夫子对于神、对于个人的灵魂是不谈的。中国在长达几千年的传统社会当中，政治从来不是赤裸裸地靠着政权（主要是武力）来进行统治的，而是借助于家和国之间的特殊关系，把"忠"和"孝"结合在一起，又用"仁"贯穿其中。家，放大就是国，在家讲孝，当然出来也还得孝。对父母尽孝，对国家就是忠，也可以说忠是放大的孝，但是局部利益和全部利益有时候冲突，所以有"忠孝不能两全"一说。忠孝不能两全，忠孝不是平等的，忠是排在前边的；是为了尽忠不能尽孝才说这话的，绝不能说因为尽孝不能尽忠而说这话。让你出去打仗，当先锋官，"那不行，我老母八十岁了，忠孝不能两全"。对不起，那不行。唯一的一个例外是李密的《陈情表》，那是因为不想和统治者合作，以祖母在，茕茕独立、形影相吊为借口，不去。那是冒着险的，弄不好要掉头的。所以，贯穿在儒家文化中的是仁，爱人。忠是对上，孝也是对上，旁边的人呢？没有血亲关系的人呢？没有师生关系的人呢？用一个"仁"全覆盖了。这一套，实际上是政治的伦理化。政治的结构是一个金字塔，上面是皇帝，层层下来一直到百姓，要维护它，要用一个东西贯穿它，就是伦理。以这样一个面貌出现的伦理，骨子里是政治，所以我说是把政治伦理化了。《论语》里有这样一段话："君子务本，本立而道生。"我们做事情是先抓根本，本立了，那么办法就有了。什么是本呢？"孝弟也者，其为仁之本与"？那就是君子务孝弟，孝弟立而道生。道，就是行一切事物的规律。然后，孔子又说："事父母能竭其力，事君能致其身。"致，是使致，致其身就是使自己的身致，也就是让自己身体能投入到事君的事情里去，去竭力。事父母能竭其力，事君，不说致其力了，而说能致其身，君高于亲。对不对？"与朋友交，言而有信"。在家，在国，是纵向的；朋友，是在社会上横向的，做到有信。"虽曰未学"，虽然他没有跟着我学习过，自己没读多少书，"吾必谓之学矣"，是说我也认为他已经学到家了，学好了。把孝弟作为仁之本，本立而道生，这里的道就已经不是在家之道了，是普天下之道。这里把事君跟事父母并列、家国并列，这是对"仁"的一个最高评价。所以中国的伦理从来是和政治纠缠在一起，因此说是政治化了。孔子还说，"道之以政"，这个"道"就是引导的"导"，"齐之以刑"，用政治、政权来引导老百姓，用刑法让他行动不越轨，"民免而无耻"，免于刑法但是没有羞耻之心。他认为这个是二等货，一等的是"道之以德"，用德来引导他，"齐之以礼"，礼的核心就是仁，又是忠，又是孝，于是"有耻且格"，有羞耻之心而且能够达到一定的境界。底下，有人问孔子，你为什么不从政啊？这真是哪壶不开提哪壶。他想从政从不了，正倒霉呢！孔子说了，《尚书》上说："孝乎惟孝，友于兄弟。"对父母知道孝，对兄弟我像朋友一样。用这种学说，用这种观念施与掌握政权的人，这也是一种从政。"奚其为为政"？这难道不是从政吗？非得我做官吗？那不一定。我现在宣传孝弟之义，宣传仁之义，让它影响诸侯，诸侯拿这个去从政，那就是我从政啊。有道理，但是多少有点儿阿Q。

　　伦理是存在于社会的各个层面的，也存在于各个角落。不管是通衢大都，还是穷乡僻壤；是大的家族，还是贫穷的小家庭，处理人和人的关系的规则就要有统一的理念，这种统一的理念就是中华文化的伦理观。要让这种伦理统一，不被破坏，就需要用制度把它固定下来，并且得到维护，这种制度就是礼制。为什么历代历朝都重视礼制？根本的原因在这里。伦理经过上千年的贯彻，一以贯之，已经深入到社会的底层，深入到人们生活的所有的领域，也就是伦理已经世俗化了。世俗化对于社会个体来说，就是成了习惯；对于社会群体来说，就成了风俗。习惯与风俗和人们的生活紧密结合，就形成了最强大的力量，它胜过千军万马，胜过君权、皇权。所以，列宁曾经说过这样的话："习惯是一种可怕的力量。"就是这个道理。宗教、政治、伦理，在中华文化当中是三位一体的。宗教政治化、政治伦理化、伦理世俗化,以严密的逻辑关系融化为一个,这就是中华文化区别于其他文化的特点。

四、封建—郡县;帝王—政府

以血缘为纽带组成国家,在人口不多、地域不广的时代,有它特殊的优势。比如说世界上现在还有一些处在生产力不高、生活没有现代化的民族,他们的族群人口不多、地域不广,这个时候血缘关系最重要。在传统时代,无论是酋长,还是部落首领,或是土司,用这种血缘关系进行管理、统治,是有它的优势的。对祖宗的崇拜和与这种崇拜相应的祭祖权,就可以把普天之下、率土之滨统一在最高统治集团之下,所以古书上说:"溥天之下,莫非王土;率土之滨,莫非王臣。"但是当人口增多、地域扩大以后,血缘关系必然是越来越淡,原本就并不如利益关系浓厚的亲情淡化了,对于统一政权的维护力也就必然逐渐地淡化,最后就会完全失去作用。中国古代规定有五服之制,本来五服是以周天子的首都为中心,画五层圈,每一圈就叫什么服,越远的关系越疏,最后就可能是异族了。后来用到家族里,五服就指五代,后来变成了丧服的五个等级,不同的血缘关系穿不同的孝服。所以这个五服就是源于刚才我所说的地域扩大、人口增多以后血缘越来越淡的形象表现。你想想,刘备最初那么潦倒,竟然是皇叔啊。明朝灭亡之后,八大山人也好,和尚也好,都是原来的皇族啊。那么到清朝末年的时候,无论是叶赫那拉氏的,还是爱新觉罗氏的,后裔已经很穷困了,长衫很可能是大洞二洞的,但是出来还得挺着胸脯,因为是皇族啊,只剩下这种精神上的优越感了。在这个问题上,古人陷入了悖论。一方面宣传"君子之泽,五世而斩"①。这个泽呐,本来是指他的光辉,他的道德的修养,一代一代过到第五代,他的学术,他的什么都没了。后来就指的是恩泽。一个人封王,十八个儿子,他死了之后,谁袭爵呀,老大袭爵。其他的儿子呢,也做王?不行,于是就下一等,到第三代再分小,再下一等,恩泽慢慢减少了,到五代以后什么都没有了,平民。这是一方面,五服也是这样。可是在上的呢,却期望着拿血缘继

---

① 《孟子·离娄下》。

续维持着政权的稳定,以到百世、万世。这不是悖论吗?

　　回顾一下中国政权形式所经历的过程,是很有意思的。夏代,从禹开始,是靠血缘维系统一的。《夏本纪》记载着它的帝系是很清楚的。大禹是如何分封弟兄和诸子们的,已经难以知晓了。司马迁在《夏本纪》的"赞"里面,有这样一段话,"禹为姒姓,其后分封"。分封的谁呢?"故有夏后氏、有扈氏、有男氏……"一串儿,我就不给大家列出来了。但是具体情况不详。倒是周王朝,我们可以根据史料了解分封的大概情形。这就是孔子为什么说:"夏礼,吾能言之,杞不足征也。"杞,就是夏朝王室后裔在商朝初年被分封的国家。"殷礼,吾能言之,宋不足征也"。周武王把商灭了,就让商的遗民都到现在河南的商丘,给立个宋国,春秋的宋国就是商的后代。为什么称为宋呢?因为原来殷商就封了一个宋国。"不足征也",为什么呢?"文献不足故也"。如果文献够的话,"吾能征之矣",我能来向你叙述了。可见,孔夫子那个时候文献就不多。这文献不足是什么原因呢?很可能那个时候还没有文字,还结绳记事呢。所以说夏的情况、商的情况,我们现在难以说算分封,但是,无论是《夏本纪》,还是其他的文献,都证明当时靠血亲分封来统一国家。它的地域多广呢?不过就是现在的河南的北部或者是陕西的那么一块地方啊,地域不广啊。同时,"殷因于夏礼(是从夏礼那儿因袭下来的),所损益可知也"。增个什么,添个什么,有继承,有发展。"周因于殷礼,所损益可知也"。也就是在孔子的时代,对于这个礼——所谓礼,最重要的就是如何靠着血亲、血缘来管理国家和它相应的制度——这个损益增添,还是多少知道一些的,因为咱们还有传说。我刚才说了,周代我们比较清楚,史料比较丰富,但是西周经过几百年以后,地域扩大了,子孙越来越多了。还有一点,周天子只是掌握祭天和祭祖之权,天么,祭祖从周文王、周武王、周成王这一支下来的都是嫡系老大,然后底下就分诸侯,谁都不能祭共同的始祖,要祭你就祭你分出去的那个始祖,那已经是小辈儿的了。诸侯们管什么呢?诸侯国内的立法、生杀大权、军事、税收。税收是不上交的,只是朝礼朝聘的时候送点儿礼,不过几匹马、一些丝织品、几块玉。那么周天子靠什么?靠王畿,王都周围的地区是他的税收区。可是周天子还要不断地赏赐给服侍自己的大臣:有功劳,给你一块地,生出八个儿子,这块地给你,那块地给他,越分越少,最后王畿没有多大了。诸侯呢?

早是八辈子前的亲戚了,于是周衰落。当时狄人不断地侵犯王畿,周待不住了,于是西周就东迁,就成为东周。所以《左传·隐公六年》就有这话:"我周之东迁,晋、郑焉依。"我,周;东迁,迁到东方;晋、郑焉依,是宾语前置,是依晋、郑的意思。晋和郑原来都是小诸侯国,现在都发展成大强国了,我东迁是靠着他们,贴着他们,离他们近,仰仗着他们,东周已经沦落到这种程度了。所谓的分封制,主要是同姓的分封,商的遗老遗少,周为了安抚他们,也会给他们分封,他们的力量和同姓的诸侯是不成比例的。只要受封者成为诸侯国就自成体系,百官俱备,神权、军权、财权完全自理,这样就造成了王室的相对衰落。这些诸侯国呢,为了扩大自己的势力,于是弱肉强食,这就开始了战国时代。孟子有"春秋无义战"之说,没有一场战争是什么正义不正义的,都是争夺。

秦统一中国前,在它还是一个战国的大国的时候,"惩以周弊",从秦穆公开始就没有像山东六国那样大封子弟,而是大量地利用客卿。他国的人到这儿来做官,从外边来的,所以他是客;做官,所以叫卿。秦始皇统一中国以后,废诸侯分封制,实行郡县制。郡县制相对于诸侯分封制的本质特点,是皇家子弟在集权的朝廷上没有了特权。即使有耕地,也要受地方官的管理和监督。地方官不论血统,由朝廷任命,而且直接对朝廷负责。显然,这就在最大限度上杜绝了拥兵坐大的机会。因为官员是任命的,有任期,我可以调你,可以一根竹片就免你。如果是血缘的关系,他不好办呐,不犯罪的话不能免、不能废的。因为血缘这个事实你是免不了的,在血液里的啊。所以从诸侯封建到实行郡县制,这在中国政治史上是一次重要的飞跃。秦以后的两千多年,基本上都是沿袭了这个制度。历史事实证明,它适合以小农经济为主体的传统社会。

这在当时是一个新事物,必然遭到过去血统高贵者的抵制和反对。秦时间很短,它的灭亡是六国旧贵族和农民起义群起而攻之的结果。到了汉初,习惯势力,当然首先是齐、楚、燕、韩、赵、魏这六国旧贵族的势力,原来是作威作福的,一夜之间成了平民,是不甘心的。但是不限于此,由于长期的文化浸润,连老百姓也是观念深入。当然那个时候的具体情况咱们不清楚,司马迁也没有写得那么细,但是六国子弟在老百姓当中有号召力,这点从《史记》里还看得出来。清末民初的情况也能从旁说明。你们看过鲁迅关于剪辫子前后风波的描写了吧?《阿Q正传》里面也有。那都是汉民,并不是满族。但是长期以来灌输的皇权思想,认为皇帝是顶梁柱,他要塌了,中国就完了。跟你有什么相干呢?你住在绍兴,他在北京城。清朝一亡,痛哭流涕啊。剪辫子?绝对不行啊。你说如果现在咱们每个人拖着个大辫子,好看吗?剪掉多好啊。所以所谓习惯势力,不要只看到老贵族,老百姓也是它的土壤。为什么项羽一呼,那么多人响应啊?不全是贵族,多半是老百姓。秦之后,楚汉之争。楚汉之争平定以后,就会从这种故态中表现出习惯势力。刘邦为了稳定政权,不得不向这种势力妥协,大封功臣。在刘邦的创业史上,有这样一段故事:有一个儒生,叫郦食其,劝刘邦说,你应该分封山东六国之后,去找燕国的贵族还有没有,立他为燕王;楚有没有,立为楚王;齐立为齐王。为什么这样呢?这样的话,六国的人都会归到你所立的诸侯的旗下,而这六国的贵族又都听你的,你一声号令,天下就可以得到了。你看它透露的信息:立了六国诸侯的后裔,当地老百姓就汇集到贵族旗下,说明当时的习惯势力多么根深蒂固。刘邦就听信了,而且让人马上去刻印章。郦食其达到自己的目的了,退下。这个时候,张良进来了。刘邦就把郦食其的计策告诉了张良。张良就说,这样的话,你将无法也无力来制辖住诸侯,尾大不掉啊。六国地方都分了,兵都分了,你刘邦就是一个光杆司令,手里没有兵权,没有财权,谁听你的?所以他得出一个结论:"大王之势去矣。"您的好事儿完了。刘邦醒悟了,大骂:"竖儒,几败而公事。"臭知识分子,差点儿误了你老爹的事儿。然后让刻好的印赶紧销毁。这段故事,讲文学的不去细分析它,只说刘邦的形象,你看多活灵活脱;讲历史的也不讲它。我们现在从文化学的观点看,这是一个新旧文化势力的斗争。汉朝建立了,刘邦就做了皇帝,这个时候,萧何、张良,跟着刘邦一起起事的人都已经受封,其他人,功臣、战将就情绪不安了。这些人都是农民出身,有的是杀猪的,有的是做买卖的,文化教养不高,就在外边嚷嚷。萧何来了,刘邦就问他们嚷嚷什么呢?萧何说:"在谋反。""怎么谋反呢?刚刚坐稳天下谋什么反呢"?萧何赶紧给他出主意,说:"你看你封的,全是我们这样的人。他们跟着你,那个时候你也不过就是一个亭长,后来率兵了,这些人臭脾气,有的时候跟你呛呛两句,有的时候骂你两句,有的时候你下命令他不听,他们也都立过功,封了我们没封他们,人家心里第一是不满,第二是担心,没准儿你做了皇帝,想起旧仇来了。张三骂过我,宰了。李四瞪过我一眼,发配。"刘邦说:"那怎么办呢?"萧何说:"你就封他们为侯,不就安定了?""那封谁呢"? 萧何说:"陛下想想,你最不喜欢谁? 最想惩办谁?"刘邦想了想:"雍齿这小子的脾气坏,好几次顶撞我,我恨不得把他杀了。"萧何说:"你就先封他,连他都封了,你想别人不就不着急了吗?"刘邦就首先封了雍齿。这个故事实际上讲的是刘邦的让步。从稳定政权的需要,从社会需要稳定、百姓需要休养生息的角度说,他这个措施是对的;但是从历史的发展趋势来说,刘邦这段时间是开了历史的倒车。有没有明白人呢? 有,这就是到了汉文帝时候的贾谊。贾谊,才子啊,看出来了,所以他就建议:这诸侯国,你要削封,不然不得了。向汉文帝建议,汉文帝刚刚在动乱当中当上皇帝,他坐这把龙椅还不太稳当,没有自己的势力,因此文帝就没采纳。贾谊的一些主张、对策出来以后,那些大臣、诸侯们、列侯们能答应吗? 吵吵嚷嚷,就说他的坏话。不得已就把贾谊派往长沙,做长沙王的师傅。后来长沙王又骑马摔死了,他作为师傅,没有尽到责任,郁郁而终。这之前汉文帝曾经召他进宫,贾谊很得意——皇帝已经向我讨计策了。没想到汉文帝跟他"不问苍生问鬼神"。这是后人的诗,说他这一生可怜呐,文帝很虔诚、很诚恳啊,谈到半夜,不知不觉把坐着的席垫往贾谊身边移,越谈越亲热。但是不谈正经事。为什么? 汉文帝不是傻瓜,当时动不了手啊。我说了这么多,就是要说明一种文化的习惯势力是最可怕的。当一个新事物出来之后,不断地反对,而且多次地反复。但是大势所趋,必须实行郡县制,否则农业社会、国家稳定不了。经过这样的斗争,最后,郡县制确立了。后来还有侯的名义,不过就是几百户。这几百户也是名义的,史书上有:"封某某人为什么什么侯,五百户,实封二百户。"同时侯还定期向地方官汇报,地方官可以检查他的工作,而且可以举报。不礼——皇后死了,哭得不真诚,贬! 这就是一种"封建"的装潢。说到这儿,我们要说,封建的本意是分土而封,而且主要分同姓,按血缘。我们后代说的封建社会是借用当初封建诸侯这样一个词来称呼,实际上汉以后的社会已经不是原初意义上的封建社会了,这一点我们要清楚。钱穆先生有点学究气,他说现在都说清以前是封建社会,不对,从汉朝就不是封建社会了。他是把两个概念闹混了。这是我说的第四个问题。

第三讲

中华文化源流（下）

上一讲我们把第四个问题讲完了。作为这一讲的开始,我跟大家一起回顾一下。第四个问题讲的是从封建到郡县,实际上讲的是帝王和政府的关系。概括起来说就是在封建制的时代,帝王自身就是政府,到了郡县制之后,实际上起了一个质的变化。虽然政府依然以皇帝的意志为行政的指导思想,但是毕竟帝王不等于政府了。政府的代表是谁?是丞相、宰相、国相,到清代就是内阁大学士。这样的一个变化所起到的作用是:一方面让普通百姓能够有机会参与到政治上来。什么途径呢?就是第五个问题要讲的科举。这样,统治阶层可以常换常新。如果完全是照周代那样靠血缘、血统,就只能是萎缩,君子之泽,五世而斩嘛。这是一个变化。再一个变化,这批人是从平民当中升起的,他们了解国家情况,老百姓的疾苦在一定程度上能够反映到决策者那里。通观历史,并不是皇帝的所有意志都能实现的。这就是由于政府——在古代叫六卿,后来就是台、省、各个部——和皇帝的想法有距离,这就起到一个互相制约的作用。当然,有的时候是妥协;有的时候是宰相被罢官,皇帝的意志畅通无阻;当然也有的时候就把皇帝搞成傀儡或者搞掉了。总而言之,就在这样的一个体制下,他们上下求得平衡。这样一个相对的平衡,就能让一个朝代能够延续。为什么中国的朝代动辄几百年呢?和这个因素是有关的。我们分析了血缘的力量在疆域扩大之后必然减弱。周代的分封是很细腻的,所谓细腻,就是所有的王子、王弟都要封。然后,王子的儿子又要封,越分越细,其结果是被分封的逐渐强大起来,周王朝的中心相对削弱。削弱之后,周之东迁。为什么秦朝实行郡县制呢?就是由于周代的教训。这一点我认为是在中国政治史上的一个质的飞跃,不要小看这个事情。我为什么在这儿强调这一点呢?是因为我觉得过去说什么统一文字啊,书同文、车同轨啊,这些讲得多,而秦始皇实行郡县制讲得少,掩盖了郡县制的贡献。这样一个新的制度自然有既得利益集团和即将凭着血缘得利益的人成为天然的反对力量,而沉淀在全民当中的习惯势力,就和既得利益集团以及可能得到原来利益的集团结合起来,造成历史上的反复,这就是汉初刘邦分封同姓子弟的根本性原因。但是毕竟大势所趋,郡县制以它的强大的生命力在中国的土地上站稳了脚跟,所以历代都实行的是这种制度。

五、庶士—世族—士臣

这一节实际上是讲"士"——也就是平民中的知识阶层——和政权的关系。

和由封建诸侯演变到郡县制相应的，是从秦代开始的文官制度。中国是世界上文官制度的发源地，或者说，文官制度是中国的发明。凡是我们看到古书上说到春秋时期的"百姓"，并不是今天的含义，是指的贵族。凡是进入政权，包括军事的——因为在春秋时期、战国时期，军政是不分的——都必须是贵族。所以大家看《左传》，每次打仗之前，要选上军将、上军佐、中军将、中军佐。中军是最大的，中军将是帅。谁驾车、谁做甲士，这些点到名字的人，全都是贵族。打仗的时候，任命谁做中军将，谁做中军佐，谁就带着自己的家族，组成中军的两支部队。谁做上军将、上军佐也一样，都是带着自己家族的武装。至于说不在车上，在底下跑的，就都是奴隶。所以有一定职位的一定是贵族。在周代，无论是姬姓的嫡系还是庶支，都在不断地繁衍，于是大量庶出的贵族或者进入各个诸侯国的各级政权机构，或者流落到社会的底层，这就是血缘作用逐渐淡化的过程。无论是作为下层官员，还是游离在政权之外，这些人都是庶士。为什么叫"庶"？"庶"的意思是"众"。中国人的观念，除了"一"就是"多"，在观念上是三为众，三为多。因此一对夫妇生了两个儿子，老大就为"嫡"，老二就为"庶"。"二"不能说"众"，为什么老二叫"庶"呢？因为夫妇生孩子不能计划，那个时候没有计划生育，你知道他生几个？所以第一个是嫡，以后下来的就可能是二、三、四、五，就统统称为"庶"，"庶"就是"众"。所以《论语》上写孔子到了卫国，感叹："庶矣哉（哎呀，人口真多呀）！"弟子冉有给他赶车，就问他："既庶矣，何以加之？""富之。"再问："既富矣，何以加之（如果已经富了，要施政的话，还要怎么做呢）？""教之。"所以首先是繁殖人口，接着让他富足，富足之后就要教之。"庶矣哉"就是"多矣哉""众矣哉"。庶士就是众多的士，继承的人是少数，其他就为庶。

从战国时代起就有了文官制度的萌芽，这就是养士的制度。被养的士，没有地域、国别和家族的界限，遇到知遇者，就可以为他服务。当然，被养的士这群人非常复杂,有纵横家、有游侠,也有只有一技之长的鸡鸣狗盗之徒。读过《史记》和《战国策》的都知道,这些人共同的特点是脱离了土地耕作。他们的来源也不单纯,有的是新近没落的贵族,有的祖上也是王室或者诸侯的后裔。总之,这个时候的庶士,是春秋的庶士的发展。开始的时候,士还不能担任官职,是被当政者养着的"帮忙"(这里我用的是鲁迅的词儿"帮忙""帮闲")。中国的语言,很有意思,看这里的构词,这个"帮忙"是什么关系?动宾?帮那个忙人。帮困、帮闲,结构相同,意义关系却不同。动补?帮了就忙,就困难,那就别帮了。这种结构,计算机无法懂,要解决,就要从语义上着手。我一下子由中国文化跳到中文信息处理啦。回来还说我们的文化,被养的士毕竟突破了没有贵族的血统就成为奴仆和只有贵族才可以涉足国家、涉足贵族家务的这种局限,为以后的士开辟了道路。

战国后期纵横家可以腰挂帅印,掌握国政,称为"客卿"。这是从秦国——战国的秦——开始的,可以说客卿是文官制度的滥觞。养士的特点是备用,大家都知道毛遂自荐的故事。他就说,我就是个锥子,现在放到囊里,你用我就可以脱颖而出。备用就是平时不用的,到急的时候才用。可是到了秦朝,士就被任命为县令、县长,这个时候已经是实际用的,而不是备用的了,也不是只管某些方面的事务,而是全面负责全国或者一个地区的政务。这个时候的任命是由皇帝和国相的意志决定的,没有一定的程序和标准,也就是封建诸侯制的那种弊病还在遗传。但是不管成熟不成熟、完备不完备,文官制度毕竟已经开始了。文官制度可以吸引众多优秀人才进入政权机构,文官由于没有先天的可以依赖的特权——也就是血缘、血统,比较容易兢兢业业,体现了中国文化中伦理道德的追求。贵胄子弟很难体现这个要求。历代选举或者科举,对人的德的要求很高,虽然有很多时候是虚伪的,但是真诚的士人也不少,这就是中国的传统制度和中华文化的精神得以绵延的重要原因。所以研究中国历史和文化,不能不注意中国的文官制度。我概括起来说就是,由于文官是从士里经过自己努力考上去的,不是靠着某种先天因素;又因为他们的地位可以随时被剥夺,因此就兢兢业业,同时对自己道德修养的要求很高。正是因为这样,中华文化的"德"就集中在士的身上。士不断绝,中华文化就不会断绝。我说的这个意思还同另外一个问题有关,这就是文官承担着文化传播的任务。这个下面再说。

文官制度包括了官员的选择、录用、职责、义务、奖惩、陟黜等一系列问题。和文化关系最为密切的是选择、录用的方法，也就是科举制。汉重新统一天下，稳定之后，就实行了选举制。古书上的选举，和今天我们所说的全民选举完全不一样。选举制，就是由地方官在本地"遴选"人才，向朝廷推"举"，选然后举。《汉书·高帝纪》记载：汉高祖十一年，下诏命郡守"劝有意明德者"（鼓励有意倡明道德者）到相国府报到，从家乡到首都的交通费由政府提供。汉文帝十五年，命令诸侯王、公卿、郡守举贤良。"举贤良"这个词在中国用了两千年。汉武帝元光元年，命令郡国（郡，指的是郡县制的郡；国，就是封的诸侯，小诸侯，在当时郡和国同级）举孝、廉各一人。孝廉也是一个用了两千年的词。元朔五年，又下诏书，补博士弟子。大家都知道，汉代五经设博士，博士可以带弟子。弟子有多少员、多少人是一定的，这个时候增加博士名额，扩招。从汉高祖到汉武帝，古代选举的三个主要科目是什么呢？贤良、孝廉、博士弟子。你看，汉高祖是孝廉，到汉文帝是贤良，到汉武帝是博士弟子，这三个逐步齐备了。士被举荐到朝廷之后要进行策问，策就是竹策、简策，策问就是皇帝提问题，这些孝廉、贤良、博士弟子啊在策上回答。这带有考试的意思，也有征求对政府施政的批评建议的意思。策问是从这个时候开始的，从这个时候开始就把举与考结合起来了。这个制度就一直实行到唐代科举取士才终止。

魏晋的时候实行了"九品中正制"。"九品中正"，表面上依然是州郡选而举之，把人分成九品：上上、上中、上下、中上、中中、中下、下上、下中、下，你认为他是哪一品就推荐上去。谁来举荐呢？不是州郡的官员，是贤而有识者。一说到贤而有识者，没标准呐，地方势力、大的家族就很容易垄断，于是就变成了少数人品评所有的家庭和所有的士人。现在推荐还走后门呢，"举贤不避亲"呐，真是不避亲呐。你想想倒退两千年，会是什么样子？因此，当时流行的一句话就是："上品无寒门，下品无世族。"当时的豪门，你推举我，我推举你，真正埋头苦读的谁推举啊！"世族"这个词很重要，标题中有，是世世代代的望族，暴发的不能叫世族。这样就失去了当初选举的本意，又向着按照血缘而定世族的老路回归了，历史的道路就是曲曲弯弯的。"九品中正"的具体实施，南北朝的各个朝代有所不同,但是实质不变,直到隋文帝重新统一中国才终止。

唐初沿用的隋制。隋代举试的科目非常多,到唐代开元年间,乡试、乡贡的考试科目才比较完备而稳定。有关这个方面的史实,大家可以看新旧《唐书》的《选举志》,如果要集中地看,可以看《通志》。到开元年间,首先在乡里考试,由乡里推荐,它不叫荐,而叫贡——一会儿我再说这个词。同时考试科目既然比较完备而且稳定了,这样就基本形成了中国一千多年科举取士的制度,以后不过是在这个基础上愈益严密而已。为什么叫科举?科是科目。这个科目不是我们考博士生要考三门课程的那种科目,是不同的专业。所以,科举包含的内容,是既有继承又有发展。

这里要说明一个一般史学家常常忽略不提的问题,就是刚才我留下没讲的乡贡的"贡"。这个制度一直延续到后代,是人们所熟知的。可是为什么叫作"贡"呢?原来最初地方官向朝廷推荐人才,是把人才和贡物同样看待的。江西专出黑骨鸡,送几只黑骨鸡,再送一个人才;山西的小米好,一口袋小米和一个出色的人才一块儿进贡。唐高祖即位以后,曾经下了这样一道诏书:诸州明经(这是一科)、秀才(一科)、俊士(一科)、进士(一科),这四类人当中,明于理为乡里所称的来考试,考中了的由州长重新复核,每年随着方物(地方特产)入贡。左拾遗刘承庆上疏:"伏见比年以来(伏,表示尊敬,说我是趴着说的,我看连续几年以来),天下诸州所贡物,至元日(指正月十五),皆陈在御前(您皇帝的面前),唯贡人(被贡的才子们)独于朝堂拜列(在院子里列拜)。则金帛羽毛,升于玉阶之下;贤良文学,弃彼金门之外,恐所谓贵财而贱义,重物而轻人。伏请贡人至元日列在方物之前,以备充庭之礼。""准奏。"从此,被进贡的人就排在了猫啊狗啊鸟啊之前站在第一排了。为什么我说这个故事?说明科举制度形成了,社会的观念对人的看法依然如故,还需要在以后不断地改进。士的地位不是一有了科举就一步到了天上,还需要慢慢往上走。电影、电视剧都说武则天怎么怎么不好,野史小说更把她骂得一塌糊涂,可是刘承庆的疏就是给武则天的,武则天"恩准"了,说明武则天还比以前的皇帝好点儿,让士子排到第一排了。后代许多的读者对唐代科举制度的完善给予了高度的评价,但是忽略了"被举之士等同于方物"这一事实似乎是个欠缺。

朝廷既然要举士,就要有标准。为了统一士子的思想,也需要有标准,因而历代都规定了考试的范围,到唐代就更规定了必读的书目,设置了官学。官学者,就是朝廷设置的学校。读书,科举,就成了平民晋身的唯一出路,士子通过科举进入政府,成了朝廷官员的主要来源。社会之所以能够长期稳定,和这一制度的不断延续有着直接的关系。现在我要说到文化的传承,就是刚才我留下的一个话题:除了文官是中华传统道德的集中体现之外,文官的一项重要任务就是教化百姓。这项工作从当时的需要看,是为了统一全民的思想,稳定国家和社会;从历史发展的角度看,则是文化的普及和传播。董仲舒早在汉代就看出来了,他说:"今之郡守、县令,民之师帅(师是老师,帅是统帅),所使承流而宣化也。"①实际上这是对后来的文官这项职责的定义。在科举制度没有定型之前,地方官员举荐人才的任务也属于教化之列。因为举荐谁为贤良、孝廉,等于给地方树榜样,虽然可以作假,但是宣传的时候说的是好的,反正老百姓也不知就里。比如说在家是打爹打妈,推荐材料可以写得多么孝啊,老百姓哪儿知道他家里的事情?所以选举本身就起到一个树标兵的作用,这也是一种教化,但是这毕竟不是文官自己在进行教化。等到科举定型以后,地方官就是县学、乡师的领导。县学,县里办的学校;乡师,乡间的老师,总领导就是地方官。全国各级政府是一个大的系统,政府官员负责教育的工作和教化百姓,这就使从中央到穷乡僻壤的教育和教化有了一个完整、严密的系统。大家在学习中国历史或文学史的时候,常常读到历代一些大文豪做地方官时对当地进行教化的记载,或许误会为这是些了不起的业绩。比如柳宗元的墓志铭,说柳宗元在柳州如何提倡教化;读韩愈的传,说他在潮州怎么样提倡办学,会以为在上千上百个官员里就他们几个在那里办学,真了不起。其实是误会,所有的官员都得这样做,不做是要罢官的。有的人做得好,有的人做得差一点儿;有的人给记录下来了,有的人没给记录下来。柳宗元幸亏有韩愈这么一个好朋友,写了一篇《柳子厚墓志铭》,大家知道了。有的人没这么好的、阔的朋友,干完也就完了,顶多在县志里记上一笔。我们现在到即使是很落后贫穷的县里去,常常可以看到县学的遗迹,或者在县志当中可以看到该县历史上教育的情况或文人的事迹,就可以想见当年地方官员是如何

① 《汉书·董仲舒传》。

履行这一职责的。当时许多知识分子愿意做官，不要以为他们当官就是为了发财，其中也有不少人是抱着以自己的所学教化一方的宏愿来做官的。近代一些民主先驱当年提出教育报国并且努力实践，其源头就是来源于中国知识分子的这种历史传统。因此我们应该说，中华文化之所以达及四裔、深入人心、历尽磨难而从不中断，中国的文官制度起了很大的作用。

官学重经学，怎么也得有一定的标准，最早的标准就是古代经书，援古治今。沿袭久了，读书人一方面能够尊重正统，另一方面思想也容易走入保守——非圣人之书不敢观，非圣人之言不敢道，非古已有之之事不敢为。可是时代不断前进，学说与思想也需要不断更新，这时候就有好学深思的学人体察社会的动态，思虑天人之变。可是官学不足以回答种种深层次的疑难，于是杰出的人就创立新说。学说一出自然得到他人的呼应，于是就形成了学派；有跟着他学习研究的，于是就出现了私学。其实私学的兴起并不比官学迟，孔子授徒就是私学的典型。当时周代也有"教国子"的制度，《周礼》上有。孔子的有教无类，"自行束脩以上，吾未尝无诲焉"①。他的私学，也是因为教国子那套不够他发挥的了，一办私学，他形成了自己的学派。秦火之后，典籍散佚，汉初经书也是靠私学传授传下来的。等到经过汉武帝采纳董仲舒的学说，定儒学为一尊，这才立了博士，招收了博士弟子，这才成为官学。这个时候的官学，是今文经学。到汉景帝的时候，古文经典被发现了，后来就形成了古文经学。可是，朝廷不承认，因而古文经学的流传一直是私学（这里我岔开一句，清朝所以小学发达，文字、音韵、训诂发达，就是因为有古文学派。如果没有汉朝的私学，就没有今天我们对经典的正确的理解）。六朝社会动荡，还没有形成较正规的官学，学术的发展和传播主要也是靠私学。隋唐时代，官学发达了，科举嘛；私学不明显或者不突出，但是也并没有断绝。脍炙人口的韩愈的《师说》和柳宗元《答韦中立论师道书》，就可以说明在唐代私学的生命力。后来，书院出现了，大家熟知的岳麓书院、白鹿洞书院、紫阳书院等等，都是历代的遗迹。书院发展了，甚至可以跟官学比肩了。进私学的目的不在直接进入仕途，而在于学问的长进和道德的

---

① 《论语·述而》。

修养。所以能在私学里为师，最重要的是道德文章的一致，单有学问是不行的。说是某人在哪儿办了个书院，或某人在哪个书院当了山长，很多士子背着个小铺盖卷儿，夹着几本书，走上个把月的路，风餐露宿，去到书院读书，在很大程度上就是仰慕这个书院山长的名：一是他的学问，二是人品。一个鸡鸣狗盗之徒，虽然论文发表不少，做书院的山长，没人来，这个在传统社会是绝对的。所以到现在状元不值钱，书院的山长在今天看来他的人品全是站得住的。朱熹呀、王阳明呀，都是办书院的人，他们自己的学说，自己身体力行，这是中国历史上私学的一大特征。当然，在这个书院里受老师道德的熏陶，接受了他的学问，德才兼备了，也不排除将来进入仕途，但他的初衷不是。而且一般的书院采取的教学方法，也和今天的我们不太一样：自学为主，然后同学之间研讨；教授们呐，作专题报告。所以书院并不是满堂灌，书院出来的人常常思想非常活跃，有的时候书院就成了政治上的一派，明朝的东林就是一支政治力量。有一句咱们大家都熟悉的古话，最集中地体现了私学的师生的精神，这就是"穷则独善其身，达则兼济天下"。穷，是走投无路，不是没钱。那就是首先培养自己的德与学，路走通了，我站在一定的高位，有了一定的权力了，我为天下服务，让天下都好起来；路走不通了，穷了，回家独善其身，继续修养我的道德，继续读我的书，研究我的学问。其实这个思想来源于孔子："用之则行，舍之则藏。"①中国知识分子这样一个传统之所以能传下来，和私学有莫大的关系。做官的人有的也有这种思想，但私学体现得更为集中。从私学的沉浮和仕途的关系看，它和官学并不是平行发展的，但从对于中国学术思想和民族精神的凝聚与提高所起的作用看，私学反而大于官学，它在向朝廷输送人才方面也并不差。在我们考察中国古代政治制度的时候，特别是在考察中国古代政府机构的演变的时候，对私学也要给予应有的注意。进入政府的人，从贵族的下层，也就是从庶士，发展到游士，到世族，再到士臣；选择人员的方法从世袭，到选举，再到科举，这个过程不但反映了传统社会政权内部的变化和中国文官制度从发生到完善的过程，也体现了古代知识分子和政权的关系，以及体现了入世精神——这个入世可不是 WTO 啊。

---

① 《论语·述而》。

我上次提到,英国的著名历史学家汤因比,他说过:"中国这种大一统的国家,治理国家的传统制度,知道让这个制度怎么样运转的文职人员,儒家思想熏陶下的贵族作为文职人员长期招募,所有这些就构成了一个绝无仅有的完整、伟大的体制。这个体制的连续性即使在中华文明的其他要素发生最严重断裂的情况下,也没有出现过任何中断。"这是汤因比对中国文官制度的评价,这个评价不是他个人的。大家都知道,在西方国家,文官制度首先实行的是英国。英国的所有历史学家,包括英国政府的官员都承认,英国的文官制度是从中国学去的。在这之前,英国原来是政教合一,在罗马教廷的改革之前,神职人员就是政府,就是权力的所有者。宗教和贵族互相地倾轧,今天你上来,明天我下来,一直折腾。后来开始进入资本主义社会,就开始觉得既不能用贵族,也不能用神职人员,怎么办? 从平民里选,这个时候就把中国的经验拿去了。开始实行的时候,也不是现在的这个制度,和中国古代的选举制度——科举制度非常相像,后来逐步完善。我们中国呢,又要从头做起,现在又要学习人家。这是历史的必然。常有这种现象:老师有的时候要向当初自己的学生学习。这是我说的第五点。下面一个题目我们讲:

六、百家—儒家;道学—理学

我要说的核心是:主体文化和其他文化的关系。周武王,靠对天命祖宗的崇拜,灭掉了殷商,统治了天下,周天子以"受天明命"①和作为周的宗主享有至高无上的权威。他的权威主要体现在两项上:一是主祭祀。祭祀大权在自己手里,祭天和祭祖;二是掌征伐。周王朝衰落了,实际上是天命和祖宗的权威的下降。此后,历代皇帝依然以天命自任,其实对社会的影响力量已经越来越小了,越来越成为强加于社会的概念,成为一种习惯了。这个大家应该有实践经验,特别是从农村来的,年轻的时候恐怕都知道,祖母啊外婆啊,过年过节的时候烧纸、烧香、祭天啊,你真问她,这天是管什么的? 她说不上来。天是什么样? 那老天爷到底是男的女的? 带胡子不带胡子? 身高多少? 体重多少? 她也说不上来,

①《史记·周本纪》。

她是模模糊糊的。这跟几千年的文化沉淀,强加于老百姓的习惯是有关的。

天命和祖宗的权威既然不是绝对的了,于是探讨天人的关系、人和人之间的关系,这样各种思想就逐渐地出现了。在天命无常的时候,祖宗决定一切的时候,是不可能,不允许想到天到底是什么东西?我跟它是什么关系?等到这种权威降落了,人们才能开始探讨这些对于世界来说是带有根本性的问题,这在春秋已经出现了端倪,到了战国,周天子既然是一个虚设的象征了,各国诸侯各行其是,因此,活跃的思想有了成长的土壤,于是出现了中国学术的一个高峰,这就是百家争鸣。直到战国时代,离孔子已经有几百年了,儒家还只是百家之一,并没有特殊的地位。可是儒家的思想探讨主客观世界最为全面,它的学说更具有普世性。比如,我们将其和现在能见到资料的农家、墨家、名家及后来的法家比较,就能明显地得出这个结论。同时,在孔子之后,儒家不断吸收其他各家的营养,让它具有了成为主流学派、它的思想成为中华文化骨干的条件。大家都知道荀子,荀子是儒、法兼有。我们再看看法家的韩非,里边有很多儒家的东西,也就是各家互相吸收。但是由于儒家的根基是这样一个根基,所以它容易具备成为主流的条件。但是这个只是条件,还没有实现。这个时候出现了董仲舒,董仲舒是为了适应时代的需要,才提出了他的学说。在他的学说当中,把孔子神化了,孔子成为一个人格神,有形象、有言论、有行动的一个人格神。董仲舒把孔子的学说推演为维护皇权神授的神秘的理论依据,这是儒家得以独尊,成为国家学说的另一个原因。而从文化和学术的角度讲,董仲舒的神化儒学则是一种倒退,比起我们上面所讲的孔子的"子不语怪、力、乱、神","未能事生,焉能事死"等等,应该说董仲舒是一种倒退。因此可以说,从它产生之日起就已经埋下了不能发展、终将回归的种子。可惜啊,我在看有关的文献的时候,这一点我们的学者没有谈到,我也没有时间再去深入研究。研究事物应该研究它内部的规律、内部的矛盾,我们常常归结于客观,这是不全面的。董仲舒的学说,终于随着汉王朝的灭亡而灭亡了。

接踵而至的是魏晋南北朝的纷争,天下混乱,自然给人们带来难以言尽的灾难。但是,在中国这样一个统一的大国,主体文化发达的国家,一时失去权威,反而给思想的活跃发展提供了一定的环境。现在我把南北朝分开说。

北朝被非汉族统治，这些非汉族在入主中原之前，已经在不同程度上汉化了。出于对汉文化的仰慕和统治北方的需要，促使他们提倡汉文化，启用汉人，特别是具有相当实力和影响力的旧族。但是，毕竟是非汉族的政权，对汉族旧族是警惕和防备的，旧族也处于劣势的地位。对于旧族来说，他们最重要的优势是占有汉文化，最高统治者你得仰仗我。这些旧族从保持既有的地位和防止被同化出发，就要固守汉文化。这样，北朝实际上起到了保存和继续阐释传统文化的作用。今天我们所看到的唐朝孔颖达（孔子的后人）主编的《五经正义》，除了《易经正义》，其引用的过去的解释，绝大部分都是北朝的。北朝的书都亡了，通过辑佚还能勾辑出一些来，可以想见当年北朝对传统文化的保存和阐释。南朝就不一样了，魏、晋相继亡国，宋、齐、梁、陈皇朝交替，一方面，思想禁锢不复存在，董仲舒以来的儒学所引起的逆反让人们改向老、庄等家那里寻求思想的出路；另一方面，社会的动荡，天下的事情给人以无常的认识，老、庄的学说恰好可以提供解释的理论依据。于是南朝160年（从刘宋开国至隋开皇元年计161年），如果加上东晋的103年，一共260多年，就形成了第二次的百家争鸣，玄学就成为这个时候的主流之学。玄学其实就是从老、庄那儿引发出来的哲学思辨，但是礼教——儒家的礼教之学，也并没有完全销声匿迹。从儒学延续的角度看，这一时期南不如北；但是，从儒学的发展和中华文化整体的丰富、发展看，南朝有它自己的巨大的贡献，这就是突破了儒学的拘囿，思想再一次解放，吸收别家的思想，所以到后代整合的时候，再以儒家为主去整合的时候，就有了很多新鲜的东西，儒学又向前进了。没有南朝这个时候的活跃，单靠北朝那么传承是没有突破的。后世的道学、心学，其中无不有着南朝活跃的思想的影响。北朝和南朝两股文化思潮到隋唐合流，这是唐代能够出现中华文化高峰的重要原因。

唐的国力达到了中国前所未有的水平，据西方的经济学家测算，唐的GDP占全世界GDP的四分之三，到明代还占三分之一，在当时的世界上也是最强大的。究其文化的原因，是因为它秉承了从先秦到南北朝的所有的营养，而且是融会贯通。早在汉末，佛教已经来华，但是由于中华文化重人世轻来世、重现实轻玄虚（中国人很讲实际，那种抽象的思辨我们不太喜欢。当然,这就有它的弱点,这个以前我讲过。佛教就不是这样,正是重来世、重玄虚)、重实在轻冥想(佛教是讲究冥想的。所谓坐禅入定,其实就是进入冥想的状态,最后达到无我)、重家庭轻个人——这是中华文化的特点——佛教跟这些正好相背,所以一直被和方术列在一起。方术是指什么呢?跳大神儿啊,闭着眼摸一摸,瘸子不瘸了、盲人不盲了、哑巴说话了,这些是方术。大家如果看《高僧传》这类的书,神话多了。天旱,只要他念念有词,就会大雨滂沱。当时西域来的高僧也用这一套,其实就是变魔术,当时中原的人就把它看成是方术,并不自成是一个宗教,所以没有产生很大的影响。到了唐代,佛教逐渐地实现了中国化,释迦牟尼的基本佛理和中华传统文化巧妙地结合起来,形成了中国佛教,这就是禅宗。同时佛教思想也为知识分子所吸收,不但为各种文化品种注入了新鲜的营养,同时也对儒学有所启发。

在这里我想举一两个例子加以说明。大家都知道,王维这个唐代大诗人,他的字是摩诘。为什么他起这样一个字呢?显然是借自己的名字叫维,而佛经里有一个菩萨的名字就叫"维摩诘",他把"维摩诘"拆成了自己的名和字。《新唐书·王维传》说:王维"兄弟皆笃志奉佛",但他的弟弟王缙是做了大官的。"食不荤",这个"荤"我要说明一下,不仅仅是肉,也包括葱、蒜、姜等带异味性的东西。"衣不文采",你看和尚的衣服都是一个颜色,没绣花的。古人穿衣服一般人是要有色的,没有色的就没有文采。王维"丧妻不娶,孤居三十年。母亡",上表给皇帝,把自己的辋川闲居别墅改为供佛之所。《旧唐书·王维传》上说他在京师每天供养十几名僧人,以玄谈为乐。退朝之后,焚香独坐,以禅诵为事。临终之际忽然要笔写和王缙告别的信,又写了几封和平生亲友告别的信,信上都是敦励朋友奉佛修心之旨,写完了,舍笔而绝,虔诚不虔诚啊!但是,这么一个人却是出名的孝子,母亲死了,他哀伤得不吃东西,哀毁到几乎要没命的程度。这种对母亲的孝和对佛的敬,在佛教里是绝对矛盾的,所谓出家就是割断了凡尘呐。看《红楼梦》中的贾宝玉不也是吗?剪去了那烦恼丝,什么爹妈,都不认识:我信佛,只认识释迦,其他都不认了。《杨家将》的故事里也有,到五台山去找杨五郎出来——不出来,不认识,我已经是尘外之人了。但是在王维身上,也就是在唐朝人身上,二者结合了——你可以是孝子,也可以是虔诚的佛教徒。这两年我到有些佛寺去跟方丈讨论佛学，见到年轻的法师，我就问："回家没回家呀？""回家了。"我说："你们回家怎么请假？""不，我们有探亲假。"好，这是佛理与中华文化的结合。我们现在来看王维的《鹿柴》，这是名句啊："空山不见人，但闻人语响。返景（这个'景'是'影'）入深林，复照青苔上。"《竹里馆》："独坐幽篁里，弹琴复长啸。深林人不知，明月来相照。"写的什么呀？《辛夷坞》（辛夷是一种香草）："木末芙蓉花，山中发红萼。涧户寂无人，纷纷开且落。"这些诗都是写景的，这也就是我所说的情景的融合。这儿写的都是情，写的都是心，写的都是王维之心。王维什么心呢？就是当他读佛经、入禅境时，什么都没有了。看见夕阳，回照的反影，通过稀疏的枝叶，像花斑一样落在那个青苔上。深夜，独自长啸，只有明月相伴，芙蓉花，自开自落。如果大家读一点禅宗的语录、公案——语录就叫公案——就会感觉到，这不是在读王维的诗，这三首诗就是公案，整个儿写的是佛理、禅理。因为今天我们不是讲佛学，我不能太多地举证。

　　我们再看李白。大家都知道李白是一位浪漫派的诗人，不但他的《蜀道难》《将进酒》《梦游天姥吟留别》《行路难》《宣州谢朓楼饯别校书叔云》《庐山谣寄卢侍御虚舟》这样一些较长的诗篇有着和庄子相近的境界和想象，就是《望庐山瀑布》《黄鹤楼送孟浩然之广陵》《早发白帝城》等短篇，也会让我们联想到道家的物我齐一的思想境界。物是客观的，我是主观的。在李白的诗里常常流露出物我不分，把自己融化到自然里：自然就是我，我就是自然。咱们把杜甫和王维、李白放在一起，那么杜甫浓郁的儒家味道就显得更为鲜明。他的"致君尧舜上"，宣言呐，这是《自京赴奉先县咏怀五百字》上的，他要通过自己的努力，让唐朝的皇帝达到尧、舜之上。尧、舜恰好是儒家所尊崇的古贤帝、圣帝，从他这样的一个抱负、宣言，到他思考问题的方式，以及歌颂贬斥的内容和标准，几乎无不在传统儒家的范围里。我举这三个人的例子为了什么？唐代是诗歌的顶峰时代，我们随便找这么三个诗人，是分别信奉儒、释、道的人，多元的倾向产生风格的多样，儒、释、道的思想精华提高了诗人作品的品位，这才构成了唐诗的百花园。唐代吸收了从远古一直到南北朝的所有营养，同时什么佛呀、道呀全都融合。今天来不及全部谈王维、李白、杜甫和比丘、道士、儒者的私人交往，只举王维的例子。以前我读王维，只读他的诗集，等到钻研佛学的时候才发现，王维为很多的高僧写过塔铭。

和尚死了不是为他的骨殖建一个塔吗？少林寺不是有塔林吗？塔要有个铭啊，就像墓志铭似的要写一篇文章啊，王维干过这个。那写得真是不一般，真是佛理都参透了，这是释、儒结合的形象体现。说起来，塔铭也是中华文化和佛教的相结合，你到印度找佛教的塔铭，没有。铭，人死了埋了，要埋一块石头，刻他的行状，这是中华文化。佛教来了，和尚死了也得来块塔铭——二者相结合。

另一个例子是道学。大家都知道韩愈是古文运动的主帅，并且以从孔子以来道统的正统自居。但是说老实话，韩愈（外加柳宗元等人）在儒学上并没有什么发展。韩愈曾经因为谏迎佛骨被贬，所谓"夕贬潮阳路八千"。但后来，他又与僧侣往来，有题诗，甚至于给与和尚唱和诗的诗集写序。前人曾经讽刺他前后不一，也有的人为他辩解，有的人说那是假的，也有的人说我们应该看诗的内容，而不要看他是给谁写的。我认为这种种辩护都不必，讽刺他也不必。佛教思想对社会的影响是客观存在，佛教思想严密的逻辑思维，对人世的独特的观察分析，是传统儒学所缺乏的，也是客观存在，因此佛学自有它吸引学者的地方。韩愈反对迎佛骨，是因为佛教"口不言先王之法言，身不服先王之法服，不知君臣之义，父子之情"，因而说佛教是"伤风败俗""佛不足事"，这都是他的《谏佛骨表》上边的话。他并不是反对佛教，实际上他也不大了解佛教。一旦他对佛学有了了解，而且当佛教开始向中华传统文化做出让步的时候，像韩愈这样的儒学家，也就没有必要抵制它，甚至反而去接近它，从中吸取营养。所以我的结论是：韩愈是大学者，他不是盲目地排斥，即使和佛教接近，和佛教徒往还，向他们学习一些东西，和当初的《谏佛骨表》是自打嘴巴，他也敢于自我否定，因为它是新鲜的东西，里边有东西，要学。这就是大学者。

事实上，儒学的确从佛学中学到了不少东西。到了宋代，儒学以讲究一个"理"字而被称为理学。理学中有很多的思想与佛教一致，不同的只是表面的言辞而已。

二程（就是程颢和程颐）提出了"天理"的概念，天理，标志着理学的诞生。理学的最大特征是把儒家的注意力从主观世界和客观世界的统一上，引到了更多地关注主观世界的探寻和修养，这实际上也就是佛教求得自身本有佛性学说的移植。

　　儒学延至宋代，演变为心性之学，"良知""正心诚意"是心性之学的核心。这与佛教的关系也是很明显的。钱穆先生说："良知之学，本是一套大众哲学、平民哲学。""这一风格，不从儒家来，实从释氏来，冲淡了儒家的政治性，渗透了佛教传统之社会性"①。我觉得，钱先生的说法非常好。

　　理学，在宋、明两朝都曾经成为主流文化的核心，但是在元仁宗之前是私学，到了1303年才被入主中原的蒙古人定为官学。真正成为显学，就是官学的显学，是到明朝。这是社会发展以后儒学所做的必要的调整和完善。以前我讲过，如果照这个方向发展下去，同时接受外来异质文化的挑战和刺激，逐渐地和以往一样，发挥中华文化宽容的特性，把一切于我有益的东西接受过来，相互交融，中华文化一定会进入一个新的阶段，开创一个新的局面，文化的进步与强大，也就会促进国家整体的进步与强大。可惜的是，明、清两朝走了相反的一条路，以至国运日衰，从世界上最强大的国家变成了半封建半殖民地。理学和后来的心学是怎么样吸收佛学中的有用成分的？吸收了哪些？佛学又从儒学当中吸收了哪些东西？为什么儒学和佛学能有这样的结合？这种结合对传统的中华文化产生了什么样的影响？这些问题是很值得研究的。这里我们讲的是整个中华文化的源流，不可能在这些问题上展开，只好留待以后进一步深入探讨。

　　我说的这些问题，都是当今中外学术界没有研究透的问题，都是我们的科研课题。

　　第六节我们所讲的就是从天命无常到思想解放，从周代到明代，西周衰落之后到战国，形成了百家争鸣，这里边就酝酿着儒家一枝特秀的原因，虽然这时它具备这条件了，客观条件到汉代才有。但是汉代以来，为了眼前的需要，把儒学神化了，这样，思想禁锢了。换了一个神啊，原来是天呐，现在是孔子啊，孔子和天结合了。祖宗没了，天有了，天又和祖宗结合了。实际上不是换神了，是神多了几个伙伴，换了衣服了。这样，周代式的对人思想的禁锢在汉代又出现了。等到随着王朝的破灭，权威破灭了，又出现了新的百家争鸣。等到百家争鸣吸收了营养，储备

----

　　① 《国史新论》，第166—167页。

了，一旦国家大一统出现，就出现了中华文化的、也是传统社会的顶峰——唐代。唐代的文化我们不说经济上的、军事上的，单说文化上的，它兴盛的原因，达到顶峰的原因，就是由于多种文化的融合。这种融合不仅造成当代的顶峰，而且对于后来的宋代产生了非常大的影响，集中体现在理学和心学上。这是我讲的第六个问题。

到目前为止，我讲了六个题目：自然—人群—文化；家庭—家族—国家；宗教—礼制—习俗；封建—郡县，帝王—政府；庶士—世族—士臣；百家—儒学，道学—理学。这六个题目，我是分别讲的，大家看了以后应该把它融会起来，我实际上是讲了中国社会变迁当中的一般要素的变迁。中华文化在特定的自然环境孕育，一旦文化胚胎阶段出现了以后，它里边包含的因素，或者说就像我们现在动物、植物的胚胎里边含的基因，这基因是人和自然发生关系时产生的，然后再放大，再体现在人与人的关系上，就是家庭—家族—国家的关系。这个在基因基础上生成的东西也深入了民心，又成为民族文化的另一个基因。中国没有宗教，实际上原始的宗教形成了一种礼制，这种礼制变成了习俗，体现在所有的层面、所有的角落里。作为管辖这个社会的政治制度——从封建到郡县，为了维护封建到郡县，所以选人用人的制度必须与之相应，于是产生科举制度。我又把学术思想抽出来说，怎么从百家到儒家独尊的，儒家又有几个大的变化。大家把这些融会起来，今后再看有关中国文化的书或中国历史、中国文学的东西，可能会多一层思考或者思考的线索。

七、中华文化与其他文化的比较

比较，是认识和研究问题的基本方法。对中华文化，如果只认识和研究它是什么、它何以是什么，就还不足以认识它的特性、本质。因为本质就是此物区别于彼物的根本性特征，因此我们应该拿中华文化和其他文化进行比较。但是，这又是一个极大的课题。我是自找苦吃，在这里把好多重大的问题，可能需要许多个学者写许多本书研究的问题，浓缩起来讲，什么都说不透，是不是自找苦吃呀？要把不同的文化放在一起进行比较，就需要对不同的文化有很深入的研究。我没有这个能力，在这里，我只能就几个重要问题作点粗浅的分析，谈谈自己的看法。

第一是在价值观方面。

在人类幼年时期所形成的各种文化,都是引导人们向着真、善、美前进的,这些真、善、美的主体也是大体一致的,这是人类的共性所决定的,是各个文化之间对话、相互吸收,以至相互融合的基础。如果我们人类没有共性,各个文化之间没有共性的话,那就无法对话,无法相互吸收,无法融合。所以可以这么说,一个主体文化吸收哪一种异质文化多,有可能,不是绝对的,是它与那种异质文化的共性多,地理位置不是重要的。各个文化在这个方面的差异是大同下的小异,在共性下有小异,这小异就形成了不同的特色。

价值观方面的差异,主要表现在对真、善、美的来源的认定、追求和维护真、善、美的方法,以及什么是真、善、美的细部。抓块泥土往下咽,哪个民族都觉得不美。大概是好看的、好吃的,这个人怎么样,各民族会有大体共同的认识,不同的是这些真、善、美哪儿来的? 怎么去追求它? 怎么去维护它? 还有,真、善、美总的相同,到细部就可能不一样了。前面我已经说过,中华文化可以说是个没有宗教的文化。它的真、善、美的取向,主要是通过伦理,通过个体的德,再具体说可能就是仁、义、礼、智、信等等来体现的。在政治层面就是我们讲过的宗教政治化、政治伦理化,在生活层面就是伦理的世俗化。在基督教(我也说的,基督教来源于犹太教,后来又由基督教分出天主教)和伊斯兰教的历史上很长的时间里,都是政教合一的。及至现在,基督教国家和伊斯兰国家还难以想象,如果他们的国家没有了宗教,国家将如何维持统一和稳定,这就和中华文化形成了鲜明的对照。我们难以想象,如果我们 13 亿人都信一种宗教,这国家怎么办? 他们愁的是我如果没了宗教怎么办? 谁好谁坏呀? 不分好坏,各有各的国情,但是有差异。中国人的基本观念,包括哲学观念,是从哪儿来的呢? 是从人和自然、人与人的关系当中得出来的。和中华文化相反,基督教和伊斯兰教则是"天启"说,也就是世界是由神(这个神在基督教是上帝,在伊斯兰教是真主)创造的,因此人的意志、人所应该遵守的规矩,也都是超自然、超经验的神规定的,由神通过"先知"(在犹太教的早期叫先见,后来叫摩西,在伊斯兰教叫穆罕默德),由这些先知把"诫命"告诉人们,真、善、美的依据就是这些诫命,人们不再追问这些真、善、美的、社会的和生活的依据是什么。例如《旧约·出埃及记》

第 20 章:"神吩咐这一切的话,说:……当孝敬父母……不可杀人。不可奸淫。不可偷盗。不可作假证陷害人。不可贪恋人的房屋,也不可贪恋人的妻子、仆婢、牛驴并其他一切所有的。"这就是《摩西十诫》。伊斯兰教说:"当时,我与以色列的后裔缔约,说:'你们应当只崇拜真主,并当孝敬父母,和睦亲戚,怜恤孤儿,赈济贫民,对人说善言……'"①现在大家再想想中国古代书上劝人行善的言论是什么呢? 是你只有这样做,你才能得到道德的满足;你只有这样做,别人才好,社会才好。它是从社会规律上来的。你不可随便进树林去砍树,要"以时入山林",否则山上的树就光了;你不能随便地去捕鱼,网眼儿不能太小了,因为网眼儿太小了,连鱼苗都打光了,将来就没鱼了。这是从自然规律来的。而宗教就是上帝通过先知告诉人们,你们就这样做吧,社会的依据、生活的依据是不用追索的。

基督教(以及它的来源犹太教)和伊斯兰教都是一神论,都不容许崇拜偶像(佛教早期也是不崇拜偶像的,后来变了。基督教竖立十字架、圣母像等,是后来的事情),只有伊斯兰教到现在清真寺里什么像都没有。所以维吾尔族有句谚语,说许老师到五点半才下课,"我的肚子像清真寺了",那意思是饿了。这是谚语。因而这些宗教是绝对排他的,不许你信仰别的。大家看《圣经》里的《福音书》,若干"记"都写的是敌人打来,把本族的人杀得差不多了,由于什么? 由于本族违背了上帝的诫命,他从这儿来找原因。种种诫命中最要紧的一条,就是不许崇拜别的神,要是崇拜别的神,准有灾难。这在《圣经》上比比皆是。正因为这样,所以汤因比说过这样的一段话:"不幸的是,基督教和伊斯兰教并没有佛教那种宽容传统。迄今为止,这两种宗教都要求自己的信徒绝对效忠,这两种宗教也都不愿意容忍任何别的宗教与自己共存。"②而中国,以其在世界古今历史上绝无仅有的包容性,从不排斥任何真正的宗教。无宗教和容纳所有宗教,是一个问题的两个方面,是辩证的统一。唯其大度能容,所以中华文化能够汇聚百川,不断地丰富。

佛教有所不同,其显著的特征是视人世为苦难,人生目的在于去蔽,

---

① 《古兰经》,第 2 章第 83 节。
② 《历史研究》,第 265 页。

求得解脱。人的感官和意识是六根，六根就染了六尘，六尘就形成六蔽，所以苦难，去掉这些蔽就解脱了。怎么解脱呢？解脱的途径在于"悟"，在于"明心"。本来是六根清净的，但是被六尘遮蔽了，也就是自身有佛性，你就需要去掉这些蔽，见到自己的本心，这本心就是佛性。实际上，用哲学的话说，这就叫作精神的自我超越。佛教也讲究普度众生，不是光自己好就行了，而普度众生的目的，也在于自我精神的解脱。解脱别人的蔽，自己就升一层，是引人向上，让别人也从痛苦中解脱出来。在这一点上，佛教虽然不同于伊斯兰教和基督教，也和中华文化不同。中华文化是把利己和利人统一起来，并行不悖的。

第二个是宇宙观方面。

神创造世界说，是基督教和伊斯兰教的核心观念。在它的教义中还有一点是与中华文化截然不同的，就是契约说。契约说是从犹太教来的，犹太教认为上帝和世人立有契约，和上帝立有契约的人就是"上帝的选民"。有些人误会这个"上帝的选民"的意思，以为是这些人投票选上帝呢，实际上是上帝所拣选的人，从万民当中选了一批人。《旧约·申命记》上有这样一段话："耶和华你的神从地上的万民中拣选你，特做自己的子民。耶和华专爱你们，拣选你们，并非因你们的人数多于别民，原来你们的人数，在万民中是最少的。只因耶和华爱你们，又因要守他向你们列祖所起的誓。"①据说上帝先后和其选民中的先知诺亚、摩西、亚伯拉罕立约。诺亚就是诺亚方舟的那个人，也是订了契约的——你赶快做个船，什么时候要发大水，你坐上船之后将来你必须遵守什么，这样后裔就全是诺亚的后代了。上帝先后和他们三个人立约，这就是契约说。《圣经·旧约》当中的《摩西十诫》，就是摩西与上帝所定的契约，也就是犹太人世世代代应该遵守的律法。

和契约说有关的是救赎说，也就是世人生来就有罪，从老祖宗亚当、夏娃那儿就有罪，就有恶。以后也是，总违背上帝的诫命。上帝是来拯救世人的，世人的灾难是由于违背了和上帝的契约，只能用遵守律法、信仰唯一的神耶和华来赎自己的罪。《旧约·申命记》上说："你若听从耶和华你的神的话，谨守这律法书上所写的诫命、律例，又尽心尽性归向耶

---

① 《旧约·申命记》，第7章。

和华你的神,他必使你手里所办的一切事,并你身所生的、牲畜所下的、地土所产的,都绰绰有余。因为耶和华必再喜悦你,降福于你。"① 又说:"我们若照耶和华我们的神所吩咐的一切诫命,谨守遵行,这就是我们的义了。"②"义",另一个版本翻译成德义。大家看,中国说"义",义者,宜也,每个人在自己的位置上尽自己的义务就叫作"义"。德者,得也,就是自己和客观世界发生关系,从客观上所得到的东西化为内心的谓之"得"。但是,犹太教则认为只要遵守诫命了就是"义",这个标准很清楚。在这种观念下,人是被动者,人性是恶的,人的意志、行为标准已经由上帝规定好了,所需要思考研究的,只是如何领会上帝的诫命,结合眼前的现实决定自己的行动。

基督教国家比较早地实现了法治,严法而乏情,法很严,情比较薄,和中华文化恰成对比。我们是情太多了,法太不严了。这和他们的思想基础契约说是不是有关呢?这是应该研究的。我看了一些西方学者的东西,他们都没有回答这个问题。

佛教的天人观也就是它的宇宙生成论和本体论,它的基础和核心是"缘起说"。简单地说,佛教认为万物因缘而生而灭,也就是万事万物都在因果关系中。用佛经的话说,就是"有因有缘集世间,有因有缘世间集。有因有缘灭世间,有因有缘世间灭"③。也就是说,此事是彼事的因,彼事是此事的果,我今世所为是上世的果,上世我所做的是我今世的因,今世我所做的是下世的因,我下世做牛做马做人是我今世所做的果。这里我为了说得简明,把它简单化了,总之万事万物都是有因果关系的。还有"此有故彼有,此生故彼生"④。因缘说是从对人生的观察和思考开始的,逐步推演到主观与客观的关系,最后用以解释世界的本原。在原来的因缘说基础上,后来发展出了许多缘起的理论,其中有些是中国佛教徒创立的。显然,这里面有着辩证思维;但是把世界的生成归结为"真如缘起""阿赖耶识缘起""三界虚伪,唯心所作",则是唯心的。真如缘起,什么为真如?真如也可以说是跟佛性一样的,就是一切都是无,无也

---

① 《旧约·申命记》,第 30 章。
② 《旧约·申命记》,第 6 章。
③ 《杂阿含经》卷 2。
④ 《杂阿含经》卷 12。

是有,有也是无,说不清、道不明的那种虚空的东西就是真如。阿赖耶识是人的第八意识,是一种潜意识,比我们所说的潜意识还潜,这个只有在禅定的时候才有的宗教的体验,产生一种在今天我们心理学上可能称之为幻觉的那个时候的意识,谓之阿赖耶识。那个时候你的意识是好的,你的果也是好的;那个时候你的意识是不好的,那你的果也是不好的。"三界虚伪",这个"虚伪"也不是咱们今天说的"这个人很虚伪"的"虚伪",是说是虚的,是假的、没有的。什么是真的呢?只有心里所想的是真的,是实在的。引用的这几个词我为什么没有注出处?是因为很多佛经都有这个话,惯常用语。佛教的真谛就在这里。在这种世界观的观照下,人生是消极的、向内的,只要求得"清净心",也就求得了佛性,得到了正果。

第三是内外观方面。

内外观是说自己的意识、自己的行动是对自己个人还是对外界,是对自己的民族还是民族之外,是对自己的国家还是国家之外,是对地球还是地球之外。

在《旧约》当中,从《创世记》这一篇开始(就是亚当、夏娃、诺亚方舟那些传说),记载了耶和华的信徒和异教徒相互征战、杀戮的过程。犹太人去打异教徒,是要进入耶和华答应赐予他们的"流着蜜和奶之地"(这就是《圣经》上常说的话,也就是今天的巴勒斯坦一带,那个地方富足,所以就是流着蜜和奶之地),要把居住在那里的人赶出去。为什么耶和华把那块地赐予他们呢?因为他们只信奉耶和华,爱耶和华。每次战争,只要耶和华和犹太人同在,犹太人就胜利;只要犹太人违背了耶和华的契约,他们就打败仗。我们再看看伊斯兰教,《古兰经》上说:"不信道者,确是你们的明显的仇敌。"[1]"真主确已为不信道的人而准备了凌辱的刑罚"[2]。"敌对真主和使者,而且扰乱地方的人,他们所受的刑罚,只是处以死刑,或钉死在十字架上,或把手脚交互着割去,或驱逐出境。这是他们在今世所受的凌辱,他们在后世将受重大的刑罚"[3]。"信道的人们

---

[1] 《古兰经》,第 4 章第 101 节。

[2] 《古兰经》,第 4 章第 102 节。

[3] 《古兰经》,第 5 章第 33 节。

啊！你们要讨伐邻近你们的不信道者，使他们感觉到你们的严厉"①。
这是当初伊斯兰教徒在宗教出现后受到周围各种残酷的压迫、杀戮必须
做出的一种反抗，维护自身的存在、种族的存在，有它的必然性和合理
性。我们拿这些和中国古代的文化对比一下，中国古代对于异族是"怀
远"的，是远人不服，则"修文德以来之"的。另外，所谓中原文化和夷狄，
不是种族的划分，是文化的划分，所以在《五帝本纪》里也有古圣帝、圣贤
之帝进入夷狄，在那里生活。另外孔子也认为可以进入夷狄，所以他的
学生说："夷狄之地是不是太陋了？"他说："君子在，何陋之有？"这是一种
文化的区别，而不是种族的区别、信仰的区别。还有《论语》中有名的话：
"微管仲，吾其被发左衽矣。"②如果没有管仲，咱们这个时候都穿着夷狄
之服了。中原人不愿意穿夷狄之服，为什么？这是一种文化标志啊。当
然，我们如果再追问下去，《旧约》和《古兰经》之所以这样告诫信徒，是和
约旦河、西奈地区的自然条件（人的生存条件）密切相关的。所以有人
说，阿拉伯地区所产生的文化是外向的，他们要向外图生存。中华文化
是内向的，因为我们黄河中、下游的条件够生活了，不用向外，只有受到
别人的欺凌才反击，时间久了，就养成了中华民族不愿意、不肯出去征服
别人的习性。所以我跟外国议会代表团讲，现在有人宣传"中国威胁
论"，我说这种人简直不了解中华文化。不说别的，真要中国派兵出去打
这国打那国，老百姓就不干，因为中国人的政治哲学就是"修文德以来
之"。犹太教西传到希腊，进而扩散到整个欧洲，又和那里临海、必须外
出才有更大发展的自然条件结合起来了，所以这些民族都是外向的。这
和后来的航海术，去发现新大陆、开辟殖民地又有文化上的联系了。或
者说文化是其因，后来的航海占领殖民地是果。

第四是德行观方面。

中华文化重视个人道德的修养。"德"是个体与他人、个体与社会相
处的时候品格的综合，是个体向自身内部，也就是向"心"提出的自我要
求。德的内涵和外延，是随着时代的转移而不断发展演变的。不管怎么
变，都遵循着同一个原则，这个原则就是：求得个体与社会成员的和谐相

----

① 《古兰经》，第 9 章第 123 节。
② 《论语·宪问》。

处，也就是维护社会的稳定。古代也有法，虽是"私法"（这是法学史上命名的，不是全民制订的，是少数人制订的），不是通过民主程序由多数人或通过代议机构制订的法，但是却和"公法"一样，只是社会对个体要求的底线；而德，则是个体自愿追求和遵守的上限。

中华传统文化经历了几千年，"德"也变来变去，但是始终可以用仁、义、忠、孝、和、智等词大体概括之。孔子说："德之不修，学之不讲，闻义不能徙，不善不能改，是吾忧也。"①孔子对自身有四点担忧，就是：对自己心里的德，中断修养了没有；学，探讨了没有；听到一种高尚的道义，改没改自己原来的行为；我自己有不好的地方改了没有。这四点，大家看看，除了学、德、义、善，其实都是德的表现。同时孔子还说："志于道，据于德，依于仁，游于艺。"②道，是事物的总规律；德，仁是德的内容；艺，指的是诗啊、书啊、驾马车啊等等这些技术。这四项里头"道"是根本的，道当中的德又是核心的，仁义是德的内容，还是回到了德，他说这些话是他对自己和学生们的要求。古人所提倡的"德"，并不是只对百姓的要求，对于执政者同样如此。比如，孔子说："慎终追远，民德归厚矣。"③这是对领导人说的。慎终，做事情不要只有开头，没结尾，人的一生要慎重到自己的终了。追远，是对死去的先贤、祖先，要追思，要时刻念着好的传统。如果在上边的人能够这样做的话，老百姓的德就都厚了、多了、沉了、重了。又说："为政以德，譬如北辰，居其所而众星共之。"④"道之以政，齐之以刑，民免而无耻；道之以德，齐之以礼，有耻且格"⑤，以及所谓以德治天下，就是对当政者的要求。这是因为，在上者的一言一行对社会的影响大，用古话说就是"君子之德风，小人之德草。草上之风必偃"⑥。这是说君子之德像刮的风，普通人之德像草，风一刮，草就倒，上面提倡什么，底下跟着走。这是他的观点，也有道理。为什么要求上边呢？为的是教化下边。同时他说，他也知道要求当政者做到这些是很不

---

① 《论语·述而》。
② 《论语·述而》。
③ 《论语·学而》。
④ 《论语·为政》。
⑤ 《论语·为政》。
⑥ 《论语·颜渊》。

容易的,所以他曾经感慨地说:"吾未见好德如好色者也。"①我没看见过好德就像好色那么强烈、那么专注的。这是对领导者的批评。德是内在的、模糊的,难以用一定的尺子进行衡量,因而又注重人的"慎独"。君子慎独,阐述最多的就是《礼记》,说君子最应谨慎的就是自己一个人独处的时候。想什么? 做什么? 大庭广众之下好办,关键就是你一个人在的时候怎么样。同时要"日三省吾身",每天"三省"自己,我这一天做的哪些对,哪些不对。三省不是虚数,不是多次,三省指的是三项,即"为人谋,而不忠乎(替别人策划事情,自己是不是忠心呢)"? "与朋友交,而不信乎(和朋友交往的时候是不是有不诚恳的地方)"? "传,不习乎(学的东西是不是温习了)"? 每天要问自己三个问题。所有的普世性宗教也都讲"德",也都是努力让人向善。在《圣经》《古兰经》中处处可见要求信徒忠诚、友爱、正直、善良的训诫,所不同的是中华文化的"德"的依据是生活经验,不是"天启",不是来自造物主的要求;同时中华文化更看重内心的修养和行动的统一,也就是行动与对"德"的理性认识相一致。佛经中也有对人的"德"的要求,不同的是它是为求得个人的彻底解脱而修炼,而且似乎以不作恶为满足。总之,重视"德"在个人和社会中的特殊地位,是中华文化的特点之一。

八、中华文化衰败的原因

第一个问题:雅文化和俗文化的断绝。

这个观点,我还没有看到其他人讲过。我正想写一篇文章,不知道写得出来写不出来,在思考。

文化有雅、俗之分,二者相和才是文化的整体。"雅"并不表示高贵,"俗"也不说明低贱,雅、俗只是就其流行的范围而言,流行于社会上层的谓之雅,反之谓之俗。雅者可能比较细腻、考究,俗则相反。任何社会的文化又都不可能是纯然一体的,因为只要有阶级、有财产,社会就有上、下,文化也就有雅、俗。在一个理想的平等社会里,雅、俗之间是互通互动的,用通常的话说就是"在普及的基础上提高,在提高的指导下普及"。

① 《论语·子罕》。

　　但在一个衰落的社会里,雅文化和俗文化之间几乎是绝缘的。俗文化被视为粗鄙,遭到摒弃,不能登大雅之堂,得不到提高;而雅文化则局限在狭小人群范围中,孤芳自赏,赏之者越来越少,其本身越来越萎缩。虽然这种绝缘不是绝对的,但是两方面都因此而受损则是肯定的。

　　在我国文化史上,有过雅、俗互通互动比较成功的时候,也有因为二者隔绝而导致文化整体萎缩的时候。例如六朝时哲学中的玄学和文学中的骈文,即与市民和农民的生活思想距离太远。玄学和骈文原本都是从生活里生发提炼、精致化出来的,而一旦成为少数人独享的文化品种,它也就走向死亡了。又如唐代禅宗和近体诗,可谓亦雅亦俗,雅俗共赏,因而哺育了宋代的理学和"诗余"(词)。

　　时至明、清,社会等级更为严格,雅者与俗者人为地不相交通。例如为后代人所欣赏的八大山人、扬州八怪等画家,在当时进不了宫廷;《红楼梦》这样的旷世之作,被排斥在上层社会之外。作为文化的底层,明代的理学、心学,越来越思辨,越来越精致,虽然其基本概念逐步深入百姓之中,"天理""良心"已进入百姓语言,但这是单向的辐射,而不是双向交流。老百姓更关心的衣食仓廪,理学、心学都没有给予回答;理学、心学已经走到了极致,也没有从现实生活中找到进一步前进的门路。所以可以说,理学、心学的精致化,也就是走向衰落的开始。理学、心学的衰落,也就是中华文化衰落的标志。

　　关于文化"雅""俗"的理论问题至今还没有引起足够的注意,在这个领域大有研究的空间。

　　第二个问题是与异质文化的隔绝。

　　中华文化的开放性、包容性,是它得以绵延发展的根本原因之一;反过来看,如果它变得封闭了,不能包容别的文化了,也就会停滞衰微。至明,由于施行海禁,东边和异质文化的接触没有了;西边,由于版图已经达于戈壁之西、大山之巅,再也难以逾越,即使与中亚、阿拉伯有所接触,影响也是不大的。这样就出现了以前我所讲过的,开始了长达400多年的文化封闭。

　　隔绝有时并不来自地理障碍和当政者的决策,有时一个民族过于自以为是,也可以形成自我隔绝。例如现今有的国家以自己的文化为世界唯一优秀者,可以普救万国,这样,即使交通、通讯空前发达,地理、政策也并不封闭,却实质上与异质文化隔绝了。没有了异质文化的刺激和营养,也就要走向衰落了。

第三个问题是"自我崇拜"。

中国曾经几次成为世界最强大的国家,长期的稳定、繁荣,没有强大的外敌,使得整个国家,从最高统治者到一般的老百姓,都陷入盲目的自我崇拜。既然自我崇拜,就会满足于现状,就会拒绝正确而从眼前看却与既有的观点相左的文化。这句话绕一点儿啊,意思是就会拒绝什么?会拒绝本质是很正确的,但是从眼前看和过去的观点相反的文化。这样渐渐失去前进的动力,已有的成果也会以各种方式毁坏。这也可以用中国的阴阳理论解释。但是,物极必反,盛极必衰,也只是对现象的描述,究其更深的原因,就是失去了文化的自觉。这个道理是人类历史所证明了的。一个国家或民族的自我崇拜,是它衰落的表现,谁也逃不脱这一历史的规律。我们且不说古代的希腊、罗马,就看近几百年,西班牙、法兰西、大英帝国,都曾经有过驰骋全世界的辉煌,也都先后陷入不同程度的自我崇拜,因而一个接一个地日落西山了。现在有的国家也已经进入到自我崇拜的阶段,他们不可一世,从文化学的角度看,实际上是它衰落的表现,只不过是它自己没有意识到,或者不想意识而已。历史的确会有惊人的重复的时候,当然一个强大的国家或民族,从顶峰向下走,要走到低谷,是一个缓慢的过程,也就是所谓"瘦死的骆驼比马壮"。唐代300年才亡,中国由极盛到极衰经历了400多年。但是,人类前进的脚步加快了,英国这个日不落帝国,从顶峰落到唯一超级大国的小伙计只用了半个多世纪。世事难说呀!

第四个问题是"外力"。

这个我也不多说了。

事物变化的最主要原因是其内因,是根据;但是外因也是重要的,是变化的条件。当一种文化拒绝异质文化,通常的交流、交融过程被截断,于是面临这样的局面:一方面,拒绝异质文化的一方,国力不可避免地渐渐式微,无力承受异质文化的冲击;另一方面,并不封闭的异质文化总要寻求更大的出路。两个方面遇到了,冲撞发生了,保守的、相对衰弱的文化就要受到冲击。这时异质文化以其新颖、特别是以其相对的强大,具有特殊的吸引力,而本体文化还没有来得及应对,因而它被冷落,进而进一步衰落。所以外力是文化由盛变衰的条件。

当然，这以后"阴阳"变化的规律仍在继续起作用。只要本体文化根基深厚，事物到一定时机还会再次向着相反的方向扭转。而在这时，正如以前我讲的，领袖（政治的和文化的）的清醒与自觉将起到特殊的作用。这是后话。

余说

由于中华文化的丰富悠久和它的强大生命力，也由于它在近代和现代的命运在全世界具有极大的典型意义，所以近百年来研究它成了世界性的显学，至今这一研究的热潮还没有降温的迹象。但是，我在看了一些中外有关中华文化的研究著作之后，有这样的不满足，这就是：真正客观的、冷静的、宏观的、深层的研究太少，主观的、情绪化的、微观的、表层的研究相对多一些。这妨碍着中国人的反思，也妨碍着中国之外的世界深入地了解中国。

任何哲学社会科学研究，特别是人文性较强的学科，要让研究者一点主观色彩也没有是极其困难的。西方哲学家很多世纪里在研究的时候，都是带着对上帝虔诚的信仰与崇敬进行的。这个话不是我说的，美国的迈尔威利·斯图沃德编了《当代西方宗教哲学》①，是他说的。亨廷顿研究政治与文化的前提，就是他对美国价值观的坚信不疑、爱之过甚；但是，我们可以要求研究者在这方面尽可能地把主观性降到最低。

和主观色彩相联系的是研究者的感情。要做到完全冷静，也是不大容易的。主观色彩和感情，都受制于研究者的世界观、价值观。"爱之欲其生，恶之欲其死"，是研究文化的大忌。如果我们研究传统文化的时候对研究对象有所偏爱，就很难得出正确的结论。无论是对传统文化的肯定还是否定，都是如此。不管是颂扬中华文化，还是否定它；颂扬基督教文化，还是否定它，都是一样的。

对文化的深层进行研究，是指我不满足于梳理、描写传统文化的素材，也不满足于对具体文化现象规律的探索，而是要深入到文化的底层，

---

① 北京大学出版社 2001 年版。

研究表层和深层的关系,洞察文化起(兴起)、延(延续)、兴、衰的偶然性和必然性,因此,宏观研究与深层研究密不可分。唯有深入而又能跳出原来的研究范围,才能宏观;另一方面,唯有具有了宏观眼光,才能更为深入。

在这里,我想引用汤因比的一段结论式的语言,来看他的宏观研究。他说:

> 超工业化的西方生活方式和中国的生活方式,都潜藏着自我毁灭的因素。西方方式是爆炸型的,中国的方式——传统的中国方式——是僵化型的,但是,这两种方式也都提供了让人们安居乐业所必不可少的东西。爆炸型的西方方式,是充满活力的;僵化型的中国方式,是稳定的。根据历史上类似的发展情况看,西方目前的优势很有可能被一种混合而统一的文化所取代,那么西方的活力就很有可能与中国的稳定恰当地结合起来,从而产生一种适用于全人类的生活方式——这种方式将不仅使人类得以继续生存,而且还能保证人类的幸福安宁。
>
> ……
>
> 西方能够激发活力或造成破坏,但是它不能造成稳定和统一。
>
> ……
>
> 西方和西方化国家走火入魔地在这条充满灾难、通向毁灭的道路上你追我赶,因此它们之中任何国家都不可能有眼光和智力来解救它们自己和全人类……如果要使被西方所搅乱的人类生活重新稳定下来,如果要使西方的活力变得柔和一些,成为人类生活中依然活跃但不具有破坏性的力量,我们就必须在西方以外寻找这种新运动的发起者。如果将来在中国产生出这些发起者,并不出乎意料之外。
>
> ……
>
> 中国似乎在探索一条中间道路,想把前工业社会的传统生活方式和近代以来已经在西方和西方化国家生根的工业方式这二者的优点结合起来,而又避免二者的缺点……如果共产党中国能够在社会和经济的战略选择方面开辟出一条新路,那么它也会证明自己有能力给全世界提供中国和世界都需要的礼物。这个礼物应该是现

代西方的活力和传统中国的稳定二者恰当的结合体。①

　　这是他 30 年前说的话,他死的时候是 1975 年,我们轰轰烈烈的"文化大革命"还没有结束。但是他从中国的混乱当中跳出来,观察中国几千年文化的起起伏伏、曲曲折折,得出了这样的结论。这个结论是世界文化学的结论之一,别人有别人的结论,但是他之所以能够得出这样的结论来,我认为不是出于他的信仰,这是他用客观的、没有情绪的、宏观的、深入的研究得出的结论。

　　我并不是因为汤因比这些话有赞扬中国的倾向而引用。需要说明:一,汤因比是享誉全世界历史学界的学者,他绝不会以信口之言毁坏自己的名声。二,汤因比不是共产党员,也不是马克思主义者,甚至没有同情共产主义运动的言论和论著。他是把包括中华文化在内的人类历史作为纯粹的研究对象来进行观察思考的。三,他的这本书是 1972 年出版的,是在他所著 12 卷本《历史研究》(最后一卷出版于 1961 年)的基础上改编的,书中论述的也到 1972 年为止。大家试想,1972 年的中国是什么样子?当时连大多数中国人都看不到自己国家的未来,而他却通过对人类文化历史的考察,做出了以上的论述。基于这三点,我相信他没有带主观色彩,没有受到什么偏爱的影响,因而信服他的结论。我举这个例子是想说明:有了深入、宏观的研究,才有可能得出于人类富有启示的成果。世界是复杂的,世界的文化应该是多元的,中华文化作为世界多元文化中的重要的一员,应该得到广泛深入的研究。现在中国所缺的,正是既有扎实的微观研究、又有宏观思考的研究成果。如今社会条件已经基本具备,只要我们的学者,特别是年轻的学者努力、踏实,何愁今后没有中国的汤因比!

　　主要参考书:
　　1.钱穆:《中国文化史导论》,商务印书馆,2001。
　　2.钱穆:《国史新论》,三联书店,2001。
　　3.[美]克利富德·格尔茨:《文化的解释》,译林出版社,1999。

───────────

① 《历史研究》,第 393—394 页。

4.［英］汤因比:《历史研究》,上海人民出版社,2000。

5.［俄］舍尔巴茨基:《佛教逻辑》,商务印书馆,1997。

6.方立天:《佛教哲学》,中国人民大学出版社,1991。

7.［美］列文森:《儒教中国及其现代命运》,中国社会科学出版社,2000。

8.［美］迈尔威利·斯图沃德:《当代西方宗教哲学》,北京大学出版社,2001。

9.冯友兰:《中国哲学简史》,北京大学出版社,1996。或《中国哲学史新编》,人民出版社,1998。

10.胡适:《中国古代哲学史》,安徽教育出版社,1999。

11.［美］梯利:《西方哲学史》,商务印书馆,1995。

12.吕大吉:《宗教学通论新编》,中国社会科学出版社,2000。

13.秦惠彬主编:《伊斯兰文明》,中国社会科学出版社,1999。

第四讲

文化的多元和中华文化特质

一、文化的本质是多元的

　　人类的历史,从来是文化多元及其发展的历史,是多元文化相互接触的历史。这是因为,文化是人类的生活方式,民族文化是民族的生活方式。由于地理条件(包括气象条件)、生产方式以及偶然性等因素的孕育和制约,各个民族的生活方式自然形成差异,文化呈现多元。由于人是社会性动物,在社会的发展进程中,逐渐形成人类所特有的理性,形成不同的文化,不同文化必然发生接触,或因迁徙,或因种族的生存和延续,保护和争夺仅有的物质生活资源而与文化他者相遇。

　　在前现代的久长时间里,人类对文化多元的感知和应对,是不自觉的,是"跟着感觉走"的。人们只觉得他者和自己不一样,"非我族类",好奇、警惕、防范、抗拒、冲突。在这段历史里,多元文化之间的接触是有限的,知道山外有山、天外有天的民族很少。接触,不管什么样的接触,文明的和野蛮的,都促进了多元文化的各自发展,积累了大量关于多元文化相处、相离的经验和教训。对于像中华民族这样重视历史记录、善于以史为鉴的民族,一代一代的后来者不断享受着前人的经验和教训,这是中华民族延绵不绝而文化永远常新的重要原因。纵观全世界的情况,则相反的例证数不胜数。为什么有此截然的不同? 这的确值得人们深思。

二、文化是各个民族的文化,有本质不同的交往方式

　　为了维护自己的生活方式和信仰,人们(民族、人群和个人)对他者的文化总抱着怀疑的态度。这是因为,人们习惯于已有的生活习惯、风俗、礼仪,而信仰是与生命及未来直接相关的,切断信仰以及由信仰派生或影响的礼仪、风俗,几乎等于断绝了自己和后代的未来,即使在同一宗教或同一系统的宗教内部也是如此。这是历史过往中世界上宗教战争不断的根本原因或借以号召民众的口实之一。

　　处理与不同文化接触的方式,也因不同文化的核心理念不同而显现出明显的差异。总括起来,对待异质文化不外乎以德相融合以力相抗两类。以德相融,避免了相抗所造成的苦难,各自的文化也因为有了异质

文化的刺激和启示,有充裕的时间和空间去消化吸收他者文化中的营养而继续成长;以力相抗,其效果自然相反,除了死亡的灾难之外,遗留下来的恶果之一则是扩大了与异质文化的心理距离,不但自身的文化成果受损,而且一旦结仇,百世莫解,给后世的再一次相抗埋下可怕的种子。相抗双方有时有正义和非正义之分,有时则难判是非。如果姑且不着眼于对与错的划分,而从人类生存的历史长河看,对抗之不可取,是自不待言的。所幸的是,在中华大地上,自进入文明时期起,就没有发生过任何宗教战争,这在人类历史上是罕见的奇迹。

不同文化之间其实还有一种关系,即彼此隔绝。这在工业化之前不足为奇,而在经济全球化时代,绝大多数民族即使想自我隔离也是不可能的。或者我们可以换句话说,这种方式也不可取。

三、文化的多元性受到空前重视

文化多元是历史的和现实的存在,但是对于人类来说却是个新话题。约100年前,即1914年,发生了在科技最为先进的欧洲内部的相互杀戮——第一次世界大战。于是,统治全世界百年的大英帝国衰落了。接下来是德国之复苏和再一次由科技最发达国家发动的第二次世界大战,整个欧洲衰退,美国取而代之。那些坚持认为唯有世界中心的文化才是文化的人们注意到了东方,于是冷战开始,殖民地纷纷独立。居于世界巅峰、睥睨众小的狂傲者,只有在自己身心俱疲的时候才会发现他者的存在。于是,自20世纪中叶以来,特别是在前些年21世纪即将到来之际,世界文化的多元性越来越受到重视。可能其中有以下几个原因:

其一,人类的理性已经比较成熟。经过从农耕时代到工业化时代无数先哲先圣的观察、思考、探究,人类渐渐把握到文化的本质和基本规律,认识到不同文化接触应遵循的"规则"。但是,人类的理性总是有局限的,因而在认识到文化确实是多元的、应该是平等的之后,在对下一步该怎么办的判断和选择上必然出现差异。亨廷顿教授的《文明的冲突》,就是在这一背景下出现的。

其二,在关注文化多元化的潮流里,以学术界为主提出的不同文化应该相互包容、相互尊重、相互学习,把文化的排他性转化为与他者相融的刺激和动力的声音越来越强。认为不同文化必然冲突的观点,受到越来越强烈、越来越深入的挑战。但是眼前的事实还常常与人们的期望相左,可能也正是一件接一件的文化冲突事件,唤醒了更多的人对世界的现在和未来进行理性的分析。

其三,以德相融的处理方式取得成功的例证逐渐增加并为人所知。例如从 20 世纪六七十年代起犹太教和基督教关系的改善,天主教和基督教、犹太教关系的变化,中国以和平友好的方式处理和邻国边界问题,乃至香港、澳门平稳回归等等,都为处理不同文化之间的关系、摆脱千年不变的思维和狩猎农耕时代的老经验,提供了确凿的例证。

世界各国越来越多的智者,加入到呼吁不同文明对话、和谐相处的行列里来。这些智者的文化背景、学术积累、呼吁的对象、研究的方法、预想的目的不尽相同,但是主张不同文化应该对话、可以对话、应该通过对话相互了解、促进和平,是完全一致的。学界的声音在各国产生了不同程度的影响,下启民众,上达政要,起到了促使思考、增加选项的作用。联合国的教科文组织、社会和经济组织、文明联盟以及国际公众论坛、中国尼山论坛、国际炎黄文化论坛近年在世界各地的积极活动,为尊重和重视文化多元化的声音提高了分贝。

当然,我们不是盲目的乐观主义者。工业化、信息化和工具理性,正在以远远超过尊重文化多元化的力量在世界许多地方发威,武器的智能化正在并准备着以越来越精巧的方式威胁着人们平静的生活和宝贵的生命。这些,也使得处理不同文化间关系的活动出现许多不可预测的变数。不同文化间的对话,将是长期的、艰难的,我的一位天主教朋友说,这将是一种长时间的"苦行"。我认为这个比喻恰当而形象,对此,所有关心和参与不同文化的人们都应该有充分的心理准备。

四、多元文化对话的核心是信仰和宗教

文化的排他性从来会以宗教或对带有宗教性学说的信仰为支撑。例如十字军东征,伊斯兰从七八世纪开始的扩张,以及亨廷顿教授所"预言"的当代主要冲突,无不如此。这些冲突或赤裸裸地以宗教的名义,或用其他说辞做些遮掩,但是如果剥开外皮看看内瓤,其中的宗教性是路

人皆知的。

任何形式的排他性,无一例外地都出自于恐惧或贪婪,许多时候则二者兼备。如果出于恐惧,则常常是主动地侵略或被动地自卫;如果出于贪欲,则必然是主动对对方的无情侵略。

虽然排他性是所有文化的共同点,却有轻重之别,这体现在对待和处理与他者关系的态度和方式方法的差异上。这种差异取决于不同文化的核心,即宗教或学说的哲学基础。

毋庸讳言的是,一神教的哲学是非此即彼、非好即坏、二元对立。虽然德国图宾根大学著名的天主教神学家孔汉思认为,基督教的二元论属于古代库姆兰修道士,而库姆兰是受了波斯哲学的影响,但是即使我们不到《福音书》中去寻找,就在《旧约》的《创世记》里就可以看到后来愈益完善的二元对立论的基础,即上帝是造物主,而宇宙中的一切都是被创造物,二者永远不能互换位置。此处要指出的是,一旦神学用哲学武装起来,其所排斥的就不只是另外的神,而是与己意不合的一切。这虽然已经背离了创建一神教的本旨,但久而不以为异,竟成为指导一切的原则了①。

五、中华文化的特质

众所周知,中华文化的伦理观最突出的一点是主张"和而不同",其哲学基础是整体论、综合论、经验论。这和一神论的二元论、分析论、先验论形成鲜明对照。

中华文化的三大支柱儒、释、道,在经过冲撞、融合之后,在哲学上基本达成一致。在中华民族看来,每个人都是社会人际网络中的一个节点,自然是整个社会的一部分;进而扩展,一国之人是一个整体,人类是一个整体,整个宇宙,包括所有的人和物也是一个整体,因而个人、家庭、国家、人类都是宇宙的一个极其微小的部分,这就是所谓天地一体、天人合一、"民胞物与"。用以处理人际关系、国际关系、人与自然的关系,都

①　孔汉思教授正确地指出了《旧约》和《新约》中的耶稣基督都不主张采取武力对抗。以上所述均见孔汉思《论基督徒》,杨德文译,生活·读书·新知三联书店1995年版。

以儒家的"仁"、佛家的慈悲、道家的"善"为原则。这就是几千年来中华大地上不同源头的地域文化、外来的佛教文化和后来的伊斯兰、基督和天主等宗教不但可以和谐共处，而且相互吸收经验和营养，从而不断发展、创造，保障了中华民族的繁衍壮大的根本原因。

在中国人心里的"天下"，随着地理知识的不断扩展和交通的便捷而不断延伸。在经济全球化的今天，我们所关心的不仅是一己，而且是全人类；不仅是跟前，而且是属于子子孙孙的无限未来。在这种思维下，我们对应该如何对待多元的文化，用不着反省、思考、反复论证，就可以得出符合宇宙规律和人类社会规律、符合世界未来需求的结论。

中华民族的这些观念，来自于无数世纪的经验。即使后人是从先贤那里学习而获得启发和教诲的，但是寻根究底，先贤的智慧也还是从实践中总结出来的。例如在古代，强势文化对于相对弱势的亚文化，从来就不是采取强制压迫和消灭的态度。那时有夷、夏之分，其标准则在于教化水平之高低，对所谓"夷狄"，不存在种族性歧视，所以孔子"欲居九夷"（《论语·子罕》）而不以为"陋"，认为"微管仲，吾其被发左衽矣"（《论语·宪问》），提倡"远人不服，则修文德以来之"（《论语·季氏》）；孔夫子知道其"道不行"，曾又发出"乘桴浮于海"以达东夷的感叹。现在，几乎全世界都知道并赞赏孔子所提倡的"己所不欲，勿施于人"（《论语·颜渊》），这里所说的"人"，应该是囊括了全天下所有的人。看看近代以来中国对待其他国家人民的态度和方式，就可以清晰地感到先祖的宽阔胸怀仍然完好地保存在中华文化的基因中和国人的血液里。这已经不仅仅是中国人的处世经验，而且是一种民族美德，也是可以奉献给当代世界的一份礼物。

中华文化特质之"特"，就在于和弥漫于大半个世界的一神论哲学相比而显其异，还在于当许多人把文化的多元性视为新大陆的时候，中华民族已经履践了几千年，视之为已然和当然。应该说，有中华民族这样坚守文化多元、包容他者的成员，是世界之福、人类之幸。

六、中华文化的哲学特质在己身内部的表现

中华文化的哲学特质，表现在自己的主流文化对待亚文化的态度

上。中华文化内部不但也是多元的,而且是多种源头的。以黄河流域为主体的中原文化,不断吸收了其他地区和民族、部族的文化而不断成长,同时又渗透式地反馈给周边。而各个亚文化,也同样与异质文化相处、互动,相得益彰。说到这里,不能不提到中国亚文化地区之一——澳门这个多元文化的城市。

几年前,我曾说过,澳门可以说是中华式的文化理性的缩影和样板。人们熟知澳门的过去,几百年中,在主权已不在我的情况下,澳门的中华文化并没有中断,而是以中华文化为根基,大度地容纳来自远方的异质文化,并形成了面貌既异于彼,也与中华文化本体不完全相同的文化。回归之后的短短十几年,澳门的文化又呈现出喜人的稳步发展的态势。澳门文化坎坷的和幸运的历程,将为整个中华文化提供不可多得的经验。

不能回避的是,澳门和祖国大陆,乃至和当今世界各个民族文化一样,正在面临着空前严峻的挑战,这就是受到前面所提到的工具理性、物欲横流、个人至上这一强势文化的逼迫。但是,澳门既有几百年的经验,现在又有祖国经济蓬勃发展和文化建设稳步前进的依托,一定会和全国一样,逐步寻找到回归人之本性、具有澳门特色的文化,使澳门成为中国南端的中华文化重镇。

第五讲

中华文化与跨文化交际

当今的中国,遇到的一个最大的问题就是我们的社会主义先进文化如何建设的问题。这个问题,党中央、国务院早已经明确提出过,但是至今还没有破题,作为一个有13亿人口的伟大民族,自己有着3000多年有文字记载的历史,按出土文物则是几万年的文明,但是在面临着社会转型的时候,居然不知道自己的文明应该怎样建设。这既是悲剧,也是巨大的挑战。

可以说,中国、中华民族目前遇到了"鬼门关",这个"关"不闯过去,中华民族没有希望。卖领带、卖袜子不能让中国成为一个伟大的国家,因为领带、袜子在世界各地都可以生产,唯独自己民族的文化只能自己生产,别国不能代替,何况经济是漂浮的、时起时落的,只有文明最长寿。

在建设社会主义先进文化的时候,我们可以分解为两大难题:

第一大难题,按照文化发展的规律,任何时代的文化都是在历史的基础上生发的,用我们的话说就是"优秀传统文化如何与时代精神结合","与时俱进"。它没有现成的药方,需要全国文化人和老百姓一起探索实现,只有当我们可以清晰地说明我们这个时代的文化具体形态大约是怎样的,它的实质和根本理念是怎样的,并且它们不是仅仅停留在图书馆、书斋和学术刊物上,而是渗透到几亿家庭和所有社区的日常生活当中,乃至大家在街上相见,无论相识不相识,在彼此的交际中都体现这种文明的时候,这才叫中华文明的复兴。解决这个问题需要多长时间?至少百年。那么第一个难题就是如何建设现时代的中华文化,并且使之生活化。

第二个难题,当今世界,统治着70多亿人的主流文化是发源于希伯来和古希腊的、以现在的美国文化为代表的希伯来—希腊—罗马—盎格鲁·撒克逊文化(也就是大西洋两岸的文化,因此有学者称为"大西洋文化"),这种文化已经渗透到全世界每个人的汗毛孔里,包括我们学校从小学到中学的设置、课程内容的设置,以及上了大学之后的分系,乃至每个人学的专业,无不受其影响。比如学历史的学生,把历史看成是线性的发展,这早已被国际历史学界所推翻,但我们仍然在讲线性发展。又比如文、史、哲的分家壁垒森严,造成了我们每个人知识的片面,以至不能把中国的文、史、哲提高到世界的高度。

当今世界的经济是什么样子的呢?广告商业、明星商业、时尚商业和虚荣商业,这四个名词加在一起就是"今天的经济",它们成为引领经济发展的最重要的"火车头",我们的孩子们、弟妹们已经被这个"火车头"所引发的所谓"时尚""虚荣"驱赶着来进行消费。如果带着这个眼光,带着西方解构主义、女权主义、后现代主义所给予我们的遗产,来看待今天社会的话,你会把自己平时心里安宁的状态一下子变成了焦虑不安,觉得周边触目惊心。

在这样的情况下,西方的一些学者像安乐哲、罗思文,还有当代"新儒学"——这个引号是我加的——的代表杜维明先生,以及研究道家的陈鼓应先生等等,这批学者都把眼光转向了东方,他们在浮躁、荒唐、分裂、残酷的当代世界里,看到了中华文明中很多宝贵的东西,足以供全世界参考。

早在 40 年前,英国的大历史学家汤因比就提出,如果中国人向全世界献上一份礼物——中华传统文化,把它再和西方外向的、激烈的、争夺式的、爆发式的文明相结合,就有可能在 21 世纪形成人类的新文明,只有这样才能挽救人类,安乐哲、罗思文、杜维明等等无不作如是观。这就是我们遇到的第二个难题:在解决第一个难题之后,如何让我们这些宝贝走出国门?

目前中华文化"走出去"有重重的困难,困难之大可能是难以想象的。简言之,既有三四百年来西方学者对中国文明的错误解读,也有当今世界西方学者对中国的偏见与无知,以及在传播手段上强势经济掌控着全世界的传媒,等等。再反观自身,我们不但自己还没认清自己的文明,而且还缺乏人才,包括缺乏传播中华文化的推手。

从事汉语国际教育的从业者来自文史哲、心理学、教育学、传媒学、计算机、环境保护等专业,其中学文学的不懂哲学,学哲学的没摸过文学,学史学的与哲学、文学决裂,至于学理工科的学生从高二起就把文科扔到一边了,因为文理分班教学了,考上大学以后又只学本专业的东西。知识的这种狭窄是西方文明造成的,它造成中国的学生对中国的东西知道得少之又少,使他们先天不足。那怎么办?这个问题需要国家来解决。作为孔子学院总部,作为向外输出志愿者和教师的部门,就要尽量使他们后天不要失调,因此,需要大家聚到一起进行研修,研究如何培训我们需要的人才。我在巡视欧美以及大洋洲的孔子学院时,孔子学院的院长、学校的校长乃至当地的教育部官员都操着不同语言异口同声地跟我说:"学习汉语不是我们的目的,这不过就是个工具,我们的目的要了解伟大神秘的中华文化。"有的人甚至说出,"你们的孔子学院无孔子,只有一个塑像"。这是批评,这是渴望,这是要求。

　　我期望通过大家各自的研究,最后能够形成一股力量,使人们对于中华文化的认识提升一个层次。下面我分解来说其中的意思:

　　1.打破学科界限。例如儒、释、道的界限,文、史、哲的界限,乃至文科与自然科学的界限。因为讲中华文明需要懂天文、懂地理、懂数学,如果读《墨子》的话还需要懂光学。

　　2.提升至形而上。要形成一支浩浩荡荡的队伍,这支队伍当中的多数人能够摆脱"器"的层面,跃至"道"的层面。一个民族的文明,如果不能上升为形而上,早晚要灭绝。两河流域的文化、埃及法老的文化无不如此,它们的文字比我们发生得早,经济贸易比我们发展得早,城市建设比我们开始得早,但是现在都灭绝了。归根到底是因为它们只着眼于物,不着眼于心,只着眼于器,没有上升到道。而后来出现的希伯来宗教,包括犹太教和基督教,到了中世纪前期,则是如饥似渴地和希腊、罗马的哲学相结合,充分吸收了柏拉图、亚里士多德等人的学说,使之哲学化,从而延续至今。

　　3.透视生活。我们不能坐在"象牙塔"的顶尖上不闻世事,不能在大学校园里自鸣得意,认为自己才掌握了中华文化。文化的主人是人民。同时,现实也给我们提出许许多多文明与文化的问题,我们要关注,要剖析,并从关注与剖析的过程中提高我们的水平。

　　4.培养高端,或者说培养种子。既然我们的文明复兴需要百年,现在只有个别年轻人能看到百年后,以我为起点往下数的年长之人不过是为百年后做垫脚石。所以希望在我们这些石头上走过的人中出现一批国际级的学者。

　　以上是我个人的期望,也是为什么我和我的朋友们以及我的学生们努力创建人文宗教高等研究院的原因。

　　下面进入正题,我要讲的内容有以下几个部分。

　　一、什么是中华文化。

　　二、如何把握、观察文化。

　　三、中华文化的底蕴。

四、中西文化的同异。

五、中外文化交际的原则。

以上五条只有最后一条是关于跨文化交际的，因为我在前四个问题中都做了铺垫，最后只说最关键的意思就足够了。

一、什么是中华文化

"文化"极难下定义。我非常赞赏以下几个说法，它们虽不是定义，却可以看作定义。文化就是"人化"，是着眼于人与"兽"的区别。不要以为这是废话，大象的鼻子卷着画笔在画布上画，狗涂了油彩在纸上爬，形成所谓的"作品"，最后还能卖出去，那不是文化，那是"兽化"。有些所谓行为艺术家在大庭广众下做爱，这不是"人化"，是"兽化"，因为和猫狗交配时不回避人一样。当今世界上兽化的东西很多很多，它把人经过几百万年的进化，好不容易从兽中摆脱出来后的境界，又给拉回到兽里去了。

文化体现在一个民族、一个群体或个人的生活方式中，因此并不神秘。如果带着文化的眼光去观察周围世界，那么反观自己一天的生活则无不是文化。当然，人有动物性，吃喝拉撒、睡觉，这些不是文化。

若说文化是"人类所创造的精神财富"，这也不是定义，而是指文化的范围，所以我这里不能给大家文化的定义，而且我反对给文化下定义。精确的定义本身是西方的二分法的思维结果，因为不是什么事物都可以给定义，有些东西是只可意会，很难言传的。扩而大之，不但文化不能下定义，就连"人"也不能下定义，不管是中国化的"人"还是英语的 person。下定义干什么？你不说我还明白，说了我还糊涂了。再比如，仁爱的"仁"怎么下定义，说"仁者爱人"，那不是下定义，"仁"的范围极广，只要深入到儒学就发现"仁"是很难说清楚的，但又能说清楚。所以，老子说："道可道，非常道，名可名，非常名。""文化""人""仁"等等，都不过是些假名。

那你为什么还列一个标题？我说的文化就是"人化"，也就是我们的"生活方式"，也就是"人类所创造的精神财富"。烟灰缸不是文化，杯子不是文化，但是一看到这个杯子就知道是中国的，只有中国的杯子才是这种造型，这是文化。

什么是中华文化呢？我也不能下定义，但是可以划个范围，那就是56个民族所创造的精神财富是我们的中华文化。在这里要强调，我们今天谈文化，谈儒、释、道，千万不可忽略了我们中华文化的整体是56个民族共同贡献的结果。在我们生活中有很多可触可见的少数民族文化，例如大家吃的涮火锅，火锅本身是蒙古族的，等等。所以在讲中华文化的时候要树立一个观点，中华文化是56个民族共同创造的，即使是人数很少的少数民族也做了贡献。比如《乌苏里船歌》就是赫哲人的，"哈尔滨"也来源于赫哲语，意思是晒渔网的地方。但是一个文明总要有主干，中华文明的主干就是汉族文化，汉族占了全国人口的94％，是个强势的主干。

在汉文明中，儒家本不过是百家中之一家，但是自汉以后，它就成为汉文明的主干了，也正是因为汉代的长期强盛，所以我们的民族才叫汉族。如果汉代没有那么强大，而是到了唐代才强大，才形成一个伟大、统一的帝国，那么我们可能就是唐族。

从唐以后，儒、释、道并驾齐驱，于是儒家吸收了佛家、道家的东西，佛家吸收了儒家和道家的东西，道家也吸收的佛家和儒家的东西。儒家吸收了佛、道两家，这才把儒学提高到了一个新的高峰，就是宋代的理学。宋代的理学加上宋明的陆王之学，就把中国的儒学提高到当时世界的最巅峰。佛教由于吸收了儒家和道家的东西，才形成了中国的佛教——禅宗，也就是佛教中国化，之后的禅宗得到了极大地普及，到宋代达到高峰。道家也由于吸收了儒和佛，才形成了自己的教义体系。儒、释、道鼎足而立，构成了中华文化的主流，但是这个主流还是以儒家为主体，即使强盛的唐朝曾经一度把佛教、道教前后定为国教，也没有动摇儒家的主体地位。其中的原因后面会谈到。

二、如何把握、观察文化

1.按照人类的认识规律，似乎应该是观察放在前，把握放在后，我故意把它颠倒了。这里所谓的"把握"，是指宏观地进行把握；"观察"的"察"是审视、细看的意思，所以"把握、观察"的意思是要"先宏后微"。人类的认识规律证明，人要想把握某种事物，首先要对它进行分类，其次要比较，这是人类认识事物的两个基本方法。在分类方面中西方有着不同的特点。西方一分了类就井水不犯河水,而我们的分类则是相对的,也就是我们认识到了类与类之间水乳交融的关系,认识到了每一类有每一类的特点,只不过这种特点在它的所有属性中占主导地位而已。

中华文化可以横向分类为民族文化、地域文化、雅俗文化、行业文化和形态文化。行业文化和地域文化本身就是交叉的,例如沪文化是以上海为代表的江浙一带的文化,而所谓行业文化就包括企业文化,企业是跨地域的,这样就交叉了。

中华文化又可以纵向分为远古文化、殷商文化、先秦文化、两汉文化,等等。

把文化分了类就好观察了,我们常说中华文明源远流长,我改了一个字叫"源多流长"。实际上我们的文明既远又多,远到现在还难以界定它的时间,不知道到底有多长。至于"多"呢,从前都认为中华文化发源于黄河中、下游,但是经过近几十年的考古工作,发现还有其他的源头。比如以三星堆和金沙遗址为代表的远古巴蜀文化就是一种独立的文化,今天中国文化遗产的标志就是一个圆的太阳神,那就是在金沙遗址出土的一个金箔饰品。

我们承认了巴蜀文化是中华文明的源头之一,并不等于一切问题都解决了。三星堆的人种哪里来?为什么塑造的面具是高鼻凸眼?三星堆的文明瞬间没有了,人到哪里去了?为什么这个种族没了?等到金沙遗址发现了,得到一点线索,可能是三星堆人迁移到了金沙,或者是三星堆文明的一支在金沙,当三星堆衰落之后,金沙兴起了。但金沙的文明除了三星堆的赐予,又和陕甘文化有相近之处,金沙的北面就是剑阁、秦岭,连李太白都说"蜀道之难,难于上青天",远古时代的人是怎么背着这么重的器物从陕甘翻越秦岭过来的,他们干吗要费这个劲?不得其解。更有意思的是,金沙有一个10节的玉琮,玉琮是江浙一带良渚文化中晚期的特点,从成都到浙江有两千多公里的水路,还有崎岖难行的山路,这些玉琮怎么就到了金沙呢?谜。但是今天终于让我们懂得了"蚕丛及鱼凫,开国何茫然"中的蚕丛和鱼凫原来不是虚无缥缈的,他们可能就是金沙人,因为一些出土文物显示,鱼就是金沙人的图腾。

比金沙遗址时间稍前一些的河姆渡文化和良渚文化又证明,吴越文化也是中国文明的源头之一,而湖南、湖北文物的出土,也证明湘楚文化,同样是中国文明的一个源头。近年来对龙山文化的发掘和研究,让东夷文化又得以确立。这些新石器时代的文明证明中华文明是多个源头,所以我说"源多流长"。

接下来在我要讲的中华文化的要点中,有一些因素在一两万年前就已经在中华大地上酝酿,只是当时还没有成熟。人们常常会说:"哪一个民族不是源远流长的?"但我的意见是,把这四个字放到中华文明上头是恰当的。两河流域文化、埃及法老文化、古代的印度文化以及希腊罗马文化实际上已经断绝,乃至于今天在两河流域和埃及生活的人种都不是以前的了。因此,当两河流域的楔形文字在15世纪被欧洲人重新发现之后,到了19世纪才被法国等国学者破译,而晚于楔形文字的埃及法老文比我们甲骨文早将近两千年,但是后来的埃及人谁也不认识,需要西方学者通过若干年的精力去破译。今天,我们的甲骨文距今也有3000多年了,但是每一位搞语言文字的学者都会或多或少地认识其中的一些字。如果换成汉代的隶书,那么除了个别繁体字,其他的连小孩子都能认识。至于李太白、杜甫的诗,那时候都已经主要用楷体写成,今天印到课本上,我们孩子可以直接诵读,这在全世界是唯一的现象。因此,我们的源是多的,是远的,我们的流是长的,流长的意思就是没断,断了不就是流短了吗?

2.文化层次的划分及各层次间的关系。

我把文化分为表层、中层和底层三类。

表层是物质文化,指的是人对物质的喜、恶、取、舍。举个例子说,我们有七大菜系或五大菜系,现在又发展到十大菜系,不管哪个菜系,做菜的原料本身,比如鸡、鸭、鱼、肉、蔬菜等,这些不是文化,但某个菜系所在地的人就喜欢这么吃,这是文化。再比如,装修房子的时候,有的人在房间里挂从798买的不知所云的画——现代艺术;有的人可能挂齐白石的水印画,这些也都是文化。

中层,原来我称为"制度文化",现在看来叫"工具文化"可能更好。它指的是制度、法律、宗教、艺术,等等。

底层,以前我叫它"哲学文化",现在我改为"精神文化"。

这三层文化不是绝缘的,底层文化(精神文化)会映射到制度、法律、宗教、艺术、风俗、习惯等中层,中层的文化要映射到表层,在衣食住行上体现出来；反过来，衣食住行的东西可以渗透到中层，中层可以渗透到底层。

举个例子说，我们这代人小的时候大多生活困难，当时在我的家乡淮安流行一句话，过生日的时候，"大人一顿饭，小孩儿一个蛋"。同样，今天的孩子过生日，哪个家长不也是高高兴兴，或者咬着牙掏钱给孩子买东西呢？这就是衣食住行映射到了风俗里。

如果某个孩子从小就穿外国名牌，吃麦当劳，稍微大点他会习惯吃法国大餐、俄式大餐，这就可能会影响到他对祖国的认同感，那么他对中华文化或者有了更深切地不满，或者会更加的热爱。很多出国的留学生跟我讲，出了国了才更加爱国，但是也有一些留学生出国几年回来说，我对中国实在不喜欢。这是什么影响了他们？是饮食，是风俗习惯乃至宗教，影响了他们的哲学观。

我们常说中华文化博大精深，"博"和"大"同义，怎么个"博"法？960万平方公里，加上13亿人，够多的吧？而且几乎世界上所有的文化形态在中华文明中全有：我们既有游牧民族的文化，比如把肉烤一烤，抽出刀来割了就吃，我们也有非游牧饮食文化的极精细的烹饪；我们既有原始宗教，比如信仰万物有灵的萨满教至今在西南山区乃至内蒙古和黑龙江沿岸的村子里还仍然存在，我们也有西方宗教学意义上的所谓的高级宗教——佛教、道教，同时我们对伊斯兰教、基督教和天主教在中国的传播也包容，这就是中华文化的"博"和"大"。

"精深"呢？在于它的底层。我们的底层文化，特别是在剖析人的内心和内心不断提升的方面，以及内心与行动的关系方面，在我看来，它的精细与深刻目前仍然是世界第一，可惜这些现在都局限于书斋，局限于学术研讨会，而没有生活化。从前可不是这样的，以前无论是北方还是南方，哪怕就是在穷乡僻壤，妯娌间打架，有一方发誓"天地良心，我没做这事儿"，就不吵了。其中的"天地良心"是王阳明的话，一句"天地良心"就约束了人，就维护了家庭的和睦和社会的稳定。从前，道教把所有的信仰都收编了，因此在大街小巷，包括偏僻的村子里，都能看到土地庙，有的土地庙小到只有一张桌子的四分之一，立在那儿，有的有相框，里面放着土地爷，供老百姓参拜。还有，在北方比较普遍的"泰山石敢当"，比如老北京的一户人家，一开门是巷子，那这家人一定要在短巷子的尽头立一个"泰山石敢当"，因为一开门就看到对方的屋脊是不吉利的，有了

"泰山石敢当"就给承挡了。"泰山石敢当"的源头在哪里？可能是古羌族的文化，他们自称为是炎帝的子孙，现在在羌族的村里，比如汶川那一带，还能看到"石敢当"。在北方，泰山最神圣，于是就有了"泰山石敢当"。所以在中华文化里，从原始的信仰到最深刻的对人的内心及对人的内心升华的剖析全有。

三、中华文化的底蕴

分类了我们就可以观察到中华文化源远流长、源多流长，还有博大精深。那它的底蕴在哪里？下面我从三个方面讲这个问题。

1.中华文化的特点有哪些？

我先说明一点，这些特点的主体是在农耕时代形成的，它的美妙与高超来于此，它的极限和需要的发展方向也在于此。

我用六个"重"来说明它们。

（1）重家庭。

对家庭的看重，对家庭的感情，以及为了维护家庭和睦所做的努力，中华民族可谓世界第一。

与中华文化在这点上略微或者说在一定程度上相近的是匈牙利民族，尽管他们在欧洲，但是他们讲孝道，讲兄弟姐妹之间的和睦，然后再由家庭扩展到朋友，这与我们很相似，而与欧洲的其他民族不同。举例子说，匈牙利人的男孩子、女孩子长到十六岁，父母亲就给他们在外面租一间房，把他们送去，并对他们说："从现在起你要独立生活，一切生活费用由我们供应，你还可以去打工，挣点零花钱，节假日你回来看我们，或者我们过来看你。"为什么要这样？要培养孩子的独立性。等到父母老了，虽然儿女不住在一起，几兄弟商量，根据自己的财力，定时给父母送去财物。这些和西方，包括更西边的美国、加拿大等地，十八岁就几乎和父母完全无关的情况完全不一样。我跟匈牙利人谈起他们的父母，他们都很动情，说在"东欧剧变"之后父母生活都很艰难，所以做子女的应该尽量多挣一点钱，让他们过得安稳。他们兄弟之间聚会，大家争着付钱，乃至几个同学、朋友在一起吃饭，也是和中国学生一样，先想到买单的人早已经把钱付了，等到后面的人说是不是应该买单了，那人会告诉他，已经付过了,你别管了,在他们那儿没有 AA 制。为什么？因为匈牙利民族虽在欧洲,但文化上属于东方。

至今,匈牙利人都有一个苦恼,就是世界上所有的文献和出土文物无法证明匈牙利民族的来源。在 20 世纪中叶,曾经有两位传教士徒步从布达佩斯出发,一直向东行,想寻找自己民族的足迹,走到离中国不远的地方,发现一个村子,那里的风俗习惯、村民长相乃至语言都和匈牙利的极其相近。就在他们要详细调查、撰写报告的时候,二次世界大战爆发,那个地方被日本占领,两个传教士下落不明,只有这么一个信息传回来,没有留下文献。现在又有一些人想沿着这条路去寻找。有一些匈牙利人说他们民族的名称(英文为 Hungary)就是匈奴的变音,是当地人当年称呼匈奴的词,因为"匈"在古音读"Hun"。是不是如此,我们姑且不论,我走过将近 80 个国家,在和中华文化对比时发现,唯一与中国伦理相近的就是匈牙利,不过远不如我们强烈罢了。重家庭的确是中国的特色。

(2)重稳定。

因为重家庭,所以重稳定。中国人不希望家庭整天吵吵闹闹,乃至分裂。为了拆迁分点钱,打得不可开交,最后上法院,法院不行上电视,甚至最后闹得父子反目、妻离子散,这不是中国人普遍希望的。在这个背景下再来读某些诗文,我们才能品出它里面刻骨铭心的味道来。不管是"独在异乡为异客,每逢佳节倍思亲",还是"举头望明月,低头思故乡",或者"慈母手中线,游子身上衣",都是希望家庭和睦、稳定,因为中国人讲继承,无论在物质、技能、知识和品德等方面都讲继承。过去常见的大门门联中,有一副叫"忠厚传家久,诗书继世长",其中"忠厚"讲的是品德,"诗书"讲的是知识和技能。中国人在重要的日子里拜祖宗的时候,脑子里并没有一个祖宗的形象,更没有把祖宗塑造成一个人格神来时时护佑我们,中国人拜祖宗是为了不要忘记自己是从哪里来的,因为没有远祖就没有近祖,没有近祖就没有祖父,没有祖父就没有父亲,没有父亲就没有我,我能来到世上要感恩。

(3)重传承。

(4)重和谐。

(5)重道德。在个人、家庭、社会、国家乃至国际中,贯穿始终以维持家庭和谐、社会稳定的,是道德,无德则全完。

（6）重现世，轻来世。儒家普遍认为没有来世，"未知生，焉知死"，连生都还没有弄清楚，怎么讨论死的问题？在儒家看来，我是宇宙的一员，即便我的肉体死亡了、消灭了，但精神还在，还要流传。传给谁？传给自己的儿女，或传给自己的学生。如果一两个儿女成才以后，为人准则和自己一样，这时候老人心里比给他买多少名牌服装都高兴；如果自己教出了几个学生，他们都有着和自己一样的品德，并在学业上超过自己，真正的好老师这时候也会是非常愉快的。他们传的是精神，是形而上的，是非物质的，重的是现世，活一天干一天，生命不息则奋斗不止。

中华文化基本是从农耕文化萌芽、成长并成熟的，用这个观点来看，上述六点就很重要了。如果大家读过恩格斯关于家庭的论著就可以知道，重家庭不是从一开始就有的，汉字的"家"是房子里面一头猪，对这个字的解释从许慎的《说文解字》开始就众说纷纭，为什么"家"字会是这样？如果我们从通俗文字学角度看，屋顶下（草棚下）养头猪，养猪就得有人；干吗养猪？为了吃，那就是个家庭。"庭"就是庭院，它把一个家庭一个家庭隔开，这又是后来才有的。从最早的重部落、重部族，后来的重家族，再到重家庭，我们的文化正式形成。为什么重部落、重家族、重家庭？因为原始时代耕地使用的是笨重的石铲、石凿，这种条件下一个人能种多少地？到后来，学会用木头了，木头农具只能用在熟地上，生地上根本插不下去。《诗经》上所说的"耒耜"，就是木质的农具，它像铁锨一样，一个木板两个把手，用的时候两边站两个人，一个人一只脚踩下去，另一个人一拉绳子，土就翻开了，然后再踩下去一拉绳子，又翻开一块土。这种农具，如果两个人不配合好，就铲不了地。后来发明了犁，还得两个人，其中一个扶犁、另一个拉犁，互相配合才行，否则就没法耕地了。

农业再进一步发展就需要修水利。修水利这种事情，一对夫妻带着几个孩子能干成吗？一个家庭能干成吗？不能。就需要部落、部族齐心合力，所以农业社会没有集体的努力不行，到了私有制开始产生，部落和部族慢慢分化成一个个家庭，但是所有家庭也还是必须联合起来从事生产才行。怎么办才能联合起来呢？那就要讲道德和权威，老爸就是权威。"孝"就得听我的，你不听我的，大家就视你为逆子，你在家里、在村里、在四里八乡就没有立足之地，这就是"礼"。重稳定，轻迁徙，所以"父母在，不远游"，这从生产者的角度来讲是有道理的。

重和谐、重道德就不说了。

为什么重现世？因为农耕社会最重现世，所谓"种豆得豆，种瓜得瓜"，这八个字不要小看它，它渗透着中华文化中很深刻的思想。中国人讲现世现报，自己种下的苦果自己尝，因此为人要正派，心胸要豁达，对人要慷慨，这都是农耕社会造成的。

对比一下采集狩猎的时代，那时候还是群婚或者对偶婚。群婚不用说，就是乱交；对偶婚就是这个部落所有青年女子是那个部落所有青年男子的集体妻子，这个部落所有中年男子是那个部落所有中年女子的集体丈夫，生了孩子母亲带，因此古代"知母而不知父"。这从《左传》上也可以看出来，周王称异姓的诸侯为"舅"，称同姓的诸侯为"叔"，为什么称"舅"呢？是古代婚俗的遗留。这个部落的女子生的孩子都称那个部落的男子为爸，因为分不清。这个部落年轻的男子，都是小孩的妈妈的兄弟，也就是小孩的舅舅们和叔叔们。

然后慢慢发展到一对一的婚姻，才形成家庭。但文化是最牢固的，所以早期的婚俗仍会在后世有残留。在今天的山西、山东、安徽、江苏乃至内蒙古的一些地方还有这样的规矩，家里母亲去世，谁来主丧事？要把舅舅请来，舅舅说了算，这在山西叫"主子"。再比如父母亲不在了，弟兄两个闹分家，谁来和事？"主子"来和事，舅舅说："这个归他，这个归你，别吵了。"他的话就算数。一个民族为了和谐，肯定会找某种合适的机制，有利的机制就会保留，不利的则会扬弃，所以远古的某些习惯留到现在。今天全国大部分已经没有这种风俗了，但是局部地区还保留了一点这种古代的风俗。

当然重现世也给我们带来了一些与其他文明相似的元素。农耕社会的人们观察生物的萌芽、成长、强壮、衰落、死亡，每年一个周期，不仅仅观察地里的庄稼，还观察森林和草莽当中的各种动植物，因此我们也有"万物有灵"之说，也有关于"灵魂"之说，但是都比较淡漠罢了。

2.中华文化的精神或哲学。

中华文化的精神或哲学关照四个方面——其实天下所有的哲学都关照这四个方面，但是我们农耕社会所形成的体验更深。

第一是身与心的关系，也就是肉与灵的关系。通过刚才漫说中华文化的特点可知道，我们所倡导的"和谐"也始于此，因为身、心要和谐。在我们看来,在各种文化形态中,不管是歌舞、打中国结、剪纸、打太极等等,最能够系统完整而且能直接作用于中外人民,让他们享受中国文化的,有两样东西,一是中医,二是喝茶。

身、心的统一不可分,就在中医和喝茶里有所体现。

喝茶养心。当然我说的喝茶是指刚流失不久的所谓"茶道",不是像某些节目上的那样,一个小姑娘翘着兰花指用很多有"名堂"的动作和步骤沏茶泡茶。这不叫"茶道",这叫艺术表演。

中医则在看病的时候既治病又治心。

比如中医大夫会说:"老太太,你没什么病,就是气有点瘀积,最近和儿媳妇吵架了没有? 哦,没有。和邻居有什么过不去的? 哦,也没有。那孙子惹您生气了? 嗨! 孙子有他自己的天地,有他父母管他,您别操那么多心,你这没病,就是生气的结果,我给你开点药啊,想吃就吃,不想吃就不吃。"治病的时候同时治了人的心灵。

中医讲"天人合一"。大夫开方子的时候可能会跟这个病人说:"这服药必须到同仁堂去抓,因为这个药原是湖南出的,那里的最好。"又跟那个病人说:"我给你开个红花,一定要藏红花,川红花不行,力量不够。"换个病人又说:"您这个是湿疹,不要紧,就这闷热的天最容易出湿疹,外湿变成内湿。"在这里天人是合一的。西医不是这样,拿着仪器听听,然后告诉你,"化验去""透视去""做 CT 去",回来对着化验单开药,药全是标准生产的,病人按规定上说的日服三次,每次二到三片,跟工厂一样,来什么人看病全是如此。中医不是这样,老太太来看病,大夫给开五服药,临走嘱咐"不好您再来"。过几天,老太太来说:"好多了,还有点儿。"这时候大夫说:"我要调方子,和上次的不一样。"换了西医呢? 老太太说:"还有点。"西医说:"再接着吃。"没有个性化。

中国文化讲究人与人之间的关系,其中包括群体对群体的关系,也包括群体对个人的关系。我们主张和谐,和谐的哲学根底是宋明理学家在总结了一两千年儒学之后得出来的,就是"天人一体,同胞物与"。所谓同胞就是人是天地之子,无天无地就没有当中的人,有了人形成"三才",这个才是人才,是来补天地生成之不足的,用今天不确切地的话说就是"改造自然"。说它不确切,是因为"改造自然"本身是悖论,自然不能改造,改造了就要受惩罚。

进一步说解一下"天人一体，同胞物与"这八个字。天地生了人类，那么人和人之间是不是同一个胞？"同胞"在今天的意思限于同一个国籍的人，实际上在宋明理学那里全天下的人都是同胞。何谓"物与"？万物也是天地所生，这个"与"读参与的"与"，就是说万物都是我的朋友，因此不能暴殄天物。这是处理人与天的关系、人与人的关系以及人与物的关系的哲学依据。

在过去——农耕社会、工业化的初期和中期，我们对此都没有什么直接的感觉，但是哲学家已经通过充分地思辨和想象得出了这个结论。在今天，当地球因为交通和通信的发达而变小的时候，如果我们静下心来想一想，的确，整个地球上的人是同胞。非洲丛林里的一个部落即使与我们从来没有什么往来，也与我们有着密切的关系。他们在森林里的遗传基因可以抵御各种蚊虫病毒，但是他们带上病毒，就有可能在坐飞机、坐火车和餐饮当中把病毒带到亚洲，我们就有可能得病。

经济学家曾经提出"蝴蝶效应"的问题——亚马孙河热带雨林里一只蝴蝶扇一扇翅膀，带动了空气的振动，共振的现象越来越大，就可能在欧洲和亚洲形成风暴。这是一个想象之词，但在今天的社会已经成为现实。拿政治上的事情说，某个国家的黑客破坏了美国的电力系统，就可以造成几十万、几百万的美国家庭断电。如果用美国的"强盗逻辑"，你对我进行黑客攻击，就意味着战争，我不管是你个人还是集体，不管是国家还是群众，只要那个黑客是这个国家的人，我就视同这个国家对我宣战，我就要打你。假如一个不经世的年轻人弄个黑客攻击美国五角大楼的网站，对方一查发现是中国的，就有可能把导弹打过来，谁说人与人之间没关系？但我们宋代的哲学家不是想到现代化的武器才说这些话的，他们是从"道"上，从人的智慧上，从做人的良心上来分析的，所以高明啊，西方哲学家们包括莱布尼茨、黑格尔、康德等等都没达到这一步。

我们大家有这种体验：人们可能没有去过汶川大地震的现场，但是那里灾民的情况，以及我们的干部、战士、志愿者那种舍生忘死的动人情景，包括那个敬礼的小孩，不是都催我们泪下吗？这就是中华民族"同胞物与"的情结，把人与人看成一个整体的情结，只是我们百姓日用而不知罢了，这些都是我们的宝贝。

总体来说，中华民族的人——包括一部分信奉未来宗教的人，不把希望寄托于来世,寄托于彼岸。我的中国学生中就有虔诚的基督徒,我跟他聊的时候,他说他并不承认创世纪,没有想到自己就是原罪,也没有想到我信了基督教将来就进天堂,他只是说基督教讲善、讲爱;但如果是一个欧美人,可能就不是这样,他们对天堂寄予希望,把恕罪视为救赎,天主教、基督教、伊斯兰教以及一些原始的宗教都是这样。可能有人问:"佛教不是也寄托于来世吗?"这首先是因为误读了佛经,佛经上确实有彼岸的说法,那个彼岸是觉悟的彼岸,不是地理上的彼岸。因为佛陀说,凡人学佛法、学佛经,不过是乘了只船,等到了彼岸,这船就可以扔掉,所以不要死抠着我讲的东西。佛(Buddha)这个词在梵文里就是觉悟的意思,觉悟者谓之佛,觉悟者是在现实中成佛的。而且,佛教在中国化之后更加注重今世。

为什么和尚坐化要留下舍利? 是因为要用舍利来昭示后人。台湾一百零二岁的悟明长老圆寂了,他在 30 年前就定制了荷花瓷缸,要把他的真身放到缸里,留下全身舍利,这在佛教里叫"坐缸"。他生前留下话,昭示后人要从善,当然这里面多少有点神秘主义,凡是坐缸的人,如果道行修炼得好,他的真身是不坏的。台湾这么热,封在缸里,如果一般人就腐朽了,但得道的高僧则不然。坐缸后,等到一定时间再打开的时候,他的真身已经浓缩了,但不腐烂,还在盘腿坐着,然后在真身表面塑上东西,就叫金身。这种现象现代科学还解释不了。和尚昭示大家的,不是如何成神成仙,而是告诉人们只要放下一切,别斤斤计较名利,成天想着升副教授、教授、博导,看着谁房子大了就眼红:为什么他能住我不能住?要把这些放下,把心情调理好,一切都看得淡然,活得非常愉快,你就可以做到这一点。所以,中国人是这样处理今天与明天问题的,大家都是当下之人,谁也不寄托我死之后去见耶和华。

3.中华文化的境界。

是不是中国人不重物质呢? 非也。是不是单单一个心态和平就足矣呢? 不足。所以,我特别标了"中华文化的境界"这个标题,所谓"境界"就是引导人去追求的境界。物的方面,应该由贫困走向小康,大家不要以为我在这里复述小平同志的理论,我说的"小康"是《礼记·礼运》里的"小康",小平同志刚好用的就是这个词。小康就是我们的生活再富裕一些,即使其中少数人成了豪富,有了百亿、千亿美元的财产也不是坏事,财富不是评定一个人品德的标准。我们不要只想到某个人家徒四壁,当月工资当月花,没有积蓄,到时候自己饿了三天都要去捐款,这才叫道德高尚。不是啊。举一个例子,孔老夫子的一个学生子贡就是大商人,照样是贤人。

佛教里的维摩诘就是个居士,按今天的话说他是世界首富,而维摩诘所说的经是佛教的重要经典。维摩诘病了——我总觉得他是装病,释迦牟尼就请各位菩萨去看望他,菩萨们都不敢去,说他的法太高了,去了怕回答不上来。后来最智慧的文殊菩萨去了,结局就是文殊师利跟他谈话,维摩诘坐在那里,摇摇头,不说话了,文殊师利马上受到启示:"啊!维摩诘他不说话就是佛法。"这不是故弄玄虚,真正的佛法就是不可言说、不可思议的。这涉及佛教中比较深的思想。所以,财富并不能评定一个贫穷者的品德,也不能评定一个有钱人的品德,因为毕竟是物的方面,物只是满足肉体和感官需要的,人的境界中更重要的是讲心的境界。

我曾经把境界分为三层,后来想还是冯友兰先生分的四层更为准确①,但我用的词和冯先生的不完全一样,我用的是"自发境界""功利境界""道德境界"和"同天境界"。

第一个是"自发境界"。比如妈妈爱孩子不需要经过思考,下班回来保姆跟她说宝宝发高烧了,她没动脑子就问:

"怎么了?"

"发烧了。"

"多少度?"

"38度。"

"哎呀,你怎么不给我打电话呢?"

马上打电话给他爸爸:"快点回来,你到医院找我。"然后抱着孩子出去,叫车或者自己开车上医院了,这是一种自发的境界。

人的本性就是为己,这是出于生存的需要,不能说它是善是恶。婴儿饿了就哭,一开始他的哭是自发的——甭管叫谁,难受了就哭。等他妈妈发现是孩子饿了,把奶嘴一塞,不哭了,孩子慢慢就明白了,哭是信号,只要饿了我就哭,哭就有吃的。稍微长大点了,见了什么就往嘴里

---

① 指"自然境界""功利境界""道德境界""天地境界",见冯友兰《人生的境界》。

放,还是自发的;再大了,就知道不是什么都能往嘴里塞。再往后,特别是在中国目前的教育体制下,要知道好好学习,父母想办法让他上重点中学,上了重点中学,父母发现还是不行,怎么四点就放学了?于是请家教,上补习班,将来上重点大学。这也不见得是坏事,他必须要适应今天这种以上学为工具的学习(这种学习不是以求知求悟为目的的),不能责怪家长。那么这是什么境界?功利境界。功利境界是个危险的阶段。家长望子成龙是有私心的,自己没有达到这样的程度,就希望孩子在未来能成功,当然主要也是为了孩子的未来。不管怎么样,是一种功利,但还没有损人,也就是利己而未损人。

有的人可能就由这儿分出去,去损人利己,于是不诚信就发生了——坑蒙拐骗偷杀,全是损人利己。如何使人的功利阶段都能在不损人的前提下利己,这就是文化的责任。

从功利境界再上升就是道德境界。如果说自发境界和功利境界的前半段多少是顺其自然的话,从功利的后半段开始也就变成自觉的、有意识的了。但是要到道德境界,就必须摆脱自发时的那种自然状态,应该通过长期的熏陶学习,既靠他人的引导,更靠自己的思与行来升华。同样是一个功利的世界,可以有境界的不同,比如一个人通过看到中国社会的过去、现在并预感未来,就鼓励孩子说:"孩子你好好学,未来是你们的,爸爸只做到工程师,但是中国太需要更高级的工程师了,你比爸爸强,好好学习,争取做对国家有用的人才,你爷爷奶奶、妈妈也会为你高兴。"这就公私兼顾了,这是道德的境界。当然家长也不要对孩子说得太正经了。同样是出国,可以是功利的,也可以是道德的。中国的科技要发展,中国的人文社科要发展,但今天的科技强国不是我们中国,必须向人家学;在人文社科方面,我们不能只知道自己——包括自己的老师、老师的老师和自己的朋友——怎么看中国,我们还需要看看外国人怎么看中国,这就要掌握他们的话语体系,就要走出国门,这就是"功利+道德",实际是超越了功利的阶段,进入了道德的境界。所以同样道德的事情可以以功利为辅。

北京曾发生一件事情:颐和园外面有一条很深的河,一个人掉到河里了,两个人跳下去救他,这位先生又比较胖大,两个年轻人要拖他上岸的时候,岸离水面很高,推不上去,上面人又够不着,其中一小伙子已经支撑不住了,仍然还拉着岸上垂下的铁丝努力往上推,这时候又一个人毫不犹豫跳下去,三个人在那位胖先生身上绑上绳子,岸上四五个人连拖带拉把他拉上去,这时候胖先生已经昏迷,有的人打110,下水救人的那三位没留一句话就走了。这是纯道德的层面。

说极端一点,如果这个时候,有人想我现在跳下河去见义勇为,将来就可以得到表彰,这样虽然也做了道德的事情,但实际上是出于功利目的。所以任何事情不都是那么纯的,做这件事的时候是道德的还是功利的?是以道德为主还是功利为主?是纯道德非功利还是纯功利非道德?谁知道?只有自己知道。因此中国人强调自省,强调慎独,慎独不是自己关着门一个人,而是说自己知道要在动机和行为上面慎重。这就是道德的境界。

道德境界的人是什么人?君子。这种境界还不够,中国人的终极追求比这还高,那就是天人一体、同胞物与、一切为了他人。这也是不经过大脑,而是形成了一种很自然的习惯就去做的境界。这种境界的人在解决自己的生活必需之后视名利如粪土,做科员就把科员好好做好,做部长就好好把部长做好,至于五年之后退下来干什么,不去想。这是什么人呢?圣贤。中国人把"圣人"这个名号封给心底百分之百纯净的,一意为了他人、为了社会、为了地球、为了宇宙的人。这种人到哪里去找?没有。没有你说它干什么?这就是中国人给自己树立的一个世界最高境界,大家都朝这个目标努力。正因为有了这个目标,大家都去努力,所以人人在提升,人人在发展。"法乎其上,仅得其中",连孔子都拒绝"圣"的称号,说"若圣与仁,则吾岂敢",他不敢当啊。仁就是圣贤的品德,很难做到呐,孔子在三千弟子当中最得意的是颜渊,但孔子也只能说他"三月不违仁",一年当中有三个月的行为符合仁,说明不是一年十二个月都如此,其他的人恐怕只能一个月或者几天做得到而已,不是说他们其他时间不仁,而是说会冒出非仁,也就是有私心了,所以中国人给自己树立了很高很高的境界。而西方文明是两个境界,一个境界是救赎了原罪回到上帝身边;另一个境界是没有救赎又有了新的罪,那就下炼狱。

附带说说中华文化的发展。

1.内动力与外动力。

中华文化的发展靠的是内动力和外动力。内动力就是文化自身不同地域、不同类别、不同层次的冲撞,它会有时而竭,所以光靠内动力慢慢就没有发展了。例如中华文化在明末清初开始的衰落,就是因为没有外动力。而汉文化、唐文化、宋文化之所以蓬勃辉煌,是因为有了多元的、巨大的、连续不断的外动力。缩小一点说,儒学之所以到宋代出现高峰,是因为接受了佛教的冲击,这种冲击成为一种外动力。因此,我们的文化必须开放,必须广泛吸纳世界各个地方的文化。有冲击不怕,因为有挑战才有应战,有应战才能增强自身。

2.主体与客体。

虽然要坚持文化多元,广泛吸收其他文化,但是人类的经验、中华民族的经验证明,在这其中一定要以自己为主体,用哲学上的话讲叫文化的一体化,这就是与全盘西化的区别。全盘西化其实也是不可能的,所谓化就意味着彻头彻尾、彻里彻外,怎么可能呢? 就算让 13 亿人全吃西餐了都化不了,不是因为我们吃不起,而是因为口味没法儿变,一个人活到十岁口味定型了,终生改不了,他的饮食中可以有别的,但最爱吃的还是原来的那些。

3.建设自己的文化,要自觉,要自信,要自强。

四、中西文化的同异

同的方面提两点。

1.所有的文明、所有的宗教都是喜善厌恶,不独中西方如此。

2.都在探讨宇宙的奥秘,包括人类的生死。人的生死是人类的大问题,也可以说是第一号问题,不同文明都用自己的不同信仰、不同的学说来解释它,寻求答案。

不同的方面也提两点。

1.西方文化是二元对立。它的二元对立思想来源于宗教,God 是造物主,宇宙中的一切都是他创造的,他既不在宇宙之外也不在宇宙之中,他是一种超越,是一种绝对,是不能够也不应该去验证的。草木虫鱼、飞禽走兽、大江大海,乃至人类全是他创造的,这些被创造物永远成不了创造物,而他(God)永远也成不了被创造物,这是二元对立。它通过哲学、通过启蒙运动得出的所谓绝对真理渗透到各个学科,各个人文环境中,渗透到人的心里。因此,西医是内外科对立的,外科只管动手术,在国外常常是外科手术完了才到内科病房,而中医是混着的,胃溃疡通过中医就能慢慢调理好。

因为我们是一元和合,从发展角度来说,最初是混沌的,后来分阴阳,阴中有阳,阳中有阴,而且是动态的,阴可以变成阳,阳可以变成阴,阴阳和合成为整体。乃至我们的生活也是如此,现在年轻人结婚,也还有送一幅字的,上面写着"百年和合",而不是今天说我需要你,给个钻戒,结婚了,改天说你讨厌,于是离婚了。

西方把地球,把任何事物,包括把人生都看成是机械,是由部件组成的,我们第一代的哲学家都受这个影响,认为人是个机器,这是把工业革命后对机器的理解移到人身上了。现在有了进一步发展了,可以换零件了,恐怕将来总有一天,我们老祖宗的话要印证,心脏坏了换个狼心,肺坏了可以换个狗肺,如果真的这样,那将来的后遗症如何? 不得而知。如果是个老头子,不能生育了,换了也就罢了,如果是二三十岁的年轻人换一个动物的器官,那他的女儿、儿子、孙子、外孙会出现什么情况? 真的不敢预知了。我从来不反对西医,但人是个整体,要讲顺其自然,因为人和自然也是一体的。

2.西方文明有排他的一面。这也是从它的宗教开始的,因为犹太教、基督教,以及由基督教分化出来的天主教、东正教和基督教新教,乃至于伊斯兰教,都是一神论。所谓一神,就是不允许有第二个神,于是排外,排外的结果就是争吵,争吵的结果就是战争。因此,在西方,千百年来,宗教的战争没有一刻停止,直到今天。中国的儒、释、道则不然,佛是和平地进入中国的,道是和平崛起的,乃至基督教、天主教、伊斯兰教进入中国以后,只有某一个村民因为对某个宗教不尊重,造成了误会而吵起来,但没有发生过宗教战争,这就是我们包容的结果。

五、中外文化交际的原则

当前的重点是中西交际。中外交际当然包括与西方以外的其他文化的交际,但当前的重点是和西方的交际,因为西方在主宰一切,而东方的中国有13亿人,中西两大文明和谐共处了,世界就和平了。中国人对

"西"的看法是有一个反复过程的,最初的"西"就是指欧洲,因为当时美国人还没有强大,在19世纪末,中国人言必称欧。到第二次世界大战以后,我们的眼睛慢慢越过大西洋,开始看美了。改革开放以后的时间里,一说西就是指美国,而且还不是全部的美国,就是曼哈顿一带,一说西方教育就是哈佛。最近10年,我们的视线又转移了,发现欧洲有它的传统和它的优势,是美国所不具备的,其中有很多值得我们学习,于是欧洲在中国人心目中的地位又慢慢上升了。

所以"西"的含义要明确,这就是"大西洋文化",也就是我一开始所说的希伯来—希腊—罗马—盎格鲁·撒克逊文化。我们对外交际的目的,不是为了对外汉语教学,是为了世界和平,是让中华文化能作为世界文化的一员呈现出来,让人们知道多元文化的必要性和必然性。当然,也是为了中华文化的发展,我们"走出去"接受异质文化给我们的外动力,这样中华文化才能够更好地发展,但其前提是我们不要认为中华文化是世界上唯一的好文化,而是必须承认对方的文化,因为那些文化能够绵延数千年,维持着广大地区的相对稳定和社会进步,自有它们的道理,有它们的宝贝。接下来就是要进一步去了解它们,单纯坐在那里听外国教授上课,看点外国书不能算了解,必须走出去,到他们的文化环境中去了解,所以将来我们派出的教师或学生都是文化的使者,这些使者不是仅仅代表中华文化,还得把对方的东西拿回来。

拿回来之后呢?要理解。要理解就需要有理性思考,思考哪些是于我有利的,哪些是于我不利的,哪些学得来,哪些学不来?理解之后就可以从感情上尊重人家,尊重不是口头上的、礼貌上的,而是发自内心的欣赏,只有到了欣赏的阶段,才能真心诚意地学习。

中外文化交际的原则所秉承的宗旨是"明异求同"。现在常说求同存异,我故意改了一下。因为"存异"首先要了解人家跟我们有什么不同,除了不同,剩下的就是同,这样才能求同存异。

将来大家还有一个任务,就是让文化使者们出去之后不要在生活上造成跟人家不愉快的事情。比如,你多大年龄?你爸爸挣多少钱?这样的问题在欧美是不能问的。我们还得让他们注意礼仪上的、其实更深的是文化上的习俗。例如在美国上课,就不能讲佛诞日,也不能讲圣诞节,这是法律规定的,因为犹太人没有圣诞日,而东正教的圣诞节又跟新教、天主教不是同一天。所以要了解并尊重所有民族的文化习惯，知己知彼，这样交际才不会出问题。

在这个之前要做好准备，我指的做好准备是指整个国民要把握好自己的文化。既然是跨文化交际，假如我们自己空空如也，怎么去交际？那就只能全听人家的了。现在二十多岁的年轻人都处于文化的饥渴阶段，在北师大人文宗教高等研究院所举办的活动中我就感受到了这一点。研究院每在北师大办一次讲座，周围大学（包括清华、北大）的本科生、硕士、博士都涌来听，场场爆满，为什么？渴啊。"饥者易为食，渴者易为饮"，当对方饥渴的时候你给对方水、给对方吃的，他最容易接受。我们应该多给年轻人创造学习文化的条件，让他们慢慢积累，成为我们优秀的接班人，等到接班的时候，他们的底蕴就不一样了，那时候的他们将是中外文化交际的主干。

认识一下儒家经典

一、儒家与世界著名宗教

和世界上一切著名的宗教一样，儒家也有历史悠久的经典。为什么把儒家和世界著名的宗教拿来比较？儒家不是宗教，而是带有宗教性的学说。儒家并不信仰一个神，特别人格神，但是有一个追求目标，那就是"圣"，也就是有无限高尚品德和学术修养的人。圣是人人应该追求的目标，但是到现在为止也没有一个人达到，今后也不会有人达到。因为随着人类品格的提升，圣的标准也在提升。从这个角度说，儒家只有在没有人格神这一点上与基督教、伊斯兰教区分开了，但是在奋斗的目标上是一致的。前些年，我与洛杉矶水晶大教堂的主教、创办人罗伯特·舒乐对话的时候，他问了一个很尖锐的问题："听说中国人没有信仰，是不是这样？"我回答说："是，也不是。"说"是"，是因为儒家没有提出一个人格神的信仰；说"不是"，是因为孔夫子带给我们有中国特色的信仰，这信仰就是圣。

我顺便解释一下为什么要说著名宗教。世界上的宗教数量很多，至今还没有精确的统计。西方的宗教学有"原始宗教"和"高级宗教"的术语。它用一个"原始宗教"把非洲、南太平洋、东南亚、南美亚马孙流域等地区的丛林、草原和岛屿里的各式各样的崇拜与信仰囊括到一起了。而"高级宗教"是指一神教，包括希伯来系列的犹太教、基督教新教、天主教、东正教，以及伊斯兰教。这种分法我并不同意，在文化多样性的世界，不同的信仰是平等的，它们都是不同民族和地区的人民对于大自然和宇宙的敬畏、对于人生的探讨所形成的信仰。举个例子，在中国云南普洱茶的产地，当地的少数民族每到采茶的时候会先祭神然后再采茶，假如有工程师、技术员或者在外地的商人建议他们使用化肥、农药来增加产量，当地的乡亲们会坚决拒绝，认为那是亵渎神灵。这种信念对人类是有好处，还是没有好处？当然有好处。那么当地的这种信仰是低级宗教吗？是原始宗教吗？如果再去看那几个一神教的著名宗教，现在的天主教不仅仅是信仰主，还信仰主的儿子，还信仰主的儿子的妈妈，而且十二使徒如保罗等也成为被信仰的对象，这是不是多神论呢？还有天使呢？所以在这个问题上，所有的信仰应该是自由的、平等的。我用"著名宗教"这个词,主要是因为它们都有一些历史悠久的经典,当然有经典的不只是著名宗教。举几个例子说明一下。

佛教经典的萌芽状态可以推到 6000 年前婆罗门教的诗歌集《吠陀》(*Veda*),《吠陀》的一些颂诗,后来被保留在《奥义书》里。到 7 世纪的时候,释迦牟尼的学说在印度基本上消失了,但是经过印度和中国的僧人与学者的改进和完善,他的学说和信仰在中国这片土地上得到了升华,形成了中国的佛教。所有的佛经结成的合集被称为"大藏经",中国在历史上编纂了多种《大藏经》,比如著名的乾隆《大藏经》(《龙藏》)有 5600 多万字,而且并没有收集全。

《圣经》则是迄今为止在世界各国出版数量最多的一部书。现在可考的《圣经》的最早根据是死海的羊皮书卷,可以推到两千三四百年前。它还不是现在的《圣经》,包括《新约》在内的《圣经》是公元后才出现的。

到了 7 世纪又出现了伊斯兰教的《古兰经》。

再看中国本土的著名宗教——道教。道教的经典数量也非常庞大,不亚于某些《大藏经》。但是它最根本的经典就是大家所熟知的《老子》和《庄子》。这里附带说一下,道家和道教有很大的区别,道教是硬把《老子》和《庄子》作为自己最早的经典。道教的来源非常复杂,它掺杂了 2500 多年前的阴阳家、杂家、名家等多种流派的思想,加上后来所形成的对神仙的崇拜,才形成了今天的道教。

所以著名宗教的经典,历史都很悠久。和它们一样,儒家经典的源流也很悠长。

二、概说《十三经》

《十三经》(*The Thirteen Classic Works*)不是一时形成的。最早的时候是"五经",它是《十三经》的核心。中国历史上有作为的王朝(比如汉、唐、宋、清)几乎都要把儒家经典刻在石头上。为什么呢?因为这是标准的版本。古代的书有两种传播方式:传抄和印刷。这个过程中容易产生错误,比如错字。如何校正它们?靠石经。

《十三经》都是用古代汉语写的,绝大多数现代中国人读起来都比较困难,于是就有了白话文的翻译本。大约 20 年前,我联系了一些顶级的老专家编写了《文白对照十三经》（上下册），一共花了四年时间。这本书到现在仍然是最好的《十三经》的白话文翻译本。

（一）五经

下面先说说《十三经》中最重要的五部书，即《五经》（*The Five Classics of Confucianism*）。

首先解释一下，在中国的语境中，什么是"经"？"经"字最初的意思跟织布有关。织布的时候，纵的线叫"经"，横的叫"纬"，一定是经线固定之后，再横着穿插纬线。在织布的过程中，纬线会根据需要随时剪断，而经线则可以无限延长。所以纬的特点是短、不固定，而经的特点则是恒常、固定。经有常的意思，所以会有"经常"这个词。因此当"经"用来表示某些书的时候，是说这些书是常存不衰的，是永恒的。西方的classics没有"常"这层意思，所以用"classics"与"经"（经典）对译会丧失很多信息，这是语言转化的问题。经、纬的观念也影响了中国人的世界观和宇宙观，这里不展开。

在中国的学术史和思想史上，有关这五部经典的作者有很多的争论。在古代，中国人就习惯把这些重要的典籍都归到他所崇拜的最著名的圣者身上。后代学术发达了，通过考据证明不是这样，现在的结论是这《五经》不是一时一人写成的，而是多少代人慢慢积累而成，积累的内容都来自社会、家庭的生活经验以及对人生、宇宙的观察与思考。这一点与《圣经》《奥义书》《古兰经》相同。近代西方神学研究形成的共同的认识是，《圣经》不是成于一时，《旧约》成书的时间远比《新约》漫长，即使《新约》也有多种版本，最后被整理成今天的《圣经》。这恐怕是所有民族的历史都走过的一条性质相近的路。

先简单介绍一下《五经》。

第一部书是《易》（*The Book of Changes*），通常也叫《周易》（*Zhou Yi*）。易有三种意思：简易（简单、容易）、变易（变化）、不易（恒常、不可替代）。讲《周易》的人通常根据这三个意思来分析《周易》的内容和特点。

第二部书是《书》（*Collection of Ancient Texts*），通常也叫《尚书》。"尚"和"上"在古汉语里通用，有至高无上的意思，当然也有其他的说法，这里不展开。

第三部书是《诗》（*The Book of Songs*），现在通称叫《诗经》（*Shi*

Jing），加一个"经"字就不太好翻译，所以我主张把它翻译成 *Shi Jing*。

第四部书是《礼》(*The Ceremony*)。《十三经》里有三部书是关于礼的，但是《五经》中的《礼》（《礼经》）对应的只是《十三经》中的《仪礼》，不包括《周礼》和《礼记》。下面会详细讲。

第五部书是《春秋》(*The Spring and Autumn Annals*)。它的书名也没有办法翻译，直译就是春天和秋天，实际上它是一部史书。为什么用春天和秋天来表示历史？因为从天人合一的观念来讲，春、秋两季与人的关系最为密切。春天万物复苏，草木发芽生长。经历了冬天的寒冷，人们开始享受到温暖的阳光，开始进行劳作；然后经过长时间的劳作，大自然进入秋季，收获种的作物，所以这两个季节最令人瞩目。当然也有的学者认为，在 4000 年前的中国人只有春、秋两季的概念，而不是四季。目前这只是一种学说。春秋这个词在中国有丰富生动的内涵，春与秋代表了出生和死亡，所以春、秋代表历史，也代表人的生命。比如我见到一个年轻的同学，我会羡慕地说他"富于春秋"，意思是说他很年轻，可以大有所为。

下面详谈这五部书。

《易》（《周易》）是古代的卜筮书。筮是一种草，古代拿它来占卜。卜则是在钻了小洞的龟的甲壳上或牛的肩胛骨上，把一种容易燃烧的草放在上面点燃，由于热胀冷缩，在龟甲或牛骨上就会爆出裂纹，占卜的巫就根据裂纹来判断未来的吉凶、事情可行不可行，甚至下雨不下雨等。"卜"字现在写成一竖一点，表现的就是爆出的裂纹。各个国家和民族，由于生活环境以及气候、地理、水利等的具体环境的不同，都会有不同形式的占卜，至今在很多国家还流行看星座、看水晶球等占卜形式。卜筮用今天的话说就是算卦，但是中国上古的这些占卜里面有很系统的哲学理念，这些理念认为事物都有阴阳两面，并且有浓厚的人文主义因素，从而把中国和其他民族区别开来。《周易》有两大特性，第一是占卜，第二是有哲学思想。所以从公元前 2 世纪的汉代到现在，研究《周易》的人分两派：一派研究如何用《周易》算卦，推断人的命运；另一派则是专讲其中的哲学道理。当然也可以二者兼有，有些《周易》的专家既能讲《周易》的哲学，也能给人算卦。现在我们用的电脑编码就是二进位，它由 0、1 组成。有人说，《周易》就是计算机的始祖，人类的思维有时候是可以重合的。按照数学上的排列组合,把八卦两两组合起来,就是有名的六十四卦。古人很聪明,在他们的设计中,每一卦最小的区别仅仅是卦与卦之间有没有一个断横。只要把两个短横变成一个直横就变成另外一个卦,他们在这种变化中进行占卜,占卜时又结合人文,于是形成了《周易》的哲学理念。

在分析人和事物方面,六十四卦比八卦细密得多。但是客观事物是千变万化、无穷无尽的,六十四如何能与无穷无尽相比!如果按照八卦变六十四卦的思路,可以三个卦重在一起,甚至四五个卦重在一起,这样可以排列出成千上万种卦象。可是中国不那样做,他们认为那样做就变得烦琐了,就用六十四卦概括主要的事物,其他事物都可以类推。白色的是阳,黑色的是阴,黑色当中有个白点,白色当中又有个黑点,它的寓意是什么?阴和阳共存在一个事物当中。比如手有手背、有手心,那么手背为阳,手心为阴。再比如人生病了,中医就会用阴阳来分析,把病症中的一种现象用阳来称,另一种称为阴,诊断的结果如果是阳盛阴虚,就采取相应的疗法让阴阳重新平衡,阴阳平衡了,身体就恢复正常了。所以阴阳有三大特点:第一个特点是阴阳之间是平等共存、彼此平衡的,它们共存在一个圆中,圆代表了整体;第二个特点是阴中有阳,阳中有阴,所以阴阳鱼里的黑鱼有白眼睛,白鱼有黑眼睛;第三个特点是阴阳是动态的,如果我们做一个阴阳鱼的盘子,顺着一个轴转的话,就会发现在运动当中阴阳不分了,就变成灰色的了。这就是中国的哲学。当然中国哲学博大精深,不是我这几句话所能概括的,但是透露出了中国人的哲学思维。现在"阴阳"这个术语已经被国际学术界普遍接受,怎么翻译它们呢?不用翻译,就用汉语拼音 Yin 和 Yang。那么阴阳所体现的核心的东西到底是什么呢?不好说,因为它太抽象,无法用语言描述,人只能体会,但是总要有一个交流的术语啊,于是就起个名字叫"道"。"道"最初传到西方的时候,就被翻译成路(比如 the Way),不能算错,但明显不准确。近 10 年来在西方学者的著作中就开始用 Tao 代表,最近四五年干脆改为 Dao,因为这"道"实在不好界定、不好命名,就干脆不翻译。

这里附带说一下,儒家的一些经典比如《周易》《春秋》《诗》等都不是儒家自己创作的。《诗》是民间和庙堂的诗歌,《书》是古老的文诰,但据说它们都经过孔子的编辑整理。《周易》传说是周代的开国之君周文王写的,他把八卦变成六十四卦,但这只是口传的历史,不见得是某一个人的作品。如果我们综合考虑则可以看出来,《周易》是在中国从畜牧采集社会转变到农耕社会那个时代开始形成的。那个时候的中国古人对于人与大自然的关系、人与人之间的关系,以及人自身等有了很多的观察和想法,这些认识被写到了《周易》里。那么《周易》如何成了儒家经典呢?公元前3世纪的《史记》里写道,孔子喜欢读《易》,以至于"韦编三绝"。什么意思呢?中国过去的书是写在竹片(竹简)或木片(木牍)上的,写完之后,把它们用皮条绑起来,就变成了书。孔子读《周易》,皮条竟然断了三次,说明他反复读了很多次。《论语》里有一句话:"加我数年,五十以学易,可以无大过矣。"一般的解释是假如上天让我多活几年,我五十岁以后学《易》,那么我做事情就没有大的过错了。另外一种解释是,上天在我原定寿命的基础上再加几年,比如5年或者10年,我用这些时间学《周易》,那么我做事情就没有大的过错了,说明《周易》在孔子心中的地位很高。孔子的弟子商瞿,跟孔子学习《易》学得最好,他把《周易》传下去,后来就形成了今天我们所看到的关于《周易》的解释,而我上文所说的哲理就在那些文字解释当中。

《书》(《尚书》)是古代的文诰。它里面大多是帝王或最重要的大臣对下级的训示,或者是大臣对帝王的告诫。这训示当中包含了治国的道理和人间的伦理以及如何处理人和天的关系等方面的内容,其中核心的东西有两条:第一条是要做好统治者就要"以德治国";第二条是要"以人为本"。负责记录、整理并代代传承这些文诰的人被称为"史"。因此汉语中"历史"这个词就与英语的 history 不一样了。所谓"历史","历"是经历;"史"字最初的形象就是一只手拿着一支笔(𦘒),意思是史官所记录的。两个字合起来就是时间的纵向发展。从古到今,中国都是一个重历史观的国家。历史观不仅仅是指怀念自己悠久的过去,更重要的是认为世界一切都在发展、变动之中,不可能停滞。这一点就深深地印在了中国人的心里。总而言之,"史"是一种官名,是一种职业,加上"历",就成为了历史,对应的英语词是 history。但是 history 在构词上是和故事(story)连在一起的,所以这是两个有着不同文化背景的词,体现了不同的观念。

《诗》(《诗经》)是诗歌的总集。其中有民间百姓的诗歌,有文人的作品,有庙堂的颂歌(祭祀歌曲)。为什么会有民间的诗歌?古代中国有一个规矩,那就是王要定时地派人到民间去听取人民的歌谣,记录下来向王汇报,从民谣里能看到百姓的喜怒哀乐,反映出他们对于施政的看法,王会根据民意来改进自己的执政方法。古代的执政者很聪明,知道民歌最容易反映百姓内心的东西。如果那个时候有互联网,有微博、微信,我相信帝王也会亲自上网浏览微博、微信,看看百姓都有什么意见,有什么情绪。文人的作品就很高雅,但是生活气息就不如民间诗歌。庙堂颂歌则更加典雅,虽然它们不是大众化的,但是对后代的诗歌影响极大。今天我们看见的只有诗的歌词,其实当初每一首诗都配有特定的音乐,但是由于当时无法记录就逐渐丧失了——中国的音乐记录方法是在 8 到 9 世纪的唐朝发明的,所以现在还能保留唐代的一些歌曲。最有意思的是,在汉代以前(公元前 2 世纪之前),乐师们几乎都是盲人,这与乐谱没有留传下来有直接的关系。乐师们的师徒传授完全是凭自己敏锐的耳朵和悟性,不靠记录。制作乐器也是一样,比如编钟,按照金属铸造的操作规则,把钟铸出来了。但是刚铸造出来的钟不可能一敲就是准确的音,这就需要调音师来正音,中国古代高级调音师都是盲人,他们坐在钟的旁边敲一下,然后告诉工匠,钟的哪个部位应该锉掉一点,然后再敲别的音,在相应的部位再锉掉一点,直到调准为止。因为这些原因,唐以前的音乐没有保存下来。与之类似的还有舞蹈,从文献中可以看到,诵诗的时候台上有乐队,台下还有舞蹈,现在舞蹈也失传了。因此我们读诗的时候需要展开想象的翅膀,想象古人的舞蹈可能是怎么跳的。

《礼》(《仪礼》)是一部残缺不全的书。它在公元前 4 世纪到公元前 1 世纪间被慢慢整理出来。这部书是关于古代礼仪的一些规定,规定得非常细腻,一细腻就变得烦琐,加上很多礼仪现在已经不用,所以读起来很吃力。

《礼》都有些什么内容呢?从今天社会学的角度来看,这部书是讲人一生的几个关节点的礼仪。

首先是出生礼。人出生是件大事情,一个新的生命来到这个世界上,要有一套礼仪。

其次是成人礼(冠礼)。这是《仪礼》中最重要的礼。刚出生的婴儿只是一个自然人,只有当他成年了,才成为一个社会人,成为社会人就意味着要对社会尽到自己的义务,要遵守社会的规范,因此各个民族都非常重视成人礼。《仪礼》把成人礼叫作冠礼,意思是戴帽子的礼仪。因为古人在没有成年的时候是披肩发,成年的时候则要束发、戴冠,这是男孩子的成人礼。贵族家的女孩子则用一根玉或者金把散发绾起来,这就是髻,女孩子成人就开始用髻。一般家庭没有钱,就用竹棍子或者一根草绾发,那种草既结实又坚韧。是什么草呢? 就是荆棘,北方称荆条,所以中国男人在社交的时候,谈到自己的太太会谦虚地说"拙荆"。拙者笨也,荆者就是荆条,"拙荆"的字面意思就是"笨老婆"。现在中国的汉族地区已经见不到这种成人礼了,但是在西部地区的少数民族依然保持着。例如,新疆的哈萨克族,他们的女孩子会梳很多小辫子,表示还没有结婚。而且基本上是几岁就有几根辫子,等到这些辫子拆开只梳两根辫子的时候就说明已经结婚了。另外像西南的苗族,会通过衣服的颜色和配饰标志是否成年。总之每个民族都把成年看作是极大的事情。

再次是婚礼。结婚是人生的转折,因为它要承担种族和家庭的延续,并且从此个人的身份也发生转换——从儿子、女儿要转换为丈夫与妻子,不久还要转化为父亲与母亲,当中都有权利和义务的转换,所以要用婚礼作为标记。不管汉族的婚礼怎么演变,大体有几个要点:第一个要拜天地。拜天地的仪式虽然简单,但是深刻、生动、直观地体现了中国人的哲学:天才是自己真正的父,地是真正的母,也就是我是大自然的产物。对于生身父母应该敬,对于天和地一样要敬。这就是天人合一在这一方面的具体体现。第二个要拜高堂,也就是拜父母。因为双方父母赐予了我们身体,教导我们做好人、做好事。人之所以能够在社会上立足,和父母的教育有关。第三个是夫妻互拜,表示互相敬重。敬重是爱的一种特殊表示,相互喜欢是不够的,还要敬。所以在结婚的时候很隆重,就是为了给两个新人一种浓郁的传统文化的熏陶。亲戚朋友都在场,行完这些礼就要拜亲戚。拜就是承诺,承诺会尽到一个丈夫和妻子的责任,永远地和谐下去。

最后是关于死亡的礼。人生最后的节点就是死亡,各个民族对于生和死也极为重视。实际上所有的宗教信仰包括非宗教的儒学,都是围绕着生死展开的。生就带来一个问题,我从哪里来的? 死则延伸出另一个问题,我将走向何方? 不同的宗教对此有不同的解释。办丧事的时候,要穿丧服,虽然古今的丧服不同,但大体仍旧差不多,那就是要穿粗布制成的非常简陋的衣服。在颜色上,汉族一般是穿白色的,这与有些民族和国家丧礼的服装用黑色或红、黑是不一样的,但在一律穿素色这一点上又是一样的。白色意味着没有。另外,在拜祭的仪式当中,什么人应该站在什么地方、用什么样的礼仪拜,以及穿着什么样的丧服、腰上系什么样的带子、丧服需要穿多久,都会有不同的规定,用来区别拜祭的人和被拜祭的人之间的血缘、社会两种关系的高低远近。丧礼上的音乐也有这种功能,演奏什么样的音乐,表示来了哪一类的人。为什么要做这样区分?这并不是现在有些年轻人所误解的那样,认为是不平等,而是因为人处在一个复杂的社会关系中,有多种身份。某个场合实行对他的身份最合适的礼仪,才是对人真正的尊重,如果礼仪搞错了把高的变低了,或者低的变高了,反而是对他人的不尊重。《仪礼》记载很多祭拜之礼和丧服的制度,这些礼不仅限于在先人故去的时候举行,也包括其他重要时段。比如在中国的传统节日清明节里,全中国人民包括台湾、香港、澳门的人都要给死去的先人扫墓、祭拜。

　　以上是关于人生的几个节点的礼仪。对于平时人与人的交往,儒家也有规定。用哲学的话说,主体(任何一个人)从来不可能是完全自主的主体。因为人组成社会,一个人从一出生就具有自己的身份,这个身份表明他与其他人的关系。初生的婴儿对爸爸妈妈来说就是儿子或者女儿,对于祖父母来说就是孙子或者孙女,等稍微长大一点进入幼儿园,就是老师或者阿姨照看的对象,如果到了小学就是学生,走在路上就是行人,坐在车上就是乘客,在学校很可能是班长,或者是其他什么样的学生等等,总有多种的身份。这多种身份是在与不同的人打交道中形成的,所以无论对于什么人,交往礼都很重要,而且要分类,一般人相见行什么礼,一般人相处的时候有什么原则,诸侯之间往来的礼以及诸侯或者大臣朝拜王的时候行什么礼,等等,这些书上都有规定。有些在今天来看相当烦琐。

　　不同民族在日常生活中有不同的相见礼。例如:非洲的一些部落里,两个人如果关系好,相见时要行贴面礼;新西兰的毛利人,见面礼是互相碰鼻子;澳大利亚的一些土著则是吐舌头。这各种各样的礼仪,都是表示自己的诚心诚意。

最后补充一点,古代中国的社会是家国同构的社会,每个家族都是几百人、上千人聚集在一起,所以家族就相当于小社会,在家族里所实行的礼仪就是社会的礼仪。与外族人交往同样可以讲辈分,比如我和对方的父亲年龄或资历等相仿,相当于兄弟关系,因此对方的孩子就应该是我的下一辈,家族礼仪就这样自然地在全社会扩展开了。

《春秋》这部书本来是周王朝的一个诸侯国(鲁国)的史官所记载的各大诸侯国之间的大事记。春秋时期,诸侯混战,当时的礼大部分丧失,但是在鲁国保持得很完整。因为鲁国最早的受封者有一个很特殊的身份,他当过周王朝的摄政王,被后代称为"周公",据说《礼》就是他制定的。周公的身份特殊,功劳又特别大,所以就封他做诸侯王,并把宫廷最好的舞者、歌者送给他的鲁国,所以礼在鲁国保存得最完整。鲁国这本大事记,记载了从公元前 772 年到公元前 481 年之间的事,记载得非常简略。比如某年某月鲁国的君主与某诸侯国的君主会盟于某地,就这样简单的一句话,至于会见时讨论些什么,都没有写,不过《春秋》的遣词用字非常讲求技巧。比如对某件事情赞成不赞成,是表扬还是谴责,都在用字中体现了。但是它的记录太简略,人们读的时候不好懂,于是就出现了很多解释这部书的书,其中最著名的有三部,合称"春秋三传",它们都被收到《十三经》里。其中的《春秋公羊传》和《春秋穀梁传》专门探讨《春秋》用字的褒贬,它们根据一点史实来说明为什么用这个词;另一部《春秋左氏传》(《左传》)偏重于讲当时的现场情况,记述了很多事情的细节。《左传》相传是一位姓左或者姓左丘的人根据《春秋》所写的,但是这个人的生平争论很大,到现在也没有结论。

(二)其余八经与《四书》

以上是《五经》,那么《十三经》的其他八经是怎么来的呢?它们是后世官方教育和学术系统,用朝廷(官方)的名义陆续地加进去的。这八部书在没有进入《十三经》之前一般称为"记"或者"传"。在汉代,"传"和"记"的地位是低于"经"的,后来这些书的地位慢慢上升,进入到"经"的行列。汉代后期(公元前后)《论语》和《孝经》开始成为经典,在这八部书里率先取得了"经"的地位。过了几百年,在 7 世纪上半叶,《周礼》《礼记》《公羊传》《穀梁传》《尔雅》也被算作了"经"。

下面介绍一下这八部经。

　　《周礼》(*ZhouLi*)是后人根据周代的官制加上自己理想的成分所设计的一个官位系统图,包括不同官的职责等。它的最后一部分失传了,后来有人用大约公元前5世纪到公元前4世纪有关做车子、做玉等的工艺的一些记录合成了一本书叫《考工记》,把它加到《周礼》里,让它重新完整。其实不是原装了,这好比是桌子少了一条腿,就找了根颜色不一样的木头补上去。但是《考工记》很有价值,考古出土的各种器皿、机械,很多都要根据它来研究,中国古代的很多技术也是从这里开始发展的。

　　《礼记》(*The Rites*)这里不展开,因为它的内容很复杂,下面会重点介绍《礼记》中的几篇重要文章。

　　《公羊传》(*Gongyang Zhuan*)、《穀梁传》(*Guliang Zhuan*)在时间上稍后于《左传》(*Zuo Zhuan*),它们都是解释《春秋》的。

　　《尔雅》(*Er Ya*)是解释五经的辞典,因为距原典的年代久远了,就有训诂学家对这些经书中的词进行解释,把这些解释汇集起来就成为《尔雅》。因此在中国古代文献解释学里,《尔雅》是一部非常有用的书。

　　最后到了宋代,《孟子》被补到经里去,于是就成了《十三经》。宋代的儒家认为孟子是孔子最重要的传人,所以现在会把孔子和孟子合称"孔孟",因此我把《论语》和《孟子》合起来讲。

　　《论语》(*The Analects of Confucius*)是孔子的弟子和再传弟子对孔子的言论、行为的记录。它在形式上是笔记式的,总共12300多字。严格地说《论语》并没有系统地记录和表达孔子的伦理观、哲学观和他的行为准则,读《论语》时我们会感觉到,孔夫子想挽救整个世界,然而孔夫子的高明在于他知道自己不能挽救世界,但是仍然把它当成自己的理想与信仰,他把他的全部知识和对天、对人的理解教授给学生。当时的人们评论孔夫子,说他是一个知道做不到,但是还要做的人,我认为这个评价比其他任何评价都高。《论语》这部书最重要的是体现了孔子的伦理观念,尽管它还不能表达中国人的全部伦理内涵。

　　我是这样理解儒家的伦理的。儒家首先意识到任何一个人从出生那天起,就不是一个完全独立的自主体。单这一点就与有些国家的哲学产生了分歧,特别是西方哲学在近代一直强调,每个人都是自主的主体。儒家从一开始就否定了这种观点,认为任何个人都不可能是真正的独立的自主体。为什么呢? 人一出生就进到了家庭和社会以及人和自然的极其复杂的关系网络当中,并且从出生那天起,一个人的身份就不断地增加。儒家看透了这一点,就指明了一个人在这样一个复杂的关系网络当中,应该怎样做好每一个节点,如何恰当地应对各种关系,在其中找到最适合自己成长、最适合家庭和睦、最适合社会和谐的原则和方法。贯穿《论语》的就是这个内容。中国的老师在传授知识的时候,或者中国古代学者在写论文的时候,并不是直接进行逻辑上的思辨与推理,常常是用明喻、暗喻和隐喻的方法,来阐明一些深刻的哲理。

那么《论语》的核心是什么?我认为就是四个字:仁、德、礼、乐。

仁。至今,中国的学者、各国的汉学家给"仁"字下了很多的定义,但是大家觉得没有一个定义完全把握了"仁"。复杂的事情固然可以进行最简单的处理,比如说"仁"即爱人,也就是爱他人,这是最简单易懂的一种界定,但是简单化之后就丢掉了很多的血肉。"仁"跟基督教、文艺复兴以后西方形成的博爱是不同的,"仁"与"博爱"的理念是同样伟大的,都强调对一切的爱,可是具体的内容有很大不同,下面会涉及这个问题。

德。个人的品德、国家的品德、民族的品德都包含其中。

礼。近代以来,特别是在 20 世纪二三十年代,中国人对于儒家的"礼"有一种误解,认为它是毁灭人性、消灭个性的,这种理解太简单了。经过最近几十年的研究,中外学者一致认为所谓"礼"后来对人性的摧残,是对"礼"曲解后出现的事情,不是孔子等原始儒家的原意。原始儒家设计的"礼"是一个底线的要求,在这之上每个人都有充分发挥和创造的天地,但个人再创造,也不能踩底线,所以"礼"与消灭个性无关。冷静地回顾一下中国历史,如果"礼"真的扼杀个性,那就不会有汉朝的强大,不会有唐朝的辉煌,宋代时中国的科技也不会居于世界最领先的地位。这些都是靠个性的创造,都是在"礼"的底线之上的发展。

乐。孔子是一位艺术家,他对弹古琴等都非常在行,对音乐的鉴赏能力非常高,他也把这些能力传授给学生。一个民族最底层的文化体现在三方面,即伦理、信仰、艺术。在孔子的时代,中国的绘画与雕塑还不发达,它们的发达要感谢后来佛教的传入,是佛教把融合了希腊艺术的次大陆文化和中亚文化带到了中国,丰富了这些艺术形式的表现手法。其中,仁和德是心里的;而礼和乐是外在的,是用来保护、促进、发展仁和德的外在手段。

　　《孟子》(*The Mencius*)这本书记录了孟子的言行。它多少有点仿照《论语》而写成。两本书的一个不同点是,孔子生前没有见到过《论语》,而《孟子》则是作者本人和弟子合写的。孔子说自己"述而不作","作"在古代是创造的意思,也就是说孔子只阐述古代的文化传统,而不会抛开传统去专门写自己的观点,但其实孔子是把他的创造蕴藏在他的"述"里面了,也就是通过阐述传统表达自己的观点。

　　《孟子》的主旨则是继承和弘扬孔子的学说,但是在学说上还是跟《论语》有些不同。孔子的包容性最大,什么都可以接纳,而两百年之后的孟子,由于所处的时代的缘故,他的责任是在弘扬儒家的同时,把论争的对手也打下去,因此包容性不如孔子,其实他所反对的流派对中国文化一样有贡献。孔子只是就社会、家庭和个人的层面来谈道德修养等,孟子则比孔子又进一步,已经从伦理和具体的世相层面进入形而上的思辨了。中国人的思辨是逐步形成的,第一个飞跃就是孟子。他思辨什么呢?思辨人的心、性、气。这个"心"当然不是单纯的生物学上的 heart,而是精神、灵魂。他又把孔夫子只提到过一次的"性"进行了研究,是著名的人性善的倡导者。人性善的思想由孔子萌芽,再由孟子确定下来,后来被中国人普遍接受。那么心、性是怎么形成的?又如何保持、如何弘扬?孟子认为一切依靠于"气"。气存在于天地之间,也存在于人的精神里——一个堂堂正正的人心中有一个气,所以这气既是形而上的,也是形而下的。孟子没有把"气"说清楚,后人为此争论了两千年,实际上埋下了心、性、气钻研的广大空间。这三个概念的提出非常重要,尤其启发了宋代学者,他们沿着这条路建构了中国的哲学体系。心、性在《论语》里少有记载,孔子的学生说,我们都经常能听到先生在其他方面的训导,唯独性、天命,却很少能听到。孔子通常拒绝谈这些方面,到孟子则正式面对它们,因此把中国的学术思想推进了一大步,深化了中国人对宇宙和人生自体的认识。

　　《礼记》是解释礼乐制度的书。既然有《仪礼》了,为什么还要有《礼记》呢?这有几个原因。

　　首先,有些篇章是关于日常生活的细微礼节的。举几个例子,比如中国古代的贵族,人人可以佩刀剑,有点像现在美国人人可以佩枪一样。佩带刀剑最初目的是防身,后来形成一种礼仪。如果要把我的刀递给对方,应该是把刀把面对着对方,这是起码的礼仪,否则,把刀尖对着对方不仅是一种危险,也意味着把对方当成敌人。再比如进入别人家的房子,古代的房子坐北朝南,分前堂后室两大部分,堂是室前的一个平台,平台上东西两面有墙,再往前是两个台阶——东阶和西阶。到人家里要先登堂才能入室,登堂的时候要高声地发出声音来,比如说:"请问×××在家吗? 我是×××。"或者大声咳嗽一声,诸如此类,其实就相当于现在的敲门或按门铃。否则猛然地进入别人家,会让人感到这是"不速之客"。"速"是迎接的意思,"不速之客"就是不被迎接的人,换言之就可能是不受欢迎的人——比如小偷。而且不通报就登堂入室,也有可能侵犯主人的隐私。这有很多方面的考虑,所以"欲上堂,声必扬",让屋内的主人有所准备。听到客人的声音后,主人就应该赶快出来迎接,那又是一种礼仪。把客人迎上堂,登堂之前必须脱鞋——现在朝鲜、日本进房间要脱鞋的习俗就是中国古礼的遗留。因此当另外的客人看到室外有两双鞋在,就不要随意进去,又是隐私的问题。这些都是对生活习俗的总结。

其次,《礼记》中的几篇超越了礼仪本体,提出的一些思想理念,对后世影响非常大。比如《学记》《乐记》《儒行》《礼运》《大学》和《中庸》,下面一个一个地讲。

《学记》(*The Subjct of Education*)是关于教与学的理论、程序、方法和教师的职责等的。它等于是一部压缩的《古代教育学》,或者《教育学概论》。

《乐记》(*The Records of Music*)记载了儒家的音乐理论。尽管当时的乐谱都失传了,乐曲也没留下来,最初儒家经典还有一部《乐经》也丧失了,但是公元前 3 世纪之前的一些音乐理论在《乐记》里留下来了。有人说《乐记》就是《乐经》的一部分,这种观点有一定道理。因为《乐记》有很系统的音乐理论,包括音乐对人生、对社会的作用,论述也很全面。有些内容在今天看仍然有先进性。

《儒行》(*The Practices of Confucian Scholar*)是关于儒家的个体行为规范的。

《礼运》(*Li Yun*)是关于儒家的社会理想的。其中有两个词是大家所熟悉的:"小康"和"大同"。它们代表了两种不同的理想社会,小康不如大同，大同是中国人想象中的最后的世界。公元前的儒家所想象的小康社会和大同世界是什么样子，在《礼运》里有具体描述，甚至可以说这就是公元前的、朦胧的、粗糙的社会主义理论。为什么当中央定下基本小康和全面小康社会的战略时，中华大地 13 亿多人一下子全都认同，而且不要解释，大家都明白，根源就是这篇公元前的《礼运》。

《大学》（*The Great Learning*）。把《大学》翻译成 The Great Learning 不是很准确，但也只能如此。大学是针对小学而言，小学的内容包括识字、算术和应该有的礼仪，大学则是学习高深的学问，除了更高级别的技能知识之外，更重要的是道德的修养，因此跟今天大学（高等教育）的职能不一样，现在的大学是在培养打工仔，以培养知识技能为主，道德伦理的修养只能放到业余时间去做，这是受到西方教育制度冲击的结果。中国古代的大学首先要注重人的品德，因为每一个受大学熏养的人都应该是表率。《大学》最集中的内容，是儒家以德治国的政治理论，也就是强调执政者和为政者要时刻关注自己的道德修养，并由己身的修养推广到家庭、社会、天下。这种政治理论的根基是道德修养，所以它不仅仅是治国理论，也是治家、治天下的理论；不仅仅是个人的修养，也是家庭的品格、社会的素质，乃至全天下的规范都应该遵循的理念和价值。这里还要插入一点，我不久前去了珠海，那里有一段邓小平同志 1992 年的南方谈话——这段话没有发表在他的文集里。他说，中国有 5000 万残疾人，占总人口的 5%，要解决这个问题，照顾他们，不能完全用西方的方法，西方自己也没有完全解决好，我们要社会关怀，要重视家庭，由家庭来负担一部分。这段话体现了东方（特别是中国）特有的思想，也就是《大学》里提出的"修身、齐家、治国、平天下"的思想。可见它一直影响到中国人的心里。

这里还要特别强调一点，在《大学》和下面的《中庸》里面，都提出了"慎独"的概念。它的意思是，一个人在独处的时候，最容易放纵，所以尤其应注意此时的思想、行为、举止不要越轨，应该遵守礼仪和道德。"慎"在现代汉语里有慎重的意思，但是"慎独"的"慎"更主要是"敬"的意思，就是说人在独处的时候，也要对天地、对他人、对自己信奉的学说抱着一种崇敬的心理。这仍然是对人心灵的要求。

《中庸》（*Zhong Yong*）是关于儒家的人生哲学的。学者一般认为

"中庸"强调的是为人行道不取极端("中庸"从字面也可以这样解释),一切以敬和诚为出发点。儒家对于真诚的定义就是设身处地地想,把别人的事情和自己的事情一样对待。《论语》里的"己所不欲,勿施于人""己欲立而立人,己欲达而达人"两句话,就是对"诚"字的注解。《中庸》把人生不取极端的道理,把对敬和诚的认识提高到形而上的层面,进行了理性逻辑的论述。过去中国人曾经对中庸有过批判,误认为中庸就是当老好人,做什么事情都模棱两可,和稀泥。其实中庸不是这个意思,中庸认为如果走极端就会是非此即彼、非友即敌的境地,这样世界就永远不得安宁,应该化敌为友,在我和你之间取得协调,在此和彼之间搭建桥梁,这才是中庸。其中"中"的概念最重要,任何事物的极端(通常是两个)都是最小的。例如一个磁棒的正极和负极,那里的磁性最大,所占的空间也最小;地球的两极也是如此,它的南极、北极的面积最小,更大的面积是亚寒带、温带、亚热带、热带——那里是万物生长的地方。再比如两国间的战争,通常情况下,主张打仗的人是绝对少数,提议放下武器投降的也是少数,多数人的想法是在打与投降之间犹豫的。也就是说,在面对矛盾或冲突时,能够在极端的选择之间找到中和点,这一点中国人发现了,它的主要形式就是对话,通过对话沟通思想,慢慢消弭矛盾。当然对话并不是放弃一切反抗,真是协调不成,到最后了也要自卫。但是只要有条件,就选择"中"。

总之,《大学》《中庸》把儒家的伦理和对人生、世界、宇宙及其关系的认识,提高到了形而上的境界。它们后来不但成为中国传统文化(特别是宋明的哲学)的重要文献,也成为世界汉学界的关注点。

宋代大学者朱熹把《论语》《孟子》《大学》《中庸》合成了《四书》。《四书》从元代末年起,成为朝廷考试的标准读本,一下子扩大了它的影响,这是好的一面;坏的一面则是只要某个学说的经典变成考试的官方课本,并且不可变动,那么学术就停滞了,所以这是双刃剑。

中国的儒学发展到宋代的时候,已经不是纯正的孔孟学说,而是吸收了道家和佛家的理论精华,因此它才把中国的形而上学推到一个新的高度,这个高度是当时世界哲学的最高峰,远远超越了此前的奥古斯丁。这也是为什么现在国际学术界,尤其是欧美学者,很关注宋明理学的缘故。

三、儒家的终极问题

　　《五经》和《四书》合在一起，就是儒家最重要的经典。如何让其他国家的人理解这些经典，目前有很大麻烦，首先就是翻译的问题。2010 年孔子学院的香山会议，邀请很多国家的学者，一起商量如何把《五经》翻译成英文、法文等语言，大家热情很高，但是后来都知难而退了。举个简单的例子就能说明缘由，比如翻译"善"，过去西方通行的翻译是 goodness，但是仔细思考就会察觉到，儒家所说的善，和佛家所说的善就不完全一样，和西方的 goodness 又不完全一样，一个根本的区别就在于西方的善是以上帝的全善全能为标准，儒家所说的善是在日常生活中发自本心的意识行为和表现，结果无法找到合适的翻译。我有一个观点，那就是只有当彼此之间对对方的核心理念和思想感情的词都能明白了，才算是真正文化的交流和文化的相容；在此之前，是否可以采用过渡的办法，比如仁就写成 Ren，道写成 Dao，《五经》不妨就是 Five Jing。

　　还有一个过去有争议的问题。黑格尔在《小逻辑》的序言里说过一个观点：中国只有伦理学而没有哲学，并且中国的伦理学又不是高度发达的伦理学，于是引发了关于中国哲学合法性的讨论。近来各国的学者认识到这是个伪命题，既然世界文化是多元的，那么哲学应该是不同民族、不同地区各有特色、各有不同的体系。中国的哲学体系在《五经》与孔子那里萌芽，由孟子提升，再经历数代的学术的积累，最后宋明吸收了佛教与道教的精神（比如佛教的思辨），逐渐形成并完善了自己的哲学体系。而西方哲学是基督教神学与希腊哲学结合的产物，后来经过莱布尼茨、黑格尔、康德等人的深化，形成自己的体系，如果用西方的标准来衡量，不但中国，其他文化中，也没有这种西方式的哲学。因为中国不是一神论，也不是二元对立分析法，而是有自己的哲学理念。如果立足于中国的哲学，以它为绝对标准（普适标准），我们同样可以说西方没有哲学。两种观点显然都不对。

　　先秦《五经》中的哲学思想经过上千年的发展，在与佛教、道教的融合、相互吸取之后，到宋代提高到形而上的高度，我认为这个是历史的必然。任何一个民族对宇宙、对人生的体会要想上升到一定的高度，就需要提高到形而上的层次。古人也早领会到了,公元前2世纪的大史学家司马迁就曾说"究天人之际",意思是要把宇宙和人之间的关系探出个最终结果来。"究"是探究到最后的意思,"天"是自然,它并不是人格神,而是 nature,它和人类之间到底什么关系?恐怕不能完全是一个静态的描写,而是一个动态的发展和研究。人类不完全是被动的,是有主动性的,但又不是主宰一切的,这种种的复杂问题应该弄清楚。司马迁也知道,凭着他解答不了这些问题。对它们的探究是永无止境的,因为对大自然的认识、对人自身的认识,总是会不断前进,学者应该一代一代地去探究它们。今天世界学术的走势,并没有超出司马迁的预言,中西方的哲学家从古至今始终在探究。

司马迁随后还说了第二句话:"通古今之变。"为什么要通古今的变化?司马迁看出,自远古最原始的状态,到几千年后形成汉代的帝国,其间经过了多少的变化!要从这些变化中找出一种必然性及某种共同的规律,把今天与古代连接起来,这就是"通"。它包含要了解为什么古代社会和人会有那样的变化,今天又有这样的变化,两个变化之间是什么关系。它们归根到底是宇宙与人类之间的关系,是从古到今演变的动力、轨迹和规律——这些是最高级的学问,也是最终极的一些问题。

"究天人之际,通古今之变",有显著的中国特色,甚至可以说儒家全部的书就是要解决这两个问题。中国人的时间观念在4000年前就树立了,因此那个时候开始有了历史观。近代海德格尔把时间作为一个哲学对象进行研究,而这个问题中国古人早就探究了几千年。从《春秋》到《清史稿》,三四千年以来中国的历史记载从未间断,而且越来越精确详细。比如从3000年前以下可以知道每一个王在世的时候发生过的大事;从2700年前以下可以知道每一年发生的重大事件;从公元前1世纪开始,每一个月发生的重大事件都有记录;而六七世纪以来,每一天发生的事情都有记载。从形而上的角度讲,这是对时间的重视所形成的历史观。这种观念现在也没有变,比如习近平主席最近发表的言论里就充满了历史感、时间感。

中国有一个特有名词叫"修史",这里的"修"就是记录、编制、修改、完善(历史)。正因为这样的传统,所以到了公元前11世纪,中国人就在继承前人的基础上,总结出了社会生活、治理国家的最重要的几个观念:

第一是"以人为本",而不是以神为本;第二是执政者要道德高尚;第三点是要用礼和乐(音乐)来引导、约束所有的人。其中前两点在《尚书》中有明显的体现。几个世纪后,本着对高尚的道德的追求和对人的尊重,伟大的孔子把这种理念进行总结升华,形成了理论系统,而且身体力行地做出表率。他通过一生的努力,把中华文化集中在处理四个关系上,即:1)人和人的关系,包括个人和群体的关系、群体和群体之间的关系等人际关系;2)人和自然的关系;3)人自身的灵与肉的关系,也就是物质的身体与精神灵魂的关系;4)现在与未来的关系。通过总结这四个关系,他把中华文化从 5000 年前到 2000 多年前这 2000 多年的精华集中了,于是中华文化定型了,从那以后的 2500 年间,人们在有意无意之中,在懂得他的根本理念与不懂得他的根本理念之中,遵循着他的教导,形成文化认同。这是 2500 年来,尽管有外族的入侵,但是中国仍然能够维持着自己的文化传统,并最终一统、没有分裂的根本原因。汉朝的一位学者说,有些事情"百姓日用而不知"(每天在用而不了解),用今天的话说,就是孔夫子所定型的文化,已经成为现在全中国人民的基因。

四、破除神秘感

《十三经》是关于中国人的伦理信仰与艺术审美的经典,与其他著名宗教信仰的经典有着同样悠久的历史,所以也与世界上各种信仰所遵奉的经典有着相似的性质,这些相似的性质包括三点。由于过去中外交流曾经有过断绝,所以中国文化不被世界上各国人更多地了解,常常被冠以"神秘的中国文化"的称呼。简要谈这三点相似的性质,就是要破除对中国文化的神秘感。

第一个相似点:儒家经典形成的过程长,传承的时间久。《十三经》的形成时间大约是从公元前 12 世纪到公元前 4 世纪,用了 800 年上下的时间。形成之后就一直传承到今天,算起来,《十三经》中最早的那些文献已经有 3300 年的历史。

第二个相似点:儒家经典的内容是百科全书式的。就是说它里面包含了中华民族的历史、文学、制度、礼俗、语言、哲学等方方面面的内容。儒家经典至今还在影响着中国人的生活,跟它的这种性质有关。

第三个相似点：中国人对儒家经典的诠释两千多年来始终未曾中断。曾有博士生问我，对儒家经典的诠释这么多，我们到底信谁的？我的建议是，所有研究中华文化的人首先应该读原典，即《五经》加《论语》《孟子》，以及《礼记》的几篇，把它们读完了再去看汉、唐、宋、明的诠释。我们要尊重每一个时代对这些经典的解释，世界上没有一个人敢说自己的解释绝对正确，要承认每一代的解释都是创造，都是把学术和思想推向前进。但是不要把它们都混起来，比如将宋代儒家的思想等同于孔子的思想。现代西方有一个词叫"新儒家"，用来指称宋代儒学，我不取这个词而用宋代儒家，或者是宋明儒学，因为说"新儒家"等于说儒家变了，其实没变。当然取舍也就涉及新汉学的问题了，我赞同"新汉学"的称呼。儒家学说两千多年来始终没有中断，它在后世的发展实际上是以孔子的思想学说作为基因，从幼芽长成了大树，这棵树的枝叶可能是朱熹或者王阳明等人的，但是基因都是孔子的，这样来看待儒学，很多误解都能消除。因此，什么裹小脚啦、丈夫去世之后女子不能改嫁啦，稍微一看就发现都不是孔夫子的，而是后代加上去的——大树还长虫子呢，长虫子怎么办？把虫子去掉就是了，所以应该还原孔子。朱熹等人了不起的地方在于他们不是复述，而是有创造，他们的创造有时代的特色。如同《圣经》《古兰经》一样，儒家要适应现代的社会，就必须重新阐释，新的阐释会加深我们的认识。

很多外国朋友反映，中国的文化神秘，儒家经典也神秘，其实如果认识到这三个相似点，那就不会有神秘的感觉。基督教的经典对多数中国人来说也是神秘的，印度的婆罗门教对印度之外的世界大多数人而言也很神秘，伊斯兰教世界对《古兰经》的解释浩如烟海，对非穆斯林来说也很神秘。所以说，不了解的事物在没了解之前都是神秘的，但只要我们抓住它的核心，找到一个切入点慢慢了解，就会破除神秘感。

近30年来，中国学习儒家经典的人重新多起来。从老人到幼儿，从学者到企业家，大家都想从古人那里汲取精华，走好自己当下的路，思考未来如何实现和谐与和平。各国朋友如果在中国住一段时间就会发现，在各个城市出现了无数学习儒家经典的课堂、补习班。这是因为中国人在经济发展的过程中，发现物质水平不断提高，可是与此同时，逆向进行的是人内心的伦理、道德、责任、义务却在慢慢丢失。其实全世界都面临这一问题，整个人类都在遭受经济全球化和现代传输媒体的发达以及市场经济利润挂帅所带来的偏重工具理性、迷信技术知识等的折磨。不同的文化都应该回顾到自己信仰的原典去，用原典对照今天。比如今天的市场经济、国与国的关系是不是耶稣基督的理想？中国人现在的社会情况是不是孔夫子的理想？我们都要来反思，然后坐到一起对话，促进相互的了解，只有这样才能和平。我们不能蒙着眼睛，忘记了先圣先哲的教导，低着头走路，结果走到悬崖跌下去了都还不知道怎么回事。

这 30 年来，中国大地上由民间开始的这种对历史的回归、怀念与重温，不是偶然的现象，它证明了原始儒家对人们的深刻影响。如果我们把握了中国伦理和哲学的基本要点，可以透过表象看到底层，发现原来是这些底层在起作用。否则只看到器物和表象，看不到实质，结果仍然是不了解自己的民族，外国朋友也仍然不了解中华民族。反刍自己历史上的优秀成果，吸取世界一切民族的成果，建设中国现在的文化，才会有中华文化的复兴，我自认为以上这三句话一句都不能少。首先是要反刍，就像牛一样，早晨出去吃了很多草，但并没有消化，回来后卧在圈里再慢慢咀嚼。这期间一定要吸收世界上一切民族的优秀成果，当然吸收的对象首先是欧美的文化，可是也不能排除印度的文化、非洲的文化、南太平洋的文化。反刍后，里面的营养会注入我们的肌体，这就是建设，建设现在的文化，这样才是文化复兴的全面含义。这话是有针对性的，有人误认为把孔孟宣传起来就是中国文化复兴，甚至把它比附于西方的文艺复兴，这是对文艺复兴的误解。文艺复兴有两个来源：一是欧洲的学者发现了阿拉伯文的希腊、罗马的经典，把它们反译回拉丁文，从中得到了启发；二是几乎同时，到中国的欧洲传教士把《论语》和《老子》也翻译成拉丁文，使得欧洲的学者从中发现了东方的智慧——尤其是人本主义。基督教的精神、罗马的哲学加上东方的智慧，才有了文艺复兴的人文主义。可见文艺复兴同样是欧洲反刍自己的文化，并且吸收了世界其他民族的文化。中国文化的复兴也应该如此，不能够把自己的理念建立在对西方文艺复兴的误解或片面理解的基础上。从这个意义上来说就是回到孔子、孟子，回顾过去，放眼宇宙，思考未来，用广阔的胸怀对待自己民族和其他民族的事物。

少林寺里有幅《三教九流图》，图上的画也是一个圆的构造，与八卦图的圆一样。中国人对圆特别有感情，因为圆象征"中庸"。圆周上的每个点距离中心都一样，都是平等的。只有圆没有死角，沿着圆的路线走路，会没有阻碍地走一圈，如果是走四方形，还要拐弯，在圆上拐每个弯都是在不知不觉中就转了，无须生硬，所以中国人对圆特别感兴趣。比如对月亮就喜欢八月十五的圆月，那天中国人还要吃月饼。又比如元宵是圆的，寓意是祝福大家圆满，中国人祝贺会议成功时也用"圆满"，连送给台湾的熊猫还叫"团团""圆圆"。图里的人，正面看是佛，左面看是孔子，右面看是老子，也就是说儒、佛、道三者在一个圆体当中化为了一个人，所以叫《三教九流图》。"三教"就是儒、佛、道，"九流"泛指所有学说，这图所要表达的思想就是：百家一理，万法一门。无论何种学说，何种信仰，甚至万事万物，起源是一个，解决的办法说到底也就是一个，尽管我们可以把它细化成很多。这就是中国人的理念。

我故乡的一位剪纸艺术家曾在红纸上用刀刻了一幅剪纸，叫《华夏一家人，同为圆梦人》。它里面刻画了 56 组人，每组两个人，一男一女，56 代表中国 56 个民族。每个民族的一男一女都是不同姿势的舞蹈或者其他动作，那些都是该民族文化特有的形式。这幅作品的寓意是 56 个民族都在中华民族的大家庭的氛围下，弘扬各自的民族文化。为什么要这样做？因为共圆中国梦。从古到今，中国一直在努力实现小康和大同的理想，现在在实现理想的路途上，各个民族各自发挥自己的特色，共同构成一个圆满的家庭，"四海之内皆兄弟也"。我也希望那位艺术家将来再刻一个世界的圆梦图，让全世界成为一个大家庭，大家彼此成为兄弟姐妹。雅斯贝尔斯提出了著名的"轴心时代"理论，我们至今仍然围绕着 2500 年前那个轴心时代的思想在转。现在人类文明处在一个不知何去何从的十字路口上，未来会不会再出现一个新的轴心时代？这是一个世界性的猜想。我们今天吸取世界上一切民族的成果，来建设中国现在的文化，实现中华文化的复兴。可以预料的是，复兴后的中华文化必须是重道德的、克制自身无穷欲望的、讲诚信的、有爱的文化。这种文化才会是有益于世界的、避免冲突和战争的文化。与浩瀚的宇宙比起来，人是微小而可怜的，不管是大自然造就了我们，还是上帝造就了我们，其本意都是让人类和睦相处。中国要向世界介绍自己的文化，同时又努力汲取各国文化，其目的也在于此。

训诂学与经学、文化

训诂学在中国曾经是绝学，改革开放以后我和一批志同道合者曾经为训诂学的振兴努力奋斗了若干年，奋斗到全国有一百来所学校开训诂学课，但还没有一所高校把训诂学开成必修课。后来经济大潮让我们学术界逐渐染上了浮躁病，于是训诂学又开始萎缩，现在开训诂学选修课的学校，我想不会到两位数字。在国学的振兴需要我们重新阅读和研究先圣、先哲留给我们的遗产的时候，很多大学者也几乎成了"文盲"，这是让人痛心的。从这个角度看来，这个题目并不冷。但是训诂学在一段时间里还会冷下去，因为它无法满足一位教授每年要有两三篇文章的要求，更不能满足在校博士生毕业前要有两三篇文章在核心期刊登出来的规定，因为它是死功夫、硬功夫、慢功夫。现在有些管理办法是违背了科学的规律的，这样就很少有学生肯学这门很冷而实际上应该很热的学问。

我先解释一下。首先，在这里我不可能把"训诂学"的内容、方法、技术一一进行讲述，我预设大家基本了解了训诂学。第二，关于"经学"。经学就是"六艺"之学：《诗》《书》《礼》《易》《春秋》《乐》。《乐经》早已亡佚。据有的学者考证，《礼记》中的《乐记》实际上就是《乐经》的梗概。所以谈"六艺"实际上就是五类经书，《诗》，就是《诗经》；《书》，即《尚书》；《礼》有"三礼"：《周礼》《仪礼》《礼记》；《易》，即《周易》；《春秋》有"三传"：《左传》《公羊传》《穀梁传》。通常大家读的，对于社会伦理、道德、世界观直接影响最大的，"三礼"中是《礼记》。流行了两千多年的，对于文学、艺术、历史是有很大影响的"三传"中是《左传》。《公羊传》《穀梁传》在政治上、思想上曾经给后人——包括大家熟知的康有为、梁启超、谭嗣同等人很多启发。我说过，我正准备和国内外著名学者合作，把《五经》译为英文，我们选择的是《诗经》《尚书》《礼记》《周易》《左传》，《礼》《春秋》分别选择《礼记》《左传》就是出于上述原因。前些时候我曾向老前辈汤一介先生请教、与美国学者安乐哲（Roger T.Ames）讨论《五经》翻译问题，都是就上述五部书谈的。开头我说了，这是个冷的题目，其实是就国内说的，在国外则是比较热的，这是很奇怪的现象。今天我讲这些，是因为《五经》之学或"六艺"之学是中华文化的魂，大家阐述中华文化，不管在报刊上看的或者自己写的，最后总要归到文化现象的底层、或曰中华文化的根——中华民族的伦理观、价值观、世界观、审美观，沉到哲学层面的这些东西全在《五经》里。第三,解释"文化"。我至今闹不清楚文化与文明的关系,有一次和安乐哲先生探讨,我也直言不讳地这样说,他说不但你分不清,我也分不清。所以我在这里所说的文化也可以说是文明,二者的大致区分是有的,但是绝对的、像西方分析哲学那样把概念对立起来作精确界定是谁也做不到的,我们不妨广义地来理解文化。

我讲六个问题:

一、问题的提出。

二、训诂学与经学。

三、训诂学与文化。

四、训诂学与诠释学。

五、训诂学的工具、范围、目的与目标。

六、现状与展望。

一、问题的提出

为什么讲这个题目?引发我思考的有两个问题:第一,百年来训诂学一直被称为"经学的附庸",它在"五四"之后,特别是近几十年遭到厄运,就与此有直接的关系。这是我当年学习、研究和教授训诂学时的感触。第二,关于"训诂学就是词/语义学"。我曾认可这样的说法并写在文章中,但当时就有些疑惑,而现在算是想得比较清楚了。归结起来,这两个问题其实是训诂学与经学、文化的关系问题,于是归纳成今天的讲题了。

二、训诂学与经学

关于训诂学是经学的附庸,典型的是梁启超在《中国近三百年学术史》中所说的:"小学本经学附庸,音韵学又小学附庸。但清儒向这方面用力最勤,久已'蔚然大国'了。"他所说的小学包括训诂学、音韵学和文字学。以梁启超的学识和影响,此言一出即成经典。我们不急着分析其是非,先认真去研读他这番话:"小学本经学附庸",这个"本"很重要,他没说"小学乃经学附庸"或者"小学者,经学附庸也",这就意味着,在他看来,清代以前的小学是经学附庸。"音韵学又小学附庸",等而下之。"附庸"是什么意思?就像附属国,主人的奴才。如果经学不存在,小学就不存在;小学不存在,音韵学就不存在了。"但清儒向这方面用力最勤,久已'蔚然大国'了","但"的转折很重要,与"本"呼应,那就是到了清代它就不是附庸了,成了独立的学问。这就和梁启超在《中国近三百年学术史》《清代学术概论》以及其他一些文章中的思想是一致的:他认为清代在训诂学上用力最勤,对经学则用力小;清儒才为科学而科学。梁启超是戊戌时的改良派,后来成为保皇派,他的这种思路,就决定了他的思想是西学的附庸。因为在19世纪,西方高唱的是为艺术而艺术,为科学而科学,认为这才是真正的艺术,才是真正的科学。他拿这个来套中国,承认小学是独立的学问,因为小学之为学并不打算用来为经学或文化服务。如果大家翻一翻清代一些大家的文章,就会发现他们经常为考证出一个字的意义或者版本问题而得意,也为社会所推崇。至于这个字的解决对于理解《五经》、理解中国文化有什么作用,则不管。我说这番话的意思是,我不同意梁启超的意见。做学问有一点很重要:怀疑主义(后面我还会谈到第二点第三点)。只要有足够的依据,权威的结论可以推翻,不然历史就成为包袱,"大家"就成为障碍,后面的人跑不过去了。

　　我为什么不同意梁启超的意见?第一,训诂是经学的附庸与事实不符;第二,附庸说的主要目的是使训诂走向纯理论,而不在于扩大关注范围,研究更多的典籍。为什么与事实不符?举例来说,《尔雅》即非专为解经而编。《尔雅》本来是本词典,到宋代被列为经书。有人认为《尔雅》是为解经而作,主要根据之一是《毛传》对字词的解释多与《尔雅》相合,孔颖达在进一步解释《毛传》时就常说"《释诂》文""《释训》文"之类的话,认为《毛传》此训是《尔雅》上的。而我在研究了《尔雅》19篇之后,认为它不是专为解经而编(也有前人这样说),实际上它是从战国开始,人们把对于一些词语的解释搜罗来,归类而成的综合性的工具书。我的话在学理上通不通呢?你们看看现在从上小学就开始用的《新华字典》,所收的很多字在《毛选》里都有,或者说,《毛选》里的一般语词在《新华字典》里都有,我们能说《新华字典》是为解《毛选》而作吗?客观上,A与B的重合、互补、相近,不能证明A是为

B而编。再如,《史记》的《五帝本纪》和夏、殷、周《本纪》里引用的《尚书》内容,常常不是原文而是作了翻译的,你不能说它是在解经吧。另外,《战国策》《国语》《楚辞》都有汉人的注,都经过了一番训诂的功夫,而这些书什么时候成为"经"了?训诂学成为独立的工具是在汉代,清代人打的是"汉唐之学"的旗号,经学的附庸怎么又去为大量非经学的典籍服务啊?《韩非子》成书于秦汉之际,里面有一篇《解老》,就是解释《老子》的,也用了训诂的办法。东汉以后有了道教,才奉《老子》为《道德经》,奉《庄子》为《南华经》,那是道家的经典,不是儒家的经典。所以事实证明,被训诂的众多的书都不是儒家经书。

第二个让我起疑心的,是"训诂即词/语义学"之说。表面上似乎此说有道理,但让我们细看一看:

1.词/语义学只研究词/语,训诂学则否。训诂学也研究句、研究段、研究篇,是对经典文献全面的解释。像词义的扩大、缩小、转移,那是属于词义学的。训诂学研究词要讲清楚这个字、词在"这里"怎么讲,追本溯源,即追求本义或基本义,从基本义怎么演变到这个意义的。更重要的是它解释的是文本,而并不局限于字/词。例如《老子》第一章:"道可道,非常道;名可名,非常名。无名,天地之始;有名,万物之母。"(陈鼓应先生断句为:无,名天地之始;有,名万物之母)(晋)王弼注:"可道之道、可名之名,指事造形,非其常也。故不可道,不可名也。"他解释了哪个字呢?没有。他是在解释这一章前半段意思的:可以称道的道、可以命名的名,都是按照事物的情况创造的,不是它固有的、永恒的、不可称说的那个名,能说出来就不是它自己了。换句话说,王弼指出老子认为他的道的真谛是不可以言传的,只能用心体会。但是为了交流,还得给它起个名字,所以《老子》第二十五章说"强字之曰道"。字,大家知道,人有名有字,有人还有号、别名等等,本人就名嘉璐字若石,有人以名行,有人以字行,我的太老师黄侃字季刚,世称季刚先生,就是以字行。老子是说你一定要我称呼它的话,那我就给它起个别名叫"道","强为之名曰大",勉强要起个名字就叫"大",这都是"假名",假借的。然后王弼解释下半句,前面说了"指事造形",下面接着说:"凡有,皆始于无,故未形无名之时,则为万物之始;及其有形有名之时,则长之育之,亭(成)之毒(熟)之,为其母也。言道以无形无名始成万物,[万物]以始以成而不知其所以

［然］，玄之又玄也。""玄之又玄"也是《老子》第一章的话，在南北朝以后发展成了"重玄学"，这里就不展开了。

现在我用训诂学的方法解释"无名，天地之始"这句话。大家可能都把这个"始"理解为开始，从南北朝到清代包括近代的学者对此也都没有异辞。我认为这个"始"，不是一般的开始。《尔雅·释诂》第一条："初、哉、首、基、肇、祖、元、胎、俶落、权舆，始也。"《说文》上说："始，女之初也。"《说文》是就形说字的，"始"为什么是女字边一个"台"呢？何谓"女之初"？古人的智慧有时候就是妙啊！胎儿在母腹中最初是不分男女的，到了一定时候才显出第一性征；出生以后，尽管在外形上作为人是完整的，但人之为人的很多功能尚不具备。初为人父母者抱着婴儿，裹得挺严，碰到熟人了，人家就问："哎呀，您的宝宝啊！是男孩啊女孩啊？"因为他看不出孩子的第一性别特征。等到从外表可以判断是男是女时，还不是真正的男或女，需要第二性征出来以后才行。所谓"女之初也"，就是女孩子第一次来潮的时候，这说明她的第二性别特征具备了，她才真正成为女人，具备了生育的功能。"始"和"胎"在字形上都包含"台"，二者其实是相通的，"胎"用"肉"旁表示是肉胎，"天地之始"就可以认为是天地之胎。现在我们从训诂具体实例回过来，看看王弼是不是在搞训诂？他不是走西方词/语义学的路子，而是解释行文中一两个关键词语的意思，更重要的是揭示整章的深意。

2.词/语义学是纯理论之学，训诂学则否。训诂学是实用之学，受了训诂学的基本训练之后，就可以去看古书了，遇到问题会解决。西方语言学，从历史比较语言学开始，到18世纪后半叶真正成为一门独立的学问，逐步形成了语音学、语法学、词汇学。西方所说的词/语义学是仿照语音学、语法学、词汇学的架构、研究方法、观察角度与工具建立的，同时超越了具体的语言事实、具体的语境。我们看西方语言学大师的著作，无论是索绪尔还是布龙菲尔德，他们在书里概括出了语言的基本规律，但举的例子并不多，也就是说并不研究具体的文本，不顾及具体的语境。

3.词/语义学研究意义的来源与历史，训诂学则否。语义学研究意义的来源与历史，不是词的个体的意义的来源与历史，而是成批的，是词汇的。比如说语言怎么发生的、名词和概念的关系、概念和客体的关系。训诂学不是这样，它虽然研究词义的引申，但是就词语的个体而说的。

像词汇学、语义学要研究词汇的结构,主谓结构、动宾结构、偏正结构、并列结构,等等,研究词根,研究语义场,细致到研究义素。训诂学研究词的本义或者概括义、使用义即语境义,也研究词义的来源,是为了据以研究词语"在此处"的用法,用语言哲学的术语说是研究"在场"。汉字记录汉语的特点是形、音、义俱备,字词的形、音与义的关系怎样?是同音,还是原来同音而后来语音流变有了差异,还是同音假借,训诂学研究的是这些东西。

4.词/语义学研究意义的引申规律,就是我刚才说的那种超越文本、超越语境的演变规律,训诂学则否。再举一个《老子》中的例子。《老子》第六十二章:"道者,万物之奥。"朱谦之《校释》:《说文》:"奥,宛也,室之西南隅。"《尚书·尧典》"厥民隩",司马迁作"燠",马融曰:"隩,暖也。"……是奥有暖义。但亦有藏义,《广雅·释诂》:"奥,藏也。"河上注:"奥,藏也。"道为万物之藏,无所不容也。我翻了一下我的旧书,当初我在这里打了一个问号,于是追寻几十年前自己的思路,忽有所悟。我认为"奥"既不是暖,也不是藏,而是直接用了"室之西南隅"的意义。古代在黄河中、下游的房子都是坐北朝南,为的是挡住凛冽的北风,向南开窗开户吸收阳光。室中朝门处有个灶,灶火给室内照明并供暖。这样,有阳光的时候,房子里面靠北墙处是比较亮的,西南角是最暗的。我们看"三礼"就会知道,室内最尊贵的人坐的位置是那个西南角。灶有灶神,门有门神,奥有奥神。奥,是最黑暗的地方,最神秘。我曾经在怒江边访问过少数民族的家庭,他们屋里点着15度的灯泡,我也只能看清他们迎门坐的地方,那西南隅我还是看不清。"道"是说不清道不明的,但它是最神秘、最高贵的。所谓"万物之奥",就是万物中最尊、最神秘的。我觉得这样解释既简便又明白。我们再来看这一词的意义的演变。本来是西南隅,因为避风,所以有暖的意思;既然深奥,就引申出藏的意思。但训诂学为了解决"道者,万物之奥"的"奥"字的含义,可以顾及它的来龙去脉,但目的并不是去研究该词意义怎么引申。

概括言之:词/语义学偏重于思辨,是为认识词/语义,这是语言学之事。训诂学偏重于实证,是为解释文献,亦即为传承文化,因而属于语文学的范畴,也还可以说语言学是研究语言的,训诂学是研究言语的。但我不这样说，因为我不大同意把语言和言语对立起来或隔绝开来的学说。"语言学""语文学"这两个词汇都是从西方引进的，它们在西方是同等重要的学问。虽然近年来语言学因为与翻译、计算机、语言教学关系密切而更加红火，语文学则是为文献服务的，随着对于文献关注的慢慢淡化，除了史学、文献学、哲学、诠释学领域之外就很少有人关注它了，但是至今西方人谈起语文学仍然是肃然起敬的。所以语言学和语文学没有高低贵贱之不同，只有目的、方法的差异。那么我们又应该以怎样的心态对待语言学和语文学呢？进而怎样对待训诂学乃至小学呢？第一，要平视，不要仰视其中哪一个。无需对语言学毕恭毕敬，以自己搞训诂而自惭形秽。第二，语言学与语文学两门学科之间的关系，也是平等的、互补互促。

　　那么为什么会产生这种误解呢？刚才我说了梁启超先生受到了西方学术的影响，也附和了当时提倡的为学术而学术、为艺术而艺术的思潮，这是近代学者的主观原因。此外还有两条客观原因：第一，训诂首先是或者说重点是用于解"经"，这是由"经"的地位所决定的，这造成了误会。最著名的训诂大家都解《五经》，他们之所以有名，是由《五经》的地位决定的。《五经》要是没有地位，解释它的人也就没有地位了。第二，训诂家的宣言。是训诂家自己就把训诂学说成附庸的。比如《四库全书》列了"小学"一类，包括文字、训诂、韵书之属，到哪里去找呢？小学类被附在经学部，这不就是附庸了吗？乾嘉大师戴震（东原）参与其事了呀。始作俑者在隋唐，《隋书·经籍志》已经按照经、史、子、集分别叙述了，《尔雅》一类的书和《论语》一类的书，就列在《周易》《尚书》《诗经》《礼经》《春秋》《孝经》之后，但是字书、音书和石经（石经是当时供人们抄经用的，怕版本搞错，刻在石头上"立此存照"，现在还有很多保存在西安碑林），又单列在经书之末。隋朝在东都洛阳藏书，分类按甲、乙、丙、丁，甲、乙、丙、丁与经、史、子、集是否吻合，现在无据可查了，因为战乱都烧了。《新唐书·艺文志》则正式按甲经、乙史、丙子、丁集分列，而小学类列在"甲经"部之末，文字、音韵、训诂都在其中。唐朝人立了规矩，清代本于汉唐，编《四库》就把小学类列在经之末了（《经义考》亦同）。唐朝这样做有其用意啊！经过南北朝，又经过短暂的隋，到李世民时期海内晏清。但是南北朝时期的割据造成第二次百家争鸣、小百家争鸣，各种说法都有,现在必须统一。用什么统一?儒家经典。可是儒家经典乱解释不行啊,得按照官方的解释,所以《五经正义》全是唐代的,全社会、全国考生都来学。另外李世民有少数民族血统,起家于陇东,即今甘肃天水一带。对于他的鲜卑血统,大家表面上都隔着层窗户纸不说,嘴上山呼万岁,肚子里则另有看法,混血儿嘛。好,那我皇家就尊经。尊经就带来王统论,要为我服务,我是正统。所以他把经书放在第一位,就是出于这个道理。那训诂呢?为我服务,附在经末。他当然不会想到什么语言学、语文学,而是出于政治上的需要。清朝也是少数民族入主中原,仿效李世民很自然。今天我们就应当拂去历史的尘霾,认识清楚其本来面目。

再有,经学家、训诂学家自己也这么说。这是因为卖什么就吆喝什么,你看哪家专卖店不说自己是世界第一啊?那么注书的人能说我注的这书不好?所以许慎就说:"盖文字者,经艺之本,王政之始,前人所以垂后,后人所以识古,故曰'本立而道生',知'天下之至啧而不可乱'也。"(《说文叙》)清代戴震确实是一代巨儒,也说:"训诂明,六经乃可明。后儒语言文字未知,而轻凭臆解以诬圣乱经,吾惧焉。"(《六书音韵表序》)说得太对了,也道出了250年后的我的心声。复旦大学教授汪少华先生就是惩于当前社会上的"轻凭臆解""诬圣乱经",写了一本书,叫《训诂十四讲》。我给他写了一篇序,我说我要向他学习,现在我没有时间和兴趣就社会上对古书的乱解一一纠正了。可怕的是什么呢?可怕的不是"轻凭臆解","轻凭臆解"有时还是主观有意为之,为了求新求奇;而现在很多人是不知道该怎么解他就解了,解错了他还不认为错,这是更可怕的。话说回来,"训诂明,六经乃可明",替换一下,训诂明,古代文献乃可明。训诂重要不重要?戴震说的是"经",这也难怪,清代的训诂就是围绕经的。皮锡瑞说:"国朝经师有功于后学者有三事:一曰辑佚书……一曰精校勘……一曰通小学。"(《经学历史·十经学复盛时代》)皮锡瑞是今文学家,但他的话很客观,没有偏袒今文学。"辑佚书",就是把历代亡佚的书根据其他书籍的引文或海外传本进行辑录。"精校勘",历代传抄、传刻有错的,就加以校定。别的不说,阮元——王引之的学生——就曾经校勘过《十三经注疏》,直至今天阅读《十三经》仍离不开他的《校勘记》,虽然还有不足,但的确有功于后世。"通小学",很客观。清代许多大儒就不是经师了,是小学师,但自称还是经师,梁启超也是这样。可见"经"的地位所决定了的训诂首先或重点用于"经"和训诂家的宣言,这两条是造成误解的客观原因。

归结起来,训诂学不单是为解经服务的,它所关注的也不是超越文本、超越语境的,而是关注古代文献具体文本、具体语境下的字义、词义、章义、篇义。

三、训诂学与文化

前面讲到了训诂学与经学。训诂学重点的、首要的服务对象是经学,我所不赞成的说法是训诂学是经学的附庸,它是面对一切传世文献乃至出土文献的,所以我讲第三个问题:训诂学与文化。这里的文化就包括所有的文化现象和文本。

(一)训诂不是经学附庸,是文化的重要组成部分。前半句话我不需要再解释了,这里主要说说后半部分。典籍是文化的筋骨,训诂直指其根,训诂与文化共兴衰,训诂是文化传承的主要工具。我在10多年前的一本书里就提出来,训诂学是文化阐释之学,实际上当时所挑战的也是训诂是经学附庸这样一个既定概念。中华民族有文字记载的文化史从未中断,为世界所仅有,训诂之功至巨;训诂不仅使后人识字、推求字义、词语乃至篇章之意的方法也在启迪后人,遂使解开传世及出土文献意义之谜较易。这一点,以前我在北京师范大学的文化讲座上讲过。现在,咱们一般统称古代有四大文明,有些学者提出世界有九大文明,而英国历史学家汤因比给世界文明分了二十几种,这是见仁见智。但不管是四大文明还是九大文明还是二十几大文明,唯有中华民族有文字记载的文化史从未中断。入芝兰之室久而不闻其香,我们生活在这样一个伟大民族的文化氛围里常常没有感觉到什么,但这的确是值得56个民族的每一个人引以为自豪的。在我和国外的专家、政治家接触的时候,他们几乎异口同声,都说"我们热爱和敬佩你们优秀的传统文化"。像印度文明,实际上中断了,当时从中东、中亚入侵的异族,几乎占领了印度全境,一直进入到印度尼西亚,所以为什么从巴基斯坦跳过印度和孟加拉,印度尼西亚会是伊斯兰国家。大家知道,我们的佛教是从印度传来的,但是到 7 世纪,甚至更早一点到 6 世纪末,佛教在印度几乎已经绝迹。现在保存最多佛典的就是中国,几乎古印度佛教所有的经典都被翻译成了汉文,这一点也是值得我们骄傲的,现在世界上研究佛教是根据汉语考证,倒回去翻译成梵文。接着在伊斯兰占领印度几百年以后,古婆罗门教出现了改革的浪潮,有一个大改革家倡导并恢复了新婆罗门教,这是 11 世纪的事情,一直流传到现在,这就是我们平常所说的印度教。现在的印度教,除了用梵文所写的《奥义书》一类流传了下来之外,其他的都没有了,包括佛教的经典。

古埃及的法老文化也中断了。先是罗马人灭亡了法老王朝,而后阿拉伯世界的力量侵入了埃及,使当地完全伊斯兰化。所以,我们今天到埃及去,到博物馆看法老的东西,和现在的埃及人是无关的,现在的埃及人是闪米特人如阿拉伯人等外来民族和非洲土著人的混血。

还有两河流域的文化。两河流域指的是底格里斯河和幼发拉底河中间的那个平原即现在的伊拉克。我们知道苏美尔文化是经过了一番周折之后而又著名的,就是巴比伦文化,巴比伦文化的世界七大奇迹之一的空中花园,是见于文字记载的。苏美尔文化直到 18 世纪末才被西方探险家发现,人们挖出了楔形文字,这才知道原来 5000 年前那里有个苏美尔文化。

世界上其他几大文明都中断了,而中国从未中断的文字记载从公元前十几个世纪起,即便是每个帝王一生中发生的大事都有文字可考。公元前 3 世纪以后,到 7 世纪,也就是到唐,每年的事情都可以知道。唐朝以后,每个月发生的事情都有明确的记载。到了宋以后,根据正史、野史、笔记以及流传在民间的书法等等,虽然不能排到每天的事情都知道,但也差不多。这是人类的奇迹,这样一个伟大的文明,那么多的传世文献和出土文献,靠什么读懂它?靠训诂。所以我说,训诂之功至巨,训诂的方法不仅能够让人读懂古书,了解历史,了解古人的精神、灵魂,更重要的是这种思维和学风的训练,所以我的理想就是希望在全中国高校所有的文科系、院、所都把文字、音韵、训诂开成必修课。即使学生毕业之后不搞这行,所受到的训练也可以用到很多方面。

历史已经渐行渐远,而记载历史与文化的文字,其流传则是很清晰的,乃至一点一画是怎么变的,我们都可以基本描述出来。如果再加上依靠科学的方法,解开传世和出土文献的意义或者"谜",就成为比较容易的事情。可见,训诂学是文化的重要组成部分,是一种非物质文化遗产,但不是文化部所列的非物质文化遗产,它属于学术领域。训诂揭示了语言文字流变的具体情形,而文化的民族性在语言文字演变和对语言文字及其演变的认识中体现得十分明显。讲民族性,这是自 20 世纪 90 年代以来吹遍世界各地的一股强劲的风,而且愈演愈盛。这是符合人类文化发展的规律的,是科学的。

民族性具体体现在什么地方? 前面我讲文化分三个层次:表层、中层和底层。表层固然体现民族性,文化的底层就是哲学,价值观、世界观、人生观、审美观,差异才带根本性,由此又形成一个差异就是观察事物的方法不同。训诂在这样一个小小的、人们不大注意的领域,揭示了语言文字流变的具体情形,就是从基本意义到使用意义,就体现了它的民族性。比如在语义演变过程中的联想和通感,见到一个东西,中国人马上想到的是 A,非洲的朋友可能想到的是 B,印度人能够想到的是 C,这种差异往往就体现了民族性。联想和通感是所有民族都有的,但朝哪去通、联想到什么,是民族性的问题。我早年写的一篇文章《论同步引申》,说的是词义引申中的同步现象。为什么会同步引申? 靠的就是联想和通感。下面我想举个例子,很简单的例子:

> 《说文》:夬,分决也。
> 《周易·夬》卦《象》辞:夬,决也。

为什么用"决"解释"夬"? 其实"决"是后起字,《说文》:"决,下流也。"不是"作风下流"的"下流"。读古书,特别是大家的东西,一定要小心,要一个字一个字地弄懂,"下""流"我们都懂,也知道这个"下流"是往下流。但是我们要弄清为什么是"下流",这就要回到或曰恢复一下许慎思考时的语境当中,所有人工建成的堤坝或者是天然的挡在河道上的障碍物,一旦决口,水从来不是平流,而总是向下流。大家小时候都玩过泥、玩过水吧,在院子的下水道那里挡一块石头,把水位抬高了然后突然拿起来,"哗……"水特别快地流下来了。可见许慎的义界是很准确、很高明的。

再看《说文》：

玦，玉佩也。

玉佩有多种，玦是什么样的呢？许慎为什么不说详细一点呢？又是语境问题。在汉代，儒学独尊，秉承《五经》思想来维系社会，因此从周代流传的佩戴玉的风俗不仅没有终止，反而更考究了，这从汉墓中的出土文物可以得到证明。什么叫璧、什么叫瑗、什么叫玦，汉代人都知道。就像北京的小孩都知道"冰糖葫芦"，给北京人编词典就不用收这个词或不必解释，越解释越糊涂。许慎不说"玦"的样子，我们就可以借助联想和通感来探寻"夬"是分决也，可见端一盆水"哗"往下一倒，那不叫"夬"。原来有阻碍物，水流冲破障碍物、从裂（分）口处汹涌而出才叫"夬"。因此从"夬"的字都有分开的意思在里头，玦就是玉环，有意做出一个缺口，这和大坝溃决是一样的。

缺，器破也。

瓦罐出现缺口了，就是"缺"。"缺点"是什么？是指本来一个完整的事物（包括人），缺了一个"口"，不完整了。许慎为什么不说是"器夬也"或"器裂也"？因为瓦罐是陶土做的，裂了口就不能用了，用"破"突出其后果。再看：

趹，马行貌。

这个字，与"夬"的原意有什么关系？在汉代文献里，我没有看到用这个字。我想许慎老先生也不太清楚传下来的这个"马行貌"到底是什么样子，有书证配合的话就成为准确的。

　　除了上面提到的几个从"夬"的字，还有一个"　"字可以参考。《说文》："　，　，马父驘（俗作骡）子也。"即公马和母驴生的骡子。这种骡子据说"生七日而超其母"，可见非常健壮，一步跨得很远，其名可能就反映这样一种状态。还有一种可能——我并没有去考证——北方人知道，骡马会尥蹶子，那么"趹""蹶"有语言关系的话，实际上就是一种拒绝、一种抗拒、一种"分"。不管怎样，从"分决也"到"玉佩也"到"器破也"到"马行貌"，都有联想或通感的关系，靠着不同事物之间某种形态的相似，看见这个就想到那个，于是语言就流转了。其实就是同一个词，用在了不同的地方，为了加以区分，就分别加了义符以后才被认定为不同的词。

又如《老子》第三十四章：

> 大道泛，其可左右。万物恃之以生而不辞，成功而不〔名〕有。
> 爱养万物不为主……可名于〔为〕大。

"爱养"或本作"衣被""依养"。清末俞樾说："盖'衣'字古音与'隐'同，故《白虎通·衣裳》篇曰：'衣者隐也。'而'爱'古音亦与'隐'同，故《诗经·烝民》篇《毛传》训'爱'为'隐'……""衣"字古音与"隐"实际上是一声之转，不是"同"。在俞樾看来，"爱""衣""隐"是一个词，那么"爱养"是什么意思呢？让万物依靠自己，养育万物，我总觉得别扭。《诗经·大雅·烝民》："人亦有言，德輶如毛，民鲜克举之。我仪图之，维仲山甫举之。爱莫助之。衮职有阙，维仲山甫补之。""爱莫助之"什么意思？爱他而不帮助他吗？《毛传》："爱，隐也。"隐讳而不能帮助他（仲山甫）？别扭。《郑笺》："爱，惜也。仲山甫能独举此德而行之，惜乎莫能助之者。多仲山甫之德归功言耳。"可惜啊没有人帮助他。我也觉得牵强，不能不进一步思考。幸好，我们可以看《诗经·邶风·静女》：

> 静女其姝，俟我于城隅。爱而不见，搔首踟蹰。

《毛传》"小序"："刺时也。卫君无道，夫人无德。"其实这是一首爱情诗。《郑笺》："志往，谓踟蹰行；正谓爱之而不往见。"踟蹰就是犹豫徘徊的样子，郑玄注中的"爱"就是今天的"爱"。孔颖达依此而疏："心既爱之而不得见，故搔其首而踟蹰然。"心里非常爱她，可是见不着，很着急，抓耳挠腮，来回踱步。我认为还得按《说文》的解释："爱，行貌。"怎么个"行"呢？注意，对于一个字，认识不清楚它的意义，就把与它同族的字、它的近亲找来。如果你想见某个人却见不到，不要紧，到他家去，看看他的哥哥、弟弟、爸爸、妈妈，那么他的相貌、为人，你大体可以推想出来，一样的。

"爱"的后起字：暖。《广韵》："暖，日不明也。"《离骚》："时暧暧其将罢兮。"《楚辞·远游》："昔暧曃其曭莽兮。"洪兴祖注："暗也。"《晋书·杜预传》："臣心实了，不敢以暧昧之见自取后累。"瑷。《玉篇》有"瑷气"，见《海赋》，李善："不审之貌。"又有"瑷瓃"，"不明貌"，陆游诗曾用之。

我们今天有"暧昧"，古代有"暖""暧暧""暧曃""瑷""瑷瓃"，全都有模模糊糊不清楚的意思。自然的，"爱"也会有这个意思，《静女》"爱而不见"就是模模糊糊，似乎看到了又似乎没看到，人影一闪又不见了，不是热爱，也不是隐。《烝民》"爱莫助之"就是用另外一种人来反衬仲山甫，那种人模棱两可、含含糊糊，说的话又圆滑，没有谁能帮助他，因为态度不明朗。这样解释，我觉得文从字顺。那么《老子》"爱养"怎么解释？就是说大道对万物的爱、对万物的养育是不清晰的，"百姓日居而不知也"。实际上，在人类物质社会之上，有一个普遍规律在，谁都逃不过这个规律去。那个规律是不明朗、不清晰的，为什么不用"隐"呢？因为智者、哲人是能够看清的，对于普通人才是模模糊糊的。"爱养"，就不是"明养"。这样探索"爱"的意思，就解开了《诗经》《老子》上的疑惑。我所用的方法就是沿着古人联想与通感的思路进行分析，这一点是中华民族的特点。启功老为我们书写的校训"学为人师，行为世范"的"范"，本是模子，是做盆呀罐呀的，弄一块泥巴，用范构其形，就成了盆、罐。我们的行为应该成为社会的"范"，推进社会、改造社会，这就是"规范"。从做瓦罐到做社会的表率，走的也是类推的路子，是联想的结果。

（二）典籍为文化之筋骨，训诂直指文化之根。《五经》为传统文化之魂，这里不讲经学，就不再展开。为什么说训诂直指文化之根呢？我们看《老子》第三十三章①：

> 知人者智，自知者明（知人者智而已矣，未若自知者超智之上也）。胜人者有力，自胜者强（胜人者有力而已矣，未若自胜者无物以损其力，用其智于人，未若用其智于己也。用其力于人，未若用其力于己也。明用于己，则物无避焉，力用于己，则物无改焉）。知足者富（知足自不失，故富也），强行者有志（勤能行之，其志必获，故曰

————

① 括号内的内容是王弼注。

"强行者有志"矣），不失其所者久（以明自察，量力而行，不失其所，
必获久长矣），死而不亡者寿（虽死而以为生之，道不亡乃得全其寿。
身没而道犹存，况身存而道不卒乎）。

死了不就是亡了吗？怎么叫"死而不亡者寿"？在老子看来，并非躯体存
在的时间长就叫寿。通观《老子》全书，他是重视养生长寿的，但并没有
绝对化。人活得长当然好，可是活得没意义，就不如死。王弼怎么解的
呢？即使死了，他活着的时候用以维系他生活的那个道不亡，"乃得全其
寿"。肉体没有了而道还存在，何况身体还没死而道不终止，那更是寿
了。因为王弼的道家思想并不纯粹，他把"亡"说成"道"之亡，有一定的
道理，但是不合适。朱谦之先生《老子校释》说：

> 室町旧钞本、《中都四子》本"亡"均作"妄"。《意林》卷一、《群书
> 治要》卷三十引《道德经》"死而不妄者寿"，并引河上公注，知河上所
> 见古本亦作"妄"。

河上公的注："目不妄视，耳不妄听，口不妄言，则无怨恶于天下，故
长寿。"我认为，河上公的注是对的，"不失其所者久"，"久""寿"是相通
的。应该"不失其所"，来回跳槽不好，这是在世生活的时候。如果他死
了，他生前所做所说的经过实践的检验都是正的、真的、实在的，那么他
虽死了却等于没死，他是长寿的。正像臧克家悼念鲁迅：

> 有的人死了，他还活着。
> 有的人活着，他已经死了。

臧克家先生是否受到了《老子》的启发？这就是老子的寿夭之观。这里
我要说的是，王弼的注、河上公的注，虽然都在串讲中解释了字词，但都
不仅仅是解释字词，而是直指《老子》的要义，直指文化之根。

（三）训诂与文化共兴衰。清人常说汉唐之学，我们也常说汉唐盛
世，所谓"汉唐"，均为盛世，也是训诂发达的时代。此后宋之"疑古"、讲
究"义理"，是反思、批判的时代，坚持了训诂要为义理服务的方向。至
清，国力尚可，特殊的历史环境，即使训诂空前发达，也使之逐渐脱离了

初始功能。

王朝强盛，训诂就发达。因为盛世要靠训诂解读经书和其他历代文献，取其精华以作为凝聚全社会之利器。人心凝聚了、安定了，自然生产发达，人民生活就富裕了。宋朝一开国就是一个不强大的王朝，同时，文化的规律是，当达到鼎盛的时候，就要下滑，就需要异质文化的刺激，吸收了新的东西，才能再次达到高峰。宋代承五代之动乱，它就要反思：此前治乱在文化上的原因是什么？学者们对以前的学术进行了批判，批判是批判，但方向没有变，仍然坚持了训诂要为义理服务的方向。说宋人不讲训诂，那是冤枉，是我们上了清嘉庆以后一些学者的当。特别是朱熹，非常重训诂，而且造诣很高。明代我就不说了，那是一个开始封闭、文化停滞的时代，虽然在有些文化品种上是发达的，但总体上是不行的——文化是否发达，关键看是否创造了新思想。到了清代，我为什么说国力尚可呢？我是从来不说康乾盛世的。明朝再不好，它的 GDP 占到了全世界的 40％，到了乾隆时期只占了 33％，所以只能说国力尚可。还有一点我也想说，人们常说我们国家积贫积弱、落后挨打以至于成了半殖民地，这话应该加以分析。其实 1840 年的时候，我们还不是积贫积弱，当时的 GDP 占到了世界的 26％，美国现在是占 25％的。那怎么就让人家给打败了？腐败！文化上没有前进，没有工业化。想想看，每年赔几万万两银子啊！不仅仅是银锭，粮食、茶叶、瓷器、丝织品什么都往外拉啊！庚子赔款，是一年的国民总产值，几次就把我们掏空了。圆明园，自从建成之日起就注定会让人烧掉，它是人类历史上最好、最伟大的花园，德国使者在那里朝见以后，回去向德皇一说，德皇就打主意了，后来就命令能搬走的就搬，搬不走就烧，一定让它在地球上消失。我们要客观地评价清朝的历史，那是一个少数民族统治多数民族的时代，清皇室一直所担心的，就是汉族人的造反，于是扛起汉文化的旗使汉族中的士人屈服。科举，给你官做，但绝对不能反抗统治。据清人笔记，有汉族士人在梅雨天晒书，一阵风来，书页全乱了，读书人酸啊，没事就写诗："清风不识字，何故乱翻书？"统治者一看有一个"清"字：这不是骂我们吗？杀！灭九族。当时大兴文字狱，绝对不许反抗统治者。读书人怎么办呢？一个字一个字去考证，不涉及经义、义理，也就远离了政治，于是就有了乾嘉之学，训诂逐步脱离了它的初始功能，不再直指文化之根。

皮锡瑞说："论宋、元、明三朝之经学，元不及宋，明又不及元。""故经学至明为极衰时代"（《经学历史·九经学积衰时代》）。明皇朝在衰落，表面上"百足之虫，死而不僵"，实际上里面全烂掉了。皮锡瑞是清末的人，他要歌颂"国朝"，要说圣朝复兴，的确会做文章。他又说："宋儒学有根柢，故虽拨弃古义，犹能自成一家。若元人则株守宋儒之书，而于注疏所得甚浅。……是元不及宋也。明人又株守元人之书，于宋儒亦少研究。……是明又不及元也。"往下他不再说了。19 世纪，国门被打开，国力衰败至极，包括经学在内的传统文化整体受到质疑、批判，训诂也同样受到极大摧残。到 1959 年我毕业时，训诂学还被称为"抱残守缺"，讲训诂学的前辈都是"遗老遗少""封建余孽"……几乎都成了老牌的"运动员"。到"文化大革命"结束的时候，全国 1000 多所大学、几百所设中文系的高校，没有一所讲训诂学。复兴中华文化，振兴训诂学，难就难在没后继之人哪！培养人的人也快没了！但是我又有信心，现在国力增强，社会价值体系亟需建立；新时期文化价值不可能脱离传统土壤，所以传统文化受到关注，训诂必将逐渐再次受到重视。但是，"由衰复盛，非一朝可至；由近复古，非一蹴能几"（皮锡瑞《经学历史·十经学复盛时代》）。所以我在人民大学儒学院开院典礼上说："中华文化的复兴，期以百年可也。"真正复兴，需要几代人的努力。

（四）训诂为文化传承须臾不可离的重要工具。其实我以往多次反复讲的内容，无不是围绕着这一点的，都是这个道理。所以这里只列一个标题，就不展开讲了。不管你是否搞汉语言文字之学，只要你们记住文化传承须臾不可离训诂，我就满意了。

四、训诂学与诠释学

（一）二者同异。诠释学是西方学科（该词首次出现于 1654 年），原本属于语文学，是研究对文献进行解释的规则的学科，类似于我们的训诂学。诠释学最初是为解释《圣经》的，说它是《圣经》的附庸，一点也不冤枉。20 世纪，逐渐演变成了一种哲学理论，所以我们如果搜索西方诠释学文献，一般不是在语言文字学范围，而在哲学范围之内。诠释学大师狄尔泰说:"阐释就在于对残留于著作中的人类此在的解释。这种艺术是语文学的基础,而关于这一艺术的科学就是诠释学。""此在"是一个哲学术语,也可以说是此时此地或某时某地的存在,狄尔泰的意思是"阐释"这种活动就是对残留于文献中的人类的存在进行解释,不是解释一字一句,而是解释一字一句背后的人,以人为本。

概括言之,诠释学就是语文学和哲学的混血儿。较之于训诂学,多了几分历史的、哲学的思考,这正是训诂学所缺乏的。传统的诠释学主张,文献只能有一种真正的意义,而哲学的诠释学,认为同一文献允许有不同的解释。因为传统的诠释学是《圣经》学的附庸,对于"神启"的东西是不许说三道四的,不许有不同意见,这是中世纪的产物。1654 年时文艺复兴正在酝酿,思想已经开始解放,对于同一部经典,可以有不同看法,这就打破了和教会教皇的一元解释不同就可能被绑在柱子上烧死的"绝对权威"。所以提出对于同一部经典可以有不同看法,那是一种巨大的革命。从这一点上说,在中国,学术上的民主比西方早得多。《郑笺》可以与《毛传》不同;有《毛诗》还可以有《鲁诗》《韩诗》;解释《礼记》,都可以有"大戴礼""小戴礼"。中国学术上的民主,可以说是战国百家争鸣的传统。

传统诠释学认为应该给文献做出唯一的、绝对的"正确"解释,忽略了语境的无限性、不可复原性和语义的不可解性,也没有注意解释者的主观性,因此它是违背规律的。语境既然是无限的,大家就有想象、恢复当时语境的可能,可以见仁见智,对"爱而不见"可以有几种理解。另外,语义不可能做到处处都解释得很清晰,权威的解释也带有猜测性。哲学的诠释学主张对文献进行解释里面有解释者的创造,这是一种不由自主的思维和行为。一首浅近通俗的诗,你给一个外国学生讲的时候,诗的语境你要尽可能复原它,但你不可能完全复原;再加上语义的不可解性,诗有言外之意,你表达不了全部,其中还有主观的领会,你的和别人的可能就不一样。有一次我和一位朋友聊,说读诗要用心领会。幼儿园的娃娃都会读"床前明月光,疑是地上霜。举头望明月,低头思故乡",写的什么季节?秋季。因为屋子外面有霜,他才把屋里地上的月光和霜联系起来,而当他"疑是地上霜"的时候,已经知道不是霜了,这个联想是季节带给他的,我想当他热得赤着膊、扇着扇子的时候是不会联想到霜的。李白是站着、坐着，还是躺在床上的？他在屋子什么地方？我觉得是站在窗边。古代的窗子很小，在窗边举头可以望见明月，往里走两步就只能举头望屋顶了。干嘛举头望明月，低头思故乡啊？月是故乡明。每个月都有圆月，干嘛非在秋天想啊？中秋一过，绵绵秋雨就要下来了，寒风阵阵，天哪！这一年又要过去了，妻儿如何啊？父母怎样啊？思念！这是一。天冷了，围个小火炉，烧着米酒读着书，老婆在一边缝着衣服，这是最惬意的。可是我还漂流在外呢！古代的读书人最怕听到洗衣女在河边用棒槌洗衣服的声音，砧声让他联想很多很多，所以秋天最容易思乡。尽管我这样简要地解释了，但李白当时全部的心境，仍然不得而知。如果有相似的环境，有相似的文化涵养，有对父母、对爱人、对所有亲人的强烈思念，我相信有人在吟咏这首诗时是要流泪的，这一切都是训诂学要解决的。训诂学就是要沟通古今，经过了训诂学的熏陶和训练，就会养成这种不由自主的思维习惯。

哲学诠释学把前人的见解、权威见解和传统解释作为诠释的必要条件，强调要先理解作者的思想，然后用来解释难懂的地方，从思想上、心理上、时间上"设身处地"地体验作者的原意。哲学诠释学其实就是不自觉地向传统训诂学靠拢，可惜其泰斗——过去和当今的——不懂汉语的训诂学，否则他们是可以从东方汲取智慧的。有位著名诠释学家说，在阅读古书的时候，应该把古书看成有生命的，我们就是在延续它的生命。这个"生命"我体会有两个含义：其一，它是活生生的人类历史的记录，是鲜活的，即使它是纯写景的，它也包含着没有出现的人，实际是人的问题。苏轼的诗"横看成岭侧成峰，远近高低各不同。不识庐山真面目，只缘身在此山中"，大家都很熟悉，写得好啊！没写人吧？但他是在写一个人的感慨，就是苏轼自己。我看这首诗的前两句平平，所有山区都是"横看成岭侧成峰，远近高低各不同"，除非孤零零一个山头。这首诗好在后两句，这是禅诗。你的本性被尘世间的各种欲望遮蔽了，不认识自己了，也认识不了事情的真相了，原因就在于身处凡尘滚滚的山中。诗里隐含了几个人呢？是1＋N。"不识庐山真面目，只缘身在此山中"，是指所有到庐山的人，也可以说是所有的世人，那个"1"是位头脑清醒的人，就是苏轼。他说出来"不识庐山真面目，只缘身在此山中"，就已经明白真面目了。我们读这首诗，就要想到这里面有一群活生生的生命。同时还看到一个参透了人生和宇宙的诗人,只有他能够写出这首诗来。读到这个份上,才算是读懂了。这就是哲学的诠释学的长处,也是我们传统训诂学的长处。哲学诠释学和传统训诂学的差异在哪儿?

诠释学的大师之一伽达默尔说:

> 任何传承物在每一新的时代,都面临新的问题和具有新的意义,因此我们必须重新理解,重新加以解释。传承物始终是通过不断更新的意义表现自己,这种意义就是对新问题的新回答,而新问题之所以产生,是因为在历史的过程中新的视域融合形成,而我们的解释从属于这一视域融合。

他的意思是每一代人对于前人的解释都是创造性的,都有新的内容,因为有人的主观性在,有新的语言环境,有新的观察事物的方法和水平。诠释学的核心问题是语义。当代诠释学家利科尔说:

> 解释是思想的工作,它在于于明显的意义里解读隐蔽的意义,在于展开暗含在文字意义中的意义层次。

概括地说就是,诠释学公开地、鲜明地提出"假注以述义"的宗旨,而训诂学则秉承孔夫子"述而不作"的精神,标榜的是只着眼于文献文本的书面。待到后世,尤其是"正义"之学,"疏不破注"已登峰造极,及至清代更达其巅。实则每一代注家无不利用作注阐述己见,即使唐代孔颖达等人,也并非老老实实地做十足的转述家。换言之,哲学诠释学和传统训诂学骨子里是相通的,虽然"宣言"有异,一个偏重于哲理,一个偏重于历史叙事,现在的我们则应主动地、自觉地沟通二者。

(二)训诂学吸收诠释学的营养。诠释学的一些主张,应该为训诂学所借鉴。第一是注释的多元化。同一部典籍应该允许有多种不同的解释;第二是超越原典作者。今天我们解释《诗经》《尚书》,实际上应该超越它。传统的文艺理论有"形象大于思维""思维大于形象"的提法,形象是作家塑造的,越是塑造得鲜活,它所蕴涵的意义就越是能够超越作者最初的设想,即"形象大于思维"。"思维大于形象"是说读者在读这本书、看这部电影的时候,对于书中形象的联想、评判又超越了书中、屏幕上的形象。我想，也可以用这个道理说明超越原典的意思。"静女其姝，俟我于城隅。爱而不见，搔首踟蹰"，本来就是一首情歌，表现了现实的情景，传唱了。而后人从中还读到了现代所缺乏的古朴纯真，这就超越了原典作者和编者(孔子)。同时，要体验原语境、思想、感情、言外之意，这个时候除了形象思维，还应该适当地思辨，特别是涉及伦理、道德、价值这些东西的时候，要有思辨。这种思辨不是空想，不是西方思维的纯逻辑推理，而是根据大量的材料和自己的感受进行的综合分析。第三要分开来看待前人的见解、权威的见解、传统的解释。前人的见解即张三李四怎么看的，权威的见解有两个要素：第一是合理的、被认可的。合理的不一定是被认可的，被认可的不一定是合理的。比如说"望洋兴叹"的"望洋"是一个联绵词，因为在《庄子》里是以"望"字开头，于是汉语里就有了"望楼兴叹""望球兴叹""望票兴叹"，什么意思中国人全明白，被认可了。但是它不合理。第二是政权的力量。这两个要素常常是结合的。朱熹的《四书集注》被元、明、清定为科考课本，就是权威的。权威性解释也不一定始终是合理的，但政权力量在后，难以挑战传统的解释，就是人云亦云、代代相传的解释，传统解释不一定是权威的解释。

五、训诂学的工具、范围、目的与目标

这里的工具一词也是借自哲学术语，不是刀叉、计算机、投影仪，指的是进行这个工作的一些辅助手段和方法，包括文字、语言以及历史、文学、艺术、哲学(主要是吸取方法论、认识论)、人类学(含民族学)……的方法论、认识论。

它的范围就是一切传统文化文本。

它的目的是给出足以启迪当世与后世人们的解释(不限于语言文字)。

它的目标是什么？不是为了复古，古是复不了的，所以目标应该是理解当世，创造未来。要理解当世就要了解古代，了解古代文化的底层、文本蕴涵的精神，这是文化中最稳定、起决定性作用的，在这个基础上创造未来。狄尔泰说过："人是诠释学的动物。"的确，年轻的爸爸妈妈天天都在给宝宝的诠释，我们人与人之间谈话也是在诠释。"人依赖对过去

遗产的诠释和过去遗留给他的公共世界的诠释来理解他自己"，用老子的话说，自知者明啊。狄尔泰还说："精神总是以愈来愈高的阶段重新发现自身。"我们今天对中华民族精神的认识，已经超过了宋明理学家和汉唐古文学家，因为知识不一样了，科学不一样了，眼光不一样了，我们是拿四大文明、九大文明、二十几大文明来对照的，知道并且正视自身的缺陷了，发现别的文明里有我们没有的，我们就要学，这些都属于诠释学的内容，所以我说搞训诂的，应该了解西方诠释学的状况、观点和前沿动态。我这里不是系统讲授训诂学的具体知识，但是学训诂学就要了解它的范围、目的和最终的目标。训诂学不仅仅给你知识，也教给你方法，给你境界。

六、现状与展望

简单地说，训诂学的现状：

第一，名物训诂与义理训诂分解了。我在给汪少华教授的著作《训诂十四讲》写的序里说，名物的考据重要不重要？重要。应该有一批专家终身从事这个领域的研究。但是，如果搞训诂学的人全部搞这个，不顾义理，就背离了训诂学的传统。也应该有一批人兼顾名物和义理，以名物训诂为基础，再去探讨义理训诂。即使我们不做，也要有一批史学家、哲学家，掌握了训诂，再去研究义理。

第二，训诂与经学远离。按说搞训诂学，就应该读经，即使不能读完《十三经》，也应该通读其中几部和其他经的若干篇章，而且要动手解释，要实践。解经不仅仅是一字一句的问题，更重要的是在于经典的思想和灵魂，现在距离这一起码条件还很远。

第三，训诂与文化脱节。这点也不用多说。请看当前古代题材的电视剧，起居坐卧、举手投足、说话，难得不出错，实在不忍心看下去。搞文化的人，在大学读新闻系、中文系、历史系的时候没有学过训诂，没认真读过古书，因此主要凭误解了的古书去演义和想象。这样下去，我们这个时代恐怕难有可以留给子孙的东西了。

第四，希望所在：培养复合人才。即受过训诂学的训练，能独立运用科学的方法解读典籍的史学家、民俗学家、文学家、哲学家等等；而专门从事训诂研究的人也兼通其他学科。我为什么主张各个大学都应该开设训诂学呢？就是要培养复合型人才。训诂学不仅仅是知识，更重要的是工具和方法。

第五，摆脱西方思维方法和学科分类。西方思维方法是二元对立的，我们是一分为二、合二为一的，只有一分为二没有合二为一，就只有两端，没有中间，没有过渡，只有对立、斗争、分裂，没有妥协、存异、和谐。《老子》说："道生一，一生二，二生三，三生万物。"一生二就是二分，是由混沌的"一"中生成的"二"，二再生三，客观事物的那个"二"是少数，有"三"才有万物，才是多数。用在学术上，就是不要把学科分得太细，细了可能专，但你就不博了，路子就窄了，而且做不到兼收并蓄，到一定程度就深入不下去了。另外，我们的学科目录，几乎全是学的西方。西方没有文化学，我们也没有，现在国学热乎乎的，很多学生要考国学，不行，谁授予你学位啊！我们为什么不能设国学门呢？清华大学研究院，陈寅恪、梁启超他们做导师的时候，就有个国学门，国学是一个门类。可是看看西方国家，没有！看看苏联，也没有，于是我们也没有。这种情况能不能改变呢？

展望未来，要恢复、弘扬训诂的汉唐传统；《五经》仍然是训诂重点，但绝不能限于经书；要有宏观的视野胸怀；改革人才培养的模式；去掉殖民地心态和自卑。后两点我说明一下，应该采用讨论式，不要以为讨论式教学是西方的专利，我们古代的书院从来都是讨论式的，有案可稽。你看看《朱子语类》，朱熹经常和学生讨论问题。书院定期或不定期，由教授讲自己的见解，但对学生们的见解并不评定是非。古代很多大学问家、重臣，就出自书院。培养模式要多样，大课是必要的，同学们讨论也是必要的，同学老师一块儿聊天，喝点儿啤酒是必要的。所谓去掉殖民地心态和自卑，首先是堂堂正正地宣称训诂学是语文学，是极有用的工具课，认为训诂学没有理论，应该"现代化"，搞这论那论，大可不必。这个问题不解决，训诂学振兴不了，传统文化的研究繁荣不了，持久不了。外国的东西，一定得吸取，有一点好处就拿来。但是思考、研究的方法，一定要走我们自己的路子，因为我们面对的是中国的语言、中国的语境、中国古代的语境。有了这样宏观的视野和胸怀，才能去掉殖民地心态和自卑。

第八讲

关于儒学若干问题的辨识

中华文化的主干是儒家思想，中华文化之所以能绵延数千载，与此有着极其密切的关系。当前，要客观地评价中华传统文化，必须澄清长期以来认为儒家(儒家思想或儒家学说)"保守""反对新事物""反对开放""重义轻利"等误解。

一、关于儒家是否保守的问题

我们先来看事实。作为儒家学说的创始人，孔子一生履行着"有教无类"的教育平等原则。这在当时是极其进步的主张，是对以往只有王室贵胄和贵族子弟才有资格接受教育的颠覆。他亲自开办私学，让所有能够交上几根干肉("束脩")的人都能到他那里学习。有人因此批评孔子没有举办免费教育，眼里只有有钱人。我认为，这种批评是不公平的。要知道，孔子当时办的是"成人教育"，从《史记·孔子世家》和《仲尼弟子列传》看，到他那里读书的人，年龄最小也要十五岁以上。如果能够交出"束脩"，就说明他生活基本上过得去，可以专心学习，"孺子"才"可教"。

孔子的学生里有一位著名的大儒叫子贡，是个商人，经营有道，家累千金。孔子说子贡"货殖焉，亿则屡中"。《论语》里记录了子贡不少言谈，用孔子的思想衡量，他的确造诣很高。他先后当过鲁、卫的相，多次出使其他诸侯国，受到诸侯们的尊重。孔子评论子贡是"瑚琏"之器，也就是宗庙里主要的祭祀之器，意思是治理国家的干才。据此，不能说孔子排斥经商，反而能说明孔子主张"君子爱财，取之有道"。所以，孔子说："富而可求也，虽执鞭之士，吾亦为之。如不可求，从吾所好。"

在传统的农耕社会，粮食等农作物是社会第一需求，当商业活动以及由商业带动起来的手工业威胁了农业生产时，统治者就要抑末(商)兴本(农)，贬斥其为"淫巧"。在整个帝王时代，社会一直在平衡农—商—工这三者的关系。后来，这被认为是儒家阻碍工商业的发展，其实是一种误会。

实际上，儒家不但不守旧，相反，是讲究与时俱进的。儒家学说自身两千多年来的演变与发展，对佛、道的包容并从中吸取营养，以至到宋代完成了中国哲学体系的建构、完善，达到了当时世界的哲学最高峰。此时发生了儒家内部的义利、王霸之争，兴起了"义利双收"的理念。儒家这条逐步改进发展的道路可以简约如下：孔子—孟子—荀子—董仲舒—汉儒（马融、郑玄等）—唐儒（孔颖达、颜师古、韩愈等）—宋儒（张载、周敦颐、二程、朱熹等）—明儒（王阳明、王夫之等）。可以说，儒学在每个时代都有自己的特色和成就，都明确显示了儒学结合时代特征进行创新的态势。

二、关于儒学能否引领中国走向现代化的问题

过去，对儒学的批判中有一个问题需要说明，这就是按照儒学内在元素，包括它的发展动力（学者的思考、研究、争辩），是否能引领中国走向工业化、现代化的问题。对此，有一种观点认为，这是绝对不可能的，因此必须由欧洲人用坚舰利炮给我们送来，即所谓"西学东渐"。我认为，说从儒学或扩而言之，从中华文化中生长不出工业化、现代化，这是一个没有经过认真论证就做出的主观结论。

从历史上看，中国的手工业到了明代已经相当发达，虽没有以蒸汽机为动力的机器，但工具的进步已经达到农耕时代最先进的水平（有的至今还不能用现代机器代替）；民间金融开始出现；南北航运快捷方便。理论建树上，出现了直接继承宋代以后儒学的一支"永嘉学派"为代表的"义利双行"学说，并有了发展，主张"利生""事功"，所谓"功到成处，便是有德；事到济处，便是有理"。当然，要纠正当今人们在这一点上对儒学根深蒂固的误解，还需要作深入的研究。但是，我坚信：世界上不同民族在不同时期进步的速度是有差异的，并不都是线性发展的；凭着中国人的智慧，凭着儒学的博大兼容，中华民族不可能必须等着欧洲人给我们带来现代机器和商业。而且，如果中国从自身文化的元素中生长出现代化、工业化，一定不会和西方的现代化、工业化完全一样，一定有自己的特色，即和谐、稳定、温和、人性。近两三百年间，中国落后挨打，不是因为中华文化的宿命，而在于制度的腐败和由此造成的封闭，中华文化发展的内动力渐渐趋于枯竭，又没有了与异质文化冲撞的外动力。

概括地说，作为中华文化的主干，儒家思想（儒家学说）在伦理方面主张仁、义、礼、智、信；在世界观方面则认为"天人合一"，即人与客观是一个整体，人又是万物中最有灵性、最宝贵的成员。为达到上述理想的

境界,就要求人们格物—致知—正心—诚意,要"慎独";处理个人和群体("他者")的关系时,主张修身—齐家—治国—平天下。如何"平天下"呢?用"王道"。"王道",简言之,就是以先进的文化和高尚的道德来吸引、感化他人、他国,善待他人、他国。虽然那时所谓的"国",还只是诸侯国,但是诸侯国间的关系和现在的国际关系实质上是一样的。从古代到现代,中国人心目中的"天下"逐渐扩大了,所以应该也适用于今天的国际关系。这就是孔子所说的"远人不服,则修文德以来之"。

到了宋儒那里,他们运用"天人合一"的哲学,格物、致知的认识事物的方法(功夫),体验到宇宙间在感性上觉得毫无关系的事物间,其实都有着密切的关系。从中可见,古代贤哲真了不起,宋儒真了不起,他们所揭示的道理,在当时和以后很长时间里能够理解的人很少,现在技术发达了,信息传输、交通往来越来越便捷了,人们才日益广泛地认识了这个道理,但是一般人的认识基本上还停留在物质和环境范围内。顺便说一下,汉语中的"同胞"一词,原意是一母所生的兄弟姐妹,但是近代扩展为指同一国的所有人(主要是中国有此观念)。这是因为在我们看来,中国人都是同一父母即同一天地所生,犹如都是同一个母亲的衣胞所育,彼此应该视同骨肉手足,谁也离不开谁。这种思维恐怕来源于对事物生长过程的细密观察,《周易·说卦传》上就说过:"乾,天也,故称乎父;坤,地也,故称乎母。"把大地称为母亲,许多民族都是如此,但是把天下之人当作同胞,唯有中国。宋儒不过是把这种感性与理性的认识哲学化了而已。

应该注意的是,这反映了一个道理:儒家学说实际是概括了中华大地上人们的生活经验和从对伦理道德到对宇宙的认识,也反映了儒家博大的胸怀。虽然以个人修身为起点,但是放至极致,可以大到整个宇宙。因此,"远人不服,则修文德以来之"不是广告词,而是基于体验和思辨得出的信念。

三、关于儒家对利和义、法和德关系的认识

先从历史上看。在《二十四史》中有 14 部"史"都列有有关商业流通的专传和论述。例如《史记》有《平准书》、《汉书》有《食货志》等。在这些

"书""志"中叙述了古代与其当时农业等生产和货币间的均衡、失衡关系以及朝廷所采取的措施。因为正如司马迁所说,"农工商交易之路通,而龟贝金钱刀布之币兴焉",因而必须高度重视。汉代还在朝廷的主持下为盐、铁是专卖还是由民间经营进行过一场大辩论,其成果就是著名的、历代不断征引的《盐铁论》。此后,历代(主要是时间较长的朝代)朝野就"利"和"义"(实际上也是"王"与"霸")的辩论时时出现。尤可称道的,是宋代儒学中出现了浙东的"永嘉学派"。"永嘉学派"的重要人物陈亮就是主张事功,即注意经济的,认为:商借农而立,农赖商而行;求以相补而非求以相病。他曾经和朱熹就义利、王霸问题往复辩论,长达十一年。其后,"永嘉学派"的代表人物叶适一脉,主张:"四民交致其用而后治化兴,抑末厚本,非正论也。使其果出于厚本而抑末,虽偏,尚有义;若后世但夺之以自利,则何名为抑?"他们甚至明确提出:"士农工商皆百姓之本业"。概而言之,他们根据已经发展了的农业生产力(生产工具、方式和效率)以及手工业、商业的发达,提出了四业平等的思想。显然,在这思想中蕴含着"义利并举"的理念。这是儒家学说与时俱进的又一例证。

值得注意的是,"永嘉学派"在当时的影响就很大,更重要的是对后世的影响十分长远。从与其邻近时代说,启发了元、明学者,以至后来形成了中国自己的"启蒙"思潮;从离其较远时代说,当代浙江,特别是浙东的商业、手工业异常发达,而且从业者讲究诚信,不能不说有其民风的根源,而这种不轻农而重工商的民风,是"永嘉学派"的思想深入人心的结果。由此可见,儒学并非少数学者的事,只要结合时代认真研究并且进行普及,对于一个地区乃至一个国家的经济和社会的建设、发展,会起到一般人意想不到的效应。

儒家内部讨论、争辩的问题归结起来,核心就是利与义、法与德、竞争与共赢、主仆与兄弟等几对矛盾。前两条,是思想理论上的;后两条,是实践上的。

义与利是所有问题的核心。"义",古人解释为"宜也",亦即为社会、为他人做与自己的身份、力量适合的事。社会从来是有层级的,人分男女老幼,身有高低强弱,所受教养各自不同,只要尽了自己的心力,尽职尽责,就谓之"义";违背了或达不到这一点,就谓之"不义"。"利"并不是坏东西,关键是"取之有道""用之得法"。合乎此即为"义";无道、不得法，即为"不义"。义利之辩，自古就有。例如《孟子》所说的"王何必曰利？亦有仁义而已矣。"这常被从正反两面用来证明儒家不赞成求利。其实，孟子并不排斥利，他这段话是针对梁惠王和他一见面就问"叟不远千里而来，亦将有以利于吾国乎"，而不讲他作为国君应该尽的职责而说的。孟子的回答用了一个"亦"字，就是提醒对方：除了利，还有一个义呢。

　　与此相关的是法与德的关系问题。人类既构成了社会，就不能没有法，特别是社会发展了、人口众多了、事务复杂了，社会没有秩序准绳来制约，就会变得无序，受害的最终是社会上的所有成员。但是，法只能是秩序的底线，触及这底线，不是错误，就是犯罪，社会就要用法进行纠正或处罚。法是他律，是人们被动接受的，在这底线之上还必须有德的约束。德的高度是无限的，在中国文化中，最高的是"圣"，其次是"贤"，再次是"君子"，最后是"小人"。儒家的最高追求是圣，永远达不到，永远追求，如果这样的人多了，社会的道德就会不断提升，犯法的人就少了，社会就安定了。

禅宗——中外文化相融之范例

一、佛教要义

众所周知,佛教出现于公元前 6 世纪的古印度,创始人释迦牟尼(后世佛教信徒尊称为"释尊")乃迦毗罗卫国君主净饭王之子,与孔子基本同时代①。佛教系自印度地区婆罗门教(印度教的前身)脱胎而出者。释迦牟尼贵为王子,然深为人民生活于严格种姓等级制度下之苦难所苦恼,遂思考解脱人生痛苦之法,终不顾家人反对,出家修行。经多年向婆罗门教诸教派请教,始终不能满足其求解脱愿望,乃于伽耶山苦行,亦未得解脱,其后于尼连禅河左近菩提树下沉思冥想,终于悟道。此后数十年中,释迦牟尼不懈说法布道,遂使佛教逐步传播达于今印度各地。释迦牟尼八十岁寂灭,时为公元前 485 年。其弟子伽叶、阿难等人及再传弟子继其遗志,传教不辍。佛教经其自身多次分化,形成多种教派。约公元前 1 世纪,大乘教兴起,不久几乎遍及今印度全境。

佛教在其产生与完善过程中,吸收此前各教派哲学、伦理、文化等成果,经释迦牟尼及其传人之努力,佛教教义渐成一严密系统。综合各主要宗派之说言之,要点为:

(1)人生即苦,种种苦难皆由"业"积成;

(2)业报轮回,生生不已;

(3)脱离人生之苦,超出轮回,即需悟道,"一切众生皆具如来智慧德相,只因妄想执著,不能证得",因此识得自性即得涅槃真如;

(4)"业"与"苦"非仅个人所有,故应慈悲为怀,普度众生,否则苦不离世,个人亦不得解脱。

就其哲学而言,主要观念为:四谛、五蕴、八正道、十二因缘、诸法无我。

四谛:苦谛、集谛(诸苦之因:贪欲)、灭谛(灭苦之源)、道谛(灭欲之道)。

五蕴:人之组成成分。其一,色蕴(地、水、风、火,即组成世界之四大

---

① 关于释迦牟尼的生年,说法不一。我国学者大多以公元前 565 年为其生年,早于孔子 14 年。

元素和四大元素所组成的感觉器官、感觉对象);其二,受蕴(感受);其三,想蕴(抽象思维);其四,行蕴(指导行为之意志);其五,识蕴(控制思想活动之意识)。

八正道:寻求解脱之八种正确方法,即正见、正思、正语、正业、正命(生活方式)、正精进、正念、正定。

十二因缘:构成人生因缘关系之十二个环节,前者为后者之因,后者为前者之果。十二因缘为:无明、行、识、名色、六入(眼、耳、鼻、舌、身、意)、触、受、爱、取、有、生、老死。因缘之说实则否定世界为神所定耳。

诸法无我:万物均无精神实体,然则"我"亦因缘所生,乃无始无终、生生不息长河中之短暂现实,"我"非我,亦无我。

就修行之方法言,主要有:

(1)认真学习佛理;

(2)出家苦行;

(3)体悟自心;

(4)受戒、坐禅、入定。

释尊所说法,其时并无书面记录。寂灭后弟子所追记不一,理解亦有异,此派别之所以多也。若略去漫长复杂历史进程,依后世佛教情况,则注意大乘教与小乘教即可。命之曰大乘与小乘,乃大乘教观点,有贬小乘之意在。"乘"乃比喻,意为车、路,借指通向解脱目标之方法与路径。大乘教与小乘教的主要区别有以下几点。

小乘:

(1)以罗汉果位为最高追求(欲念断灭,从而解脱,不再轮回);

(2)出家苦行(完全摆脱世俗);

(3)自觉(自我解脱);

(4)重伦理与心理,"我"为精神构成,无实在自体。

大乘:

(1)以菩萨果位为最高追求(历经千百次生命,不断修持,为众生渴求佛果);

(2)出家、在家(居士)均可;

(3)自觉(悟道),觉人(以法普度众生);

(4)虔敬玄奥——"空"(真如,无二实性,超越一切对立)。

二、佛教传入中国之过程

佛教自汉末传入中国，经历代高僧大德艰苦译经、传教，逐步流传，日见普及。

为译佛经为汉语，中、印诸多僧人付出心血，甚或献身。如北朝中天竺昙无谶（意译法护）为译经而习汉语三年，以其时流传之《涅槃经》非为足本，还国更觅，前后八载始成；高昌僧道普求经途中受伤而亡。此类事不鲜。史谓佛经四大翻译家为：鸠摩罗什（344—413）、真谛（499—569）、玄奘（602—664）、义净（635—713），或以不空（705—774）列于其中。

汉至三国，乃迄南北朝，佛教传播需依灵异，中原人士便常以灵异术数视之。一则中华大地之于外来宗教，常以为灵怪；二则中华文化久以儒家文化为根蒂，佛教教义与传统信仰相抵牾，难以接受，佛教如不以灵怪引人注目则难以推而广之。

佛教讲究灵异、众生或以灵异视之之风至南北朝犹然，以至影响民间至今尚或以高僧大德皆有特异。此类情景于《景德传灯录》《祖统记》《高僧传》《续高僧传》等中屡见不鲜。例如，《祖统记》载北魏竺道生"主一阐提①皆得成佛"之说，受疑于当时，竟遭摈除教外，道生遂入虎丘，聚石为徒，讲《涅槃经》，云："如我所说，契心否？"群石皆为点头。至今，"点头石"仍为该地之著名景点，信以为真者大有。

传播佛教者复因中国众生于佛教经文、经义隔膜甚大，遂以中土人士所熟悉之《老子》《庄子》乃至《易经》之意义理解之，时谓之"格义"。嗣后，经中土高僧大德努力，正确把握众经要旨者渐渐增多。复以事佛者多有中华文化及儒学根底或受其影响者，故其间渐有与儒、道结合之思维。

佛教教义与中华文化不能相合者有如下几点：一为中华文化为积极参与世事；佛教主要为超越世事（不可简单谓之"出世"）。二为中华文化看重继承与家庭伦理，以孝、悌、信、义为做人准则；佛教需出家，断六根，弃父母妻子，于彼视为业根者，于此为最难割舍。三为中华文化形成于

---

① 指善根已断绝之人。

农耕时代,与之相应,需严格自家庭至社会之等级制度,始得以维系社会与家庭之稳定;佛教鉴于婆罗门教强调种姓阶级,内乱不断,百姓涂炭,故提倡人人平等、无君无臣以抗衡。佛教入华后发生数次儒、佛激烈争论,其核心问题即二者相悖处也①。

迨乎隋唐,印度佛教各宗各派之经典已悉数译为汉文,中国及印度僧人钻研佛典,精义毕现,多有阐发。换言之,中华知识界已较透彻了解佛教教义,一者发现其中有与中华文化相近处,二者发现个中有中华文化所缺而应从中吸取补足处。例如,唐代文人中,固有如韩愈力排佛者(其与佛教徒亦有往还),然亦有如王维、孟浩然、韦应物、柳宗元、李翱、白居易等著名文士倾心学佛,不仅与僧人过往甚密,且时有涵蕴佛理之作,以禅入诗。即如王维,取字摩诘,与名合一则为"维摩诘",乃古印度在家修行之著名居士之名。又如白居易,诗中寓禅者不计,仅题咏佛寺及因佛法而感赋之诗即达百首。高僧中复不乏精于儒道、善为诗文者,所谓以诗述禅也。今信手拈数诗为例。王维著名诗篇《辛夷坞》:"木末芙蓉花,山中发红萼。涧户寂无人,纷纷开且落。"景中蕴涵物我两忘、绝对自在禅意。又如白居易既有《读老子》《读庄子》,亦有《读禅经》,其诗曰:"须知诸相皆非相,若住无余却有余。言下忘言一时了,梦中说梦两重虚。空花岂得兼求果,阳焰如何更觅鱼。摄动是禅禅是动,不禅不动即如如。"唐代著名高僧寒山诗曰:"欲得安身处,寒山可长保。微风吹幽松,近听声逾好。下有斑白人,喃喃读黄老。十年归不得,忘却来时道。"诗中未用禅语,而全诗意境皆禅(佛家亦"喃喃读黄老",释、道相融之证也)。如深究此时之文化现象,则可知佛教已逐步吸收儒家学说中伦理道德、重视现世等内容,以及道家之玄思、崇尚自然等思想,道家之"贵无"与"重玄"亦与佛教之"空"论相互影响。儒学已吸收佛教形而上之思辨,于现实社会信仰之外,增加对生死、形神、心性及宇宙本体之探究。此于日后儒学之改革发展甚有启发。此一阶段实已为佛教与中华文化之完全融合准备充足理论及思想条件,所谓万事俱备只欠东风矣。

至唐,于中土主要有八宗流行。

---

① 参见范缜:《神灭论》。

　　三论宗（八不中道，真俗二谛）

　　天台宗（空、假、中三谛圆融，观心）

　　华严宗（法界缘起，事事事理无碍）

　　法相宗（唯识宗，唯识为中）

　　律宗

　　净土宗

　　禅宗

　　密宗（菩提心为因、悲为根本、方便为究竟，"三密"）

此八宗，乃以所宗经典不同、强调佛旨之重点有异及修道方法各具特色
而别。各宗皆有高僧大德布法释经，佛教之不断变革前进，为历代学者
精深研究之结果。

　　此八宗均有与中华文化相互熔融之努力，尤以三论宗、天台宗与禅
宗为最。如，南北朝清谈成为时尚，佛家遂以《老子》《庄子》所倡之"道"
"无"等概念释典（时谓之"格义"）。即如竺道生尝言："至像无形，至音无
声，希微绝朕思之境，岂有形言者哉！"①其于《老子》所谓"大音希声，大
象无形"②何其相似乃尔。再者，唯其佛理中有与儒、道学说近似者，故
二者能相接相融；唯其有与儒、道学说异者，故能相补相辅。如，儒学号
为"中庸"，即遇事应遵循事物规律，不取极端，所谓"过犹不及"是也；而
佛教之"中论"大意亦如是，其所谓"八不"（"不生亦不灭，不常亦不断，不
一亦不异，不来亦不出"），岂非中庸之道？道家崇尚自然，此与佛教之
"不住"含义潜通。又如佛教谓"人人皆有佛性"，儒家言"人人皆可以为
舜尧"，二者所异者，仅佛教重在追求个人心灵升华解脱，儒家重在社会
伦理而已。

　　诸宗中获最终成功者，唯禅宗。至唐末以迄宋代，他宗或泯灭不闻，
或存而不振，唯禅宗数百年繁盛，影响弥广。自11世纪起，中亚、中东民
族不断入侵印度河流域，13世纪初，德里苏丹国建立，完全占领印度广
大地域，佛教彻底衰微；待中世纪商羯罗改革婆罗门教，该教逐渐复兴，

----

①　《妙法莲华经疏》。

②　《老子》，第四十一章。

佛教则依然未能恢复元气。然佛教在中国却获新生,且远播韩、日、越诸国,此主要为禅宗之功也。是以学界谓印度所传为原始佛教,以别于中土所形成之禅宗等流派。

"禅"为梵语"禅那"之简称,意为冥思静虑,以得智慧,乃释尊修行之一法,固非中国所始有。然以禅"学"来华,继而成其为"宗",至唐构成近似禅"教",则为中国所独有。自禅宗兴,佛教遂逐渐影响城乡妇孺,千年不衰,影响中华固有文化至巨。是以考察禅宗发生、发展、兴旺、衰落过程及其所以然,实为研究中国历史之所必需,亦即为认识自己国家、民族特性之必需。

禅之传入中国,始则小乘禅。译经则以安世高(安息国太子)在华译《安般守意经》等小乘禅经典为重要标志。南北朝时印度高僧鸠摩罗什来华所译所宣,乃大乘禅(《妙法莲华经》《大智度论》《中论》《十二门论》《百论》《维摩诘经》和大小品《般若经》等)。继其说者,竺道生等。《高僧传》等文献载道生"乃立善不受报,顿悟成佛"之说,东晋著名文学家谢灵运赞同之。与其同时之慧观、昙无成则主渐悟。此时顿、渐之别,实为后世禅宗南、北分野之先驱。自此,教中之禅法,势将成一具有特色之宗派,所仅缺者,为大师之出现及系统理论之形成耳,亦即我所谓"东风"耳。

唐之国力空前强大,非止农业,其手工业、农业社会之科学技术,均达到中国传统时代之顶峰。复以其承继南北朝及隋之业,兼之皇朝李姓与西北民族之血缘关系,朝廷开放意识浓厚;气度宏大,凡中原未有而有益于我者悉接纳吸收之。故完成佛教与中原文化融合之任务,必由有唐一代承担之。

三、佛教与中华文化之相融

如前所述,自汉至南北朝,可谓佛教引入及消化阶段;隋唐为融会贯通并使之本土化阶段。其时各宗各派均为在中国普及而努力不懈,其融会贯通之集中体现,即为禅宗之形成。

人类历史上一种民族文化与异质文化接触之方式,不外乎军事侵占与和平对话(商贸与移民为其要者)二途。前者双方牺牲既大,且受侵害一方必然反弹，反复斗争，贻害后世者无穷，其例不胜枚举；后者则为双方自愿，虽难免亦有摩擦，然终风平浪静，彼此影响亦易至深。何以故？盖不同文化相接，均不脱三阶段：一引进，二消化，三变为己物。其间双方之彼此抗拒亦属常态，固需长期安定、和平相处也，而固有文化即在此漫长行程中壮大，获得新鲜活力。

佛教之传来中华，及日后之入韩、入日、入越，均以和平方式。观佛教两千五百余年历史，其间可谓巨变者二：一为大乘、小乘之分，此乃于印度本土完成者；二为禅宗顿悟说之为宗，成为佛教之主流，此乃中国事也。此二变若非和平进行，则难以完成（此亦佛教教旨所决定）。

"顿悟"本为佛教本旨所有，禅宗开掘而提倡之，亦历数百年。此即禅宗成为中国佛教主流之过程，佛教文化与中华文化新生之过程，亦佛教与中华文化完全融合之过程。

自竺道生明确提出"顿悟"说后，虽至江南后有南朝帝王赞赏，然道生继其师鸠摩罗什之业，实开天台宗、成实宗之端绪，亦未特殊着力于顿悟学说之开发，其后继者有道猷、法瑗、法宝等，亦未能振其说于当时。顿悟之说久久未能成为主流，原因复杂，盖佛是佛、儒是儒，隋统一中国后北朝学术及宗教被视为非正统等恐为主因，而其时佛教主要为朝廷所提倡，且修行必出家之传统观念未破（实则原始佛教并未要求信奉修道者必出家，维摩诘即其明证）。要言之，佛教与儒学尚未深入融合，故而未为社会大众所倾心接受。

顿悟说未能大行，则渐悟说遂畅通于天下。加之唐代多位皇帝极力提倡，几成国教，顿悟说甚或被视为异端，难以公开传道。弘忍弟子神秀学兼内外，五十岁从弘忍学法，被誉为"东山（弘忍所宣被称为"东山法门"）之法，尽在秀矣"。后神秀为武则天所重，不仅诏征入京，且为"两京（长安、洛阳）法主，三帝（武则天、中宗、睿宗）国师"。所弘法，两京以及周边均行北宗之教，盛极一时。

北派主渐修，强调禅定，达摩之"二入四行"为北派所尊。"二入"为"理入"与"行入"。"理入"者，即明理，深信不疑，为此则需细读经典，体味其义。"行入"者，即弃欲践行，共四项：报怨行，遇苦遇难，即念缘起我过往之业，故尔毫无怨艾；随缘行，得失随缘，荣贵亦旧因所致，缘尽即无，不喜不惜；无所求行，无贪无恋，安心无为，所谓"有求皆苦，去求乃乐";称法行,心与法等,性得净圆。

其说以"五方便"为主。"五方便门"为:

第一,总章(彰)佛体(亦名"离念门"),即"一念净心,顿超佛地",引导修行人摄心静观,待"一物不见",即已离念,亦即净心,即已成佛(智者、觉者)。

第二,开智慧门(亦名"不动门"),即闻声而六根不动,开智慧。

第三,显不思议门,与以下二门皆为悟念之深入。不思议,即口不议,心不思,客观世界一切平等。

第四,明诸法正性门,即无心、无意、无识,一切事物无别,得法正性。

第五,了无异门。既已无动念、无思维、无分别,则三法同体。永无染著,是为无碍解脱道。

此"五方便门"需坐禅,皈依应"开戒",即所谓戒禅并举、二者合一。开戒有仪,坐禅需久,即使不能久住佛地,也需一七、二七坐禅。此皆来源于佛教经典,如《楞严经》《华严经》《金刚经》等。

至神秀于长安、洛阳弘法,禅宗可谓正式确立,亦即佛教与中华文化已经相融。

依禅宗南派顿悟说创始者慧能之弟子所定祖系,亦以菩提达摩为始祖,其下为慧可——僧璨——道信——弘忍——慧能。南派顿悟派与北派渐悟派所传述祖系仅孰为六祖有异(北派定为神秀)。姑无论二祖系之是与非,如就顿悟说之形成考之,南派所定确非虚构。即以史乘所载事例证之。

(1)《景德传灯录》第三卷载慧可求道于达摩,"(慧可曰)'诸佛法印,可得闻乎?'师曰:'诸佛法印,匪从人得。'(慧可)曰:'我心未宁,乞师与安。'师曰:'将心来,与汝安。'(慧可)曰:'觅心了不可得。'师曰:'我与汝安心竟。'"

(2)又:"有一居士,年逾四十,不言姓氏,聿来设礼,而问祖(慧可)曰:'弟子身缠风恙,请和尚忏罪。'祖曰:'将罪来,与汝忏。'士良久曰:'觅罪不可得。'祖曰:'我与汝忏罪竟。宜依佛法僧住。'士曰:'今见和尚已知是僧。未审何名佛法?'祖曰:'是心是佛,是心是法。法佛无二,僧宝亦然。'士曰:'今日始知罪性不在内,不在外,不在中间。如其心然,佛法无二也。'祖深器之,即为剃发,云:'是吾宝也。宜名僧璨。'"

　　（3）又："至隋开皇十二年壬子岁，有沙弥道信，年始十四，来礼祖曰：'愿和尚慈悲，乞与解脱法门。'祖曰：'谁缚汝？'曰：'无人缚。'祖曰：'何更求解脱乎？'信于是言下大悟。"

　　（4）又："（道信）一日往黄梅县，路逢一小儿，骨相奇秀，异乎常童。祖问曰：'子何姓？'答曰：'姓即有，不是常姓。'祖曰：'是何姓？'答曰：'是佛性。'祖曰：'汝无姓耶。'答曰：'性空，故无。'祖默识其法器，即俾侍者至其母所，乞令出家。母以宿缘故，殊无难色，遂舍为弟子，名曰弘忍。"

　　（5）据《坛经》载，慧能谒弘忍，入碓坊，服劳于杵臼之间，八月有余。弘忍集弟子，命各作一偈。其时弟子神秀为上座，学通内外，为众所仰，乃于廊壁书偈云："身是菩提树，心如明镜台。时时勤拂拭，莫使惹（一作"有"）尘埃。"弘忍谓其"只到门前，尚未得入"。慧能闻之，知其未见本性，至夜，请人于壁上书一偈云："菩提本无树，明镜亦非台。本来无一物（一作"佛性常清净"），何处有（一作"惹"）尘埃？"弘忍知之，遂夜至碓坊，密授慧能《金刚经》、顿悟之法及法衣，命其速去以避害。慧能遂南返。

　　此数则，多有后人附会者，然恐难俱伪。观其义理，一以贯于其间者，"不立文字""一切法皆是法""见性成佛""无念为宗"等佛家教义耳。而此等教义，概非起自弘忍，更非慧能独造，实存在于释迦牟尼所传法之中，且为前代诸宗所尝宣布者。试逐项言之。

　　"不立文字"者，源出关于释迦牟尼寂灭时情景之传说。《五灯会元》及《无门关》（禅宗公案书）等文献云，世尊于灵山会上拈花示众，是时众皆默然，唯迦叶尊者破颜微笑。世尊云：吾有正法眼藏，涅槃妙心，实相无相，微妙法门，不立文字，教外别传，付嘱摩诃迦叶。此其意指性全在自悟，若修行未到一定境界，则语言文字亦不能启之；设若双方达到同一层次，则尤不需语言文字，亦非语言文字所能表达，心心相印方可沟通。至竺道生，亦谓："象以尽意，得意则象忘；言以诠理，入理则言息。"[①]则是以语言文字为"理入"之工具，至若领悟真谛，则非语言文字所能为。

　　"一切法皆是法"。此为《金刚经》语，意谓法非在虚无缥缈中，而在现实生活；万事万物皆是法，人应于日常饮食起居、劳作言谈中除却迷妄，成就佛道；人亦在万法中，故人人皆有佛性，人人皆可成佛。

---

　　① 《高僧传》卷7《义解》四。

　　"见性成佛"。"性"者"自性","自性"本自清净,本来空寂,亦即是佛。然众生为世间诸色所迷,不能见性。修行体悟,即可达到"识自心,见自性"。所谓"心",人体与出自本能之意识相当,潜意识应亦在其中。"心"与"性"相近,依佛家说,"本心"是"本性"所有之"本觉性"①。

　　"无相为体,无住为本,无念为宗"。"无相为体":世间万物皆有相,众生观相即著相,著相即迷障,失却自性;"无相"即无著于相,无著于相则见本性清净。"无住为本":世人思绪总为绵绵不断,通常坐禅则心定,心定则执著;"无住"则于日常坐卧动静念念不住中见得本性。"无念为宗":人人皆念念不住,亦随外境而起,亦随外境流转,贪嗔由此而起,是为妄念;如念念不受外境影响,则念念解脱自在。

　　若谓"见性成佛"为顿悟说之总纲,则"三无"可谓是途径与方法。

　　"三无"之法来源于佛教之"三学":戒、定、慧。戒者,行为之约束;定者,心专注于一,通常以坐禅方式入定;慧者,悟也,既戒矣、定矣,由定而得悟。南宗既谓人人可自悟,故不强调三者之别,谓"定、慧等"。所谓"无念",即"见一切法,不著一切法;遍一切处,不著一切处。常净自性"②。此言生活如常,无须坐禅入定,能不执著即得慧。

　　今以《坛经》所载慧能之说法以明上述诸点。

> 《般若品》第二
> 一切处所,一切时中,念念不愚,常行智慧,即是般若行。
> ……
> 佛法在世间,不离世间觉。离世觅菩提,恰如求兔角。
> ……
> 不悟,即佛是众生;一念悟时,众生是佛。
>
> 《决疑品》第三
> 自性迷,即是众生;自性觉,即是佛。
> ……

---

① 参见印顺:《中国禅宗史》,江西人民出版社1999年版,第八章。
② 《坛经》。

若欲修行,在家亦得,不由在寺。

……

心平何劳持戒?行直何用修禅?恩则亲养父母,义则上下相怜……苦口的是良药,逆耳必是忠言。改过必生智慧,护短心内非贤。

《定慧品》第四

一行三昧者,于一切处行、住、坐、卧,常行一直心是也。《净名经》云:"直心是道场,直心是净土。"莫心行谄曲,口但说直,口说一行三昧,不行直心。

《妙行品》第五

何名坐禅?……心念不起,名为坐;内见自性不动,名为禅……何名禅定?外离相为禅,内不乱为定。

《忏悔品》第六

自性起一念恶,灭万劫善因;自性起一念善,得恒沙恶尽,直至无上菩提。

……

拟将修福欲灭罪,后世得福罪还在。但向心中除罪缘,各自性中真忏悔。忽悟大乘真忏悔,除邪行正即无罪。

由以上所述可知,禅宗无论南北,其教义相同。其异仅在修行方式及路径而已。其教义相同之要点为:

(1)人人有诸般苦,皆因为"五蕴"所蔽,所谓"一切众生悉有佛性"①。

(2)如能知一切皆空(万事皆为因缘),破除障蔽,则可解脱。

(3)人人俱有佛性,唯凡人不自知耳。即便善根断绝、行为极恶之人(一阐提)亦不例外。此即民间"放下屠刀,立地成佛"之来源也。

---

① 《大涅槃经》。

(4)如能悟得自性,即所谓证得真如,即可成佛。

二者修行方式与路径之异,简言之,即:一在教人凝心入定,住心看净,起心外照,摄心内证;一在单刀直入,直了见性,顿见佛性。相对于北宗,南宗顿悟之法至简至易:一则无须多年苦苦读经;二则无须久久坐禅;三则既然坐、卧、动、静皆可见性,则无须出家脱离凡俗生活亦可成佛。此既与慧能出身贫苦、不识一字、在家悟道、更知劳苦者欲求解脱必须简易有关,复符合传统时代多数人无识字机会,然仍需精神归宿之现实。寒山大师诗:"千年石上古人踪,万丈岩前一点空。明月照时常皎洁,不劳寻讨问西东。"仰山禅师诗:"滔滔不持戒,兀兀不坐禅。酽茶三两碗,意在镢头边。"两首诗,禅意均甚通俗了然:万法自在,不需外求;戒禅未必能定,坐卧动静亦得智慧。

学界谓禅宗历史可分为酝酿、形成、南北分立、南宗独步及禅门分宗五个阶段。

(1)酝酿期:宽泛言之,可自禅学传入中国计;从严而言,则自达摩来华始。

(2)形成期:应自道信始,至神秀、慧能弘法时止。

(3)南北分立期:起自弘忍入灭、慧能与神秀分别于南、北说法,至慧能弟子神会在滑台(今河南滑县)与北宗辩论,顿悟说得胜(732)。

(4)南宗独步期:应自732年神会取得辩论胜利至9世纪中叶禅宗再分宗止。

(5)禅门分宗期:笼统言之,亦南宗独步期之新阶段。

禅宗之形成,即其分宗之始;禅宗之一统,即南宗兴盛,北宗衰微,亦即南宗再分宗之始。

四、禅宗之一统

慧能自幼失怙失学,虽不识字,但生性聪颖,砍柴赡母,偶闻人诵《金刚经》而有所悟。后投至弘忍门下,弘忍密授慧能《金刚经》义,即密传心法,复授达摩以来所传法衣(继承衣钵之凭证),恐其被他人所害,嘱其速去。慧能遂潜返曹溪,隐居数年,始出弘法。

神秀、慧能相继寂灭,神秀弟子普寂继续弘法于北,而慧能之弟子神会离南北上,弘扬慧能之法。其始,屡遭北宗挤压。732年,神会于滑台办大型法会,与北宗辩论,一举获胜。自此,南宗开始行于北方。

嗣后,神会曾遭北宗诬告而被朝廷贬逐,是时北宗势力犹强。安史之乱(755—763)起,神会以度僧尼筹集军费有功,乱平,朝廷表彰之。796年,即神会去世36年后,唐德宗敕封神会为禅宗七祖。此时北宗已几乎寂然无闻,南宗独步之势形成。南宗祖统逐渐为众所公认,后世甚至称南宗为"顿教"。

南宗顿悟之旨,既为竺道生顿悟说之继承,复为其发展。竺道生倡顿悟之时,渐悟、顿悟之争已盛①。然道生所谓顿悟,实为"渐修顿悟",顿悟所得仅为初悟,此后尚须经若干途径(例如"五方便门"),依次历经若干阶位方能成佛,此乃一切大乘教共同经义。而南宗则更进一步,主张"顿见佛性,渐修因缘,不离是生,而得解脱。譬如母顿生子,与乳,渐渐养育,其子智慧自然增长。顿悟见佛性者,亦复如是,智慧自然渐渐增长"②。道生与神会仅一步之遥矣,此或道生未能成顿悟始祖之故与?

凡学术或思想,如一统而无流派,则必尚不发达;然若门派林立而不能互取他派之长,且渐归一统,亦其停滞之表现。禅宗之兴旺,因就佛教诸宗汲取其要,渐取儒与道之长而成。成宗后又有南北之分,分后不久,复合而为一。就表面言之,似纷然至赜,然确为事物发展之共同规律。

禅宗既已一统,约至9世纪中叶,由慧能之再传与三传弟子先后开创沩仰宗、临济宗、曹洞宗、云门宗、法眼宗,史称"禅门五宗"。今观禅宗语录及僧传,五宗于佛教宗旨并无区别,所不同者为开悟人心与自悟己心手法之异。法眼宗之建立者文益谓:"曹洞则敲唱为用,临济则互换为机,韶阳(即云门宗)则函盖截流,沩仰则方圆默契,如谷应韵,似关合符。"③其手法如临济宗之"三句"("三要印开朱点侧,未容拟议主宾分";"妙解岂容无著问,沤和争负截流机";"看取棚头弄傀儡,抽牵全借里头人"),沩仰宗与曹洞宗之侧面回答或不答反诘,云门宗之以粗鄙代答、答非所问等,均名于世。然应予重视者,五宗均为阐发慧能、神会之旨,于

① 详见汤用彤:《汉魏两晋南北朝佛教史》,北京大学出版社1997年版,第十六章。
② 《神会和尚遗集》。
③ 《宗门十规论·对答不观时节兼无宗眼》。

教义并无发展,是则虽五家纷呈,或有利于宣法,而无益于深化也。此则禅宗势必衰落之征。

禅宗至宋,虽号称秉承六祖之法,然或埋首语录公案,或全凭恶詈棒打、呵斥,鲜有能弘扬发展禅学者。虽名传后世之高僧大德迭出,然谓其自身得道、传法益广则可,欲求禅宗再进之力则无。故有宋一代禅宗虽盛,若以佛教发展史言,则仅有普及而无提高矣。既无继续前进之动力,则即兴盛于一时,亦难持久,故此时之旺也,已伏衰落之机。而儒学则由禅宗中汲取研究"心""性"及关于本体之成果与思辨方法,形成宋明理学。理学盛而禅宗衰,亦学术及思想发展演变的必然之道。

五、范例之启示

1.民族文化时时与异质文化相遇,所从来远矣。以战争方式相见者,代价极大,而双方文化相斥之力亦巨;以和平方式接触者,虽亦有相斥一面,然终将以共处共容、相得益彰而相融。中华民族与异质文化大规模接触、冲撞,盖仅两次:一即为佛教之传入,二为19世纪末之沦为半殖民地半封建。禅宗之产生、壮大(以及传至越、韩、日),即为后者;而19世纪国门之开,则为前者。佛教以和平方式来,故影响远大于19世纪西学之输入。今日之改革虽为19世纪以来中西相接之继续,然既以和平方式进行,故其于中华文化之影响则二十五年远胜前百年矣。佛教于中华文化影响最显者,为对"心""性"之思考。宋明理学之较汉唐儒学细腻完善者,主要在"心""性"之探索,而此即得自禅宗也。今日西学影响最巨者为何,尚待时日方可有所结论。其间又有说焉。马克思主义之于中国,亦西学也,其来亦以和平方式,且关乎社会生活,故至今其于西学诸项中乃影响为最者。"马克思主义中国化"之提出,亦为吸收中华民族历史经验所得启示也。

2.就民族文化自身言之,则需不断自异质文化选取己之所需、所缺,方能获得前进之营养;如仅靠自身之完善,则时既久而危殆。禅宗自传至五代而后逐渐平平,乃至以棒喝与怪诞竞相标榜,即因无异质文化可借鉴。明清禁海,闭关自守,"祖训不可易",固不能获得新生,故国愈弱而民愈贫矣。非止中国如此也,佛教之在印度,始则因吸取婆罗门等教学说而革新之，顺应时代，故生气勃勃；至其宗派既多，教仪教规繁复琐碎，即一蹶不振。鸠摩利罗和商羯罗改革婆罗门教，则吸收佛教、伊斯兰教诸教部分思想，遂成日后之印度教，其生命力至今犹盛。以是观人类自古及今之文化史，概莫不如是焉。

3.民族文化与异质文化相融，关键在乎化为己有。文化之最易变革、最易吸收异质者，为表层，即衣食住行及其所体现之情趣爱好；最难以变革、最难以吸收异质者，为底层，即价值观念及哲学观（所谓哲学观，包括世界观、人生观、伦理观及审美观）。至若中层，即风俗、礼仪、艺术、法律、制度、宗教等，其变异及吸收外来因素之速度，则介乎表、底二层之间。二层之分固非截然，上下层关系亦至为紧密。所谓化为己有，要在底层；所谓己有，需民族成员不觉其为外物也。试观今日吾人之衣食住行，除西装、西餐尚有"西"字以标之外，孰人尚谓楼为"洋楼"，谓人力车为"洋车"？"番茄""番薯""西瓜"等虽有"番""西"字，世已鲜有知其为外来者矣。此即已为己有。表层如是，中、底二层亦然。试观佛教及禅宗，恐亦鲜有以为印度文化者。虽然，孔子"不语怪、力、乱、神"之观念，"孝、悌、忠、信"之为人准则，和谐合作、兼容并蓄之胸怀，不爱极端、处事适中之心理，表里如一、协调对称之审美习惯犹未为所变，是中华民族文化之底层尚无巨大动摇也。

4.民族文化之变，外来文化之被吸收，所需时间其长应以百年计。即如佛教之中国化，几经千年。19世纪以来之学习、吸收西方文化，至今已逾百年，然犹方兴未艾，所化为己有者尚鲜。何以如此之缓慢也？盖以文化即生活方式、思维方式，乃全社会之共识，而决定人之意识者，为社会生活，为经济环境。而社会生活之变，经济环境之变，全民族习惯观念之变，皆绝非立时可奏效者。且社会成员数量愈大，则其吸收异质文化愈难，此欲"西化"我之不易也。

5.文化之兴衰，执政者与知识界之态度至关重要。佛教之传入，即得汉明帝之助；南北朝佛经之大量翻译，与多朝皇室之重视及文士之参与直接相关；禅宗之兴，端赖唐皇朝之支持；南宗之盛行，唐德宗与有力焉，众多文士之爱好与有力焉。与此相反者，即"三武灭佛"（北魏太武帝、北周武帝、唐武宗）。故余曰：文化振兴须"文化自觉"。所谓"文化自觉"者，在执政者与知识精英耳。

中华文化重任在肩

任何民族对于历史和传统的反思，都是为了借鉴、扬弃，为了以后的发展；反过来说，任何民族要发展，都离不开自己的历史和传统。任何文化的发展总是自己原有躯体的成长和改变。作一个可能并不十分恰当的比喻，就如同一株花，无论怎样成长、变异，哪怕嫁接，都永远离不开这株花的本体。虽然历史和文化不是有机体，我也不是社会达尔文主义者，并没有把文化与花草等同起来，但用这个比喻来说明任何事物的发展都离不开其原有的基础，这是不以人的意志为转移的规律，总是可以的。

文化的高潮即将到来，是中国几十年来社会现实的呼唤和挑战的结果。中国是个以农业人口为多数的社会实体。虽然自 19 世纪末起，中国已经有了工业经济，但是所占的比例始终不大，从事工业生产的人口始终是很少数。同时，意识落后于存在，在工业化过程中，城市人口迅速增加，但是基于农业生产的观念意识、思维方式、风俗习惯以及社会和家庭的结构仍然落后于工业化生产的要求，或者说，还基本上是农业社会的遗留。中国当前的许多问题，不能不说都和这一点有着极其密切的关系。

例如，不同年龄段的人们之间，对于艺术欣赏、价值观念、人际关系有不同的取向，即俗话所说的"代沟"，这其实就是基于农业生产的传统文化和突然从外部传来或抄来的工业、后工业文化之间的距离。在社会管理层面，政府机构和职能的急需改革，法律体系的亟待完善，有法不依、执法不严、司法不公现象的存在，从中无不可以找到文化发展滞后的痕迹。为了解决在社会快速前进道路上所遇到的种种问题和矛盾，我们在政策、法律层面已经注意到并且采用了种种改进的办法。在这个过程中，人们越来越明显地认识到，与这些政策和措施同行的还有必不可少的一项，这就是引导社会加紧建设适合这一转型期的，亦即中国特色社会主义初级阶段（或者说初级阶段的初始期）社会现实的文化，其中最重要的是构建新的社会价值体系，形成与之相应的礼仪习惯。这几乎已经成了全社会的共识。

在这里我想特别提到中国的人居环境逐年恶化的问题。刚才我所提到的一些现象，都属于社会问题，而环境污染则是人与自然的关系问题。这似乎主要是各地执政者和企业家的责任，与文化的关系不大。但是，如果我们结合问题出现的时代背景再作一番深入观察和思考的话就会发现，在忽视环境的背后是小农经济的短视、"天人一体"观念的丢失、现代科学知识的短缺等因素在无形地起着巨大的作用——说到底,还是在文化方面出了问题。

总之,种种社会问题不断地使我们对邓小平先生一再强调的物质文明和精神文明"要两手抓,两手都要硬",有了越来越深刻的理解,原来他的告诫是基于人类社会发展的总规律和中华民族几千年来所积累的经验的。

中国现在极为注重文化建设,除了是对国内经济和社会发展种种问题和矛盾的挑战的回应,也是人类所遇到的共同矛盾和问题所给予的刺激和启示的结果。

在当今世界上恐怕没有人能够否认自20世纪中叶以来,环境污染,资源浪费,过度消耗,国与国间、一个国家内部收入的差距在拉大,人与人、民族与民族、国家与国家间的矛盾冲突在加大速度恶化、激化。同时,解决了物质需求或已经过上富裕甚至豪华生活的人们越来越感到心灵的空虚,由此引发了越来越多的心理、家庭和社会问题。最近几十年,这些问题发展的速度,是人类历史上从未有过的,而且似乎还没有出现放慢速度的迹象。就在问题还没有这样严重的时候,罗素(B.A.W.Russell,1872—1970)就说过:"人类集体忙于为自身的灭绝这一个伟大的壮举作准备。"①汤因比教授也说过:"社会不公、精神痛苦以及人类自然资源的浪费,乃是一个世纪以来西方世界工业迅猛扩张的意外后果;而且,原来崇拜西方工业的人越来越多地开始怀疑,为了从西方物质财富中分沾微不足道的份额,却要付出同样痛苦的代价,这种做法是否明智。"②因此,罗素提出:"如果世界要从目前濒临毁灭的状态脱颖而出,那么新的思考、新的希望、新的自由,以及对自由的新限制是必须要有的。"③但是罗素和汤因比都没能看到,自20世纪90年代以来,随着经济全球化的真正实现,"工业迅猛扩张"的范围已经远远超越了狭小的西方世界,

---

① [英]伯特兰·罗素著,吴凯琳译:《罗素回忆录:来自记忆里的肖像》,太原希望出版社2006年版,第157、48页。

② [英]阿诺德·汤因比著,刘北成、郭小凌译:《历史研究》,上海人民出版社2005年版,第380页。

③ [英]伯特兰·罗素著,吴凯琳译:《罗素回忆录:来自记忆里的肖像》,太原希望出版社2006年版,第157、48页。

卷进这个洪流的还有许多发展中国家，当然也包括中国。实际上，中国学者也一直在思考这个问题，老一辈社会学家费孝通就曾经有过，但是旋即又被他自己否定了的想法。他在 20 世纪 80 年代后期说过："我们将改变，我们将接近现代世界，但是将采取不同于西方世界所采取过的路线。这个转变的结果不一定完全更好，但是我们对此实在没有别的选择。让我十分坦白地说，如果我能选择，我有理由宁可回到旧日，回到一个富有的又平均的农民的世界，那时我会享受和平的心境、稳定的生活和友好的环境。我会生活在一个熟悉的世界里，享受有人情的生活。但是我明白，那简直是不可能的了。"①我想，费孝通先生的这番话，道出的是像他们这样的学术和思想巨匠，在一个充满危机和灾难的世界里心灵深处的矛盾和痛苦。

思想家和历史学家、哲学家、社会学家的任务，是比其他社会成员更早、更深刻地认识过去、察觉未来，而不是给社会开出保证有效的药方。费孝通所说的"不同于西方世界所采取过的路线"，大概主要是指经济发展的模式，还没有包括文化和精神。倒是汤因比设想得比较具体，他说："西方和西方化国家走火入魔地在这条充满灾难、通向毁灭的道路上你追我赶，因此它们之中任何国家都不可能有眼光和智力来解救它们自己和全人类。""如果要使被西方所搅乱的人类生活重新稳定下来，如果要使西方的活力变得柔和一些，成为人类生活中依然活跃但不具有破坏性的力量，我们就必须在西方以外寻找这种新运动的发起者。如果将来在中国产生出这些发起者，并不出乎意料"②。

"中国有可能自觉地把西方更灵活也更激烈的火力，与自身保守的、稳定的传统文化熔为一炉。如果这种有意识、有节制地进行的恰当融合取得成功，其结果可能为文明的人类提供一个全新的文化起点"③。

现在人类迫切需要智慧，集人类文明所有成果而形成的智慧。正如罗素所说："智慧的精髓在于解放，尽可能地将人从当前的专横中解放出

---

① 费孝通：《费孝通文集》第 11 卷，群言出版社 1999 年版，第 186 页。
② ［英］阿诺德·汤因比著，刘北成、郭小凌译：《历史研究》，上海人民出版社 2005 年版，第 394 页彩图 78 说明。
③ ［英］阿诺德·汤因比著，刘北成、郭小凌译：《历史研究》，上海人民出版社 2005 年版，第 394 页彩图 78 说明。

来。我们不能够助长我们意识中的利己主义。"①但是,"虽然我们的时代在知识上远远超过过去任何时代,但是在智慧上却一直没有太多的增加"②。

中国的文化能不能承担起汤因比所说的这种重任呢?我们先从汉学的视角,审视一下中华文化本身。正如许多学者所指出的,中华文化的核心(我称之为"底层")之一是追求和谐,这一理念体现在中国人的伦理观、世界观、人生观和审美观之中,也投射到风俗礼仪、宗教艺术、制度法律乃至日常的衣食住行等物质享用里。例如,在哲学上表现为整体论和中庸,在伦理上注重继承和义务,在人生舞台上不寄希望于彼岸而重现世,重精神而不弃物质。又如,中国文化的主干虽然是儒家学说,但是佛教传来了,中华文化并不拒绝。通过中外僧侣几百年的艰苦努力,印度原始佛教适应了中国土壤,教理教义在和儒家、道家学说相互冲撞和吸收之后得到了巨大发展和提高,最终于7—8世纪成为在中国影响最大、信众最多的宗教。儒、释、道之间的和平共处、互学互促,以及对中国未尝断绝的原始宗教崇拜的包容和吸纳,是人类历史上不同信仰间可以对话、共处、互融的最好例证,也是中华文化具有极大包容性的证明。正因为有了这样的历史经验,所以稍后于此,景教、祆教、摩尼教、伊斯兰教、基督教、天主教等相继进入中国时,也得到了同样的"款待"。虽然近代以来中国原有宗教和社会意识与基督教、天主教发生过短暂的激烈冲突,但都是出于政治原因,与宗教所体现的文化无关。现在中国各种宗教和睦共荣的良好气氛,才是中国和谐文化本质的展现。

社会一般成员常常居于某一文化之中而不察,而当人们对一种事物的认识只停留在感性阶段,不明其所以然的时候,是难以自觉地提高它、丰富它、坚守它的,相反,却容易被眼前的利益或其他东西所诱惑而摒弃它。准确地分析中华传统的和现实的文化,帮助全民族把对自身的认识提高到自觉的高度,同时推动全社会共同剔除传统文化中已经不适应当代社会的文化形态,正是汉学最重要的职责。

---

① [英]伯特兰·罗素著,吴凯琳译:《罗素回忆录:来自记忆里的肖像》,太原希望出版社2006年版,第133、131页。

② [英]伯特兰·罗素著,吴凯琳译:《罗素回忆录:来自记忆里的肖像》,太原希望出版社2006年版,第133、131页。

　　中国文化或体现、遗留在城乡人民的日常生活、风俗礼仪中,或记载、沉淀在传世文献、出土文物上,因此局部、微观、深入的研究当然是极其必要的。而就现实社会整体而言,更为需要的是在微观研究成果基础上进行整体、宏观的研究。但是,实事求是地说,无论是对于眼前民族的需求,还是满足世界的期望,中华民族都没有做好应有的准备。

　　一方面,在学术领域,我们对一些基本问题还没有研究得很清楚。例如,中华文化的核心是什么,并没有取得明确的共识。如果"和谐"是其中之一,那么,这一具有悠久传统的理念在古代和今天其内涵和外延必然有着巨大差异,差异在哪儿? 在中华文化的核心理念中,贯穿古今的、对于中华民族具有普遍意义的是什么? 渗透着、承载着这些理念的外在形态是怎样的? 已经不适合当代社会的是某些核心理念还是它的形态? 又如,中国的文化是多元的,也是多个源头的,多个源头是如何融为一体而又绵延不断的? 世界其他几大文明都相继中断了,中华文明为什么没有遭到这样的厄运? 汤因比等学者曾经探讨过这个问题,但是似乎都没有结合中国历代的生产方式以及生产方式所决定的中国人的生活和心理追求进行观察,更多的只是着眼于社会制度的"早熟"与其所带来的结果。然而,社会制度是要适应彼时彼地的社会,特别是生产力和生产方式的,因而他们的分析给人一种还没有把谜底彻底揭穿的感觉,起码对我来说是如此。再如,中国的多元文化,如上面所谈到的宗教的情况,为什么能够长期地和睦共处于一体之中? 中国有 56 个民族,自古就一直是大散居、小聚居的格局。无论是宗教之间还是民族之间,除了个别时候中央政府镇压叛乱,始终没有出现过打打杀杀的血腥场面,相融相助占据了历史的大部分时间,其结果是你中有我,我中有你,彼此都得到了新的活力。甚至有过像景教那样的事例。景教于 435 年被东罗马帝国皇帝宣布为异端,只好东迁波斯,以后辗转于 635 年进入中国①,在中国得到包容,于是有了 150 多年的兴盛。景教虽不是中国本土宗教,在中国流传的时间也不长,但到现在,有关景教的文物却在中国遗存最多,这又是为什么? 这都是值得我们从文化的内部和外部两个维度进行深入探讨的。

---

　　① 　参见朱谦之:《中国景教》,人民出版社 1993 年版。

在学术层面的研究中，我认为有几个问题应该注意。

第一个问题是要避免"自我中心主义"。中华文化博大精深，有着自己的特色和优点，中华民族的成员为此而自豪。现代中国国力上升，人们开始从百年民族悲情中恢复过来。世界越来越多的学者开始质疑"欧洲中心论"，并且把脸转向东方，转向中国，赞誉之词时时得闻，例如说21世纪将是中国的世纪之类。特别是当后现代主义成为西方哲学浪潮以后，西方自启蒙运动以来所形成的一系列"绝对真理"被质疑、被否定、被解构，人们在苦苦思索世界正在走向何方，应该走向何方，中华文化得到了前所未有的重视。当上述这些种种内部心理上的文化认同因素和外部评价因素叠加起来之后，就可能滋长或助长有意的和无意的"自我中心主义"。例如，认为中华文化是世界上最优秀的文化，或宣称只有中华文化能够挽救世界，我以为就属于此列。这在社会一般成员中是难免的，而对于学者来说，则是应该避免的。虽然在进行人文社会学科研究时，不可能人人都完全摆脱个人主观因素，但是我们应该力求做到客观、冷静。唯有如此，我们的研究成果才有助于文化的传承和弘扬，才有长久的说服力。

第二个问题是要在和别的文化比较之中进行研究。虽然我们大规模地接触他国文化的历史已有百年，但是我们了解较多的只有日本、美国和欧洲的部分国家，这是绝对不够的。对于亚洲的其他国家，非洲、南美洲等的国家和民族，我们的确所知甚少。我们不能再按照"欧洲中心论"的尺度，看待世界上其他地方的民族及其文化了。平心而论，其实对于日本、美国和欧洲，我们了解最多的，也只是政治、经济和文学、艺术，至于宗教、风俗、社会心理（包括宗教心理），所知也不多。而要想做到在比较中认识自身和对方，就不能满足于政治的和实用的领域，要既知其"文"，且明其"心"，也就是说不但应该知道他们想了些什么，而且要了解他们为什么这样想，他们想的过程是怎样的。只有这样，我们才能准确地判定自己的、对方的长处和不足，才能互相学习，携手并进。

第三个问题是要结合着彼此的文化背景，对彼此原典中的基本概念重新诠释。例如中国的仁、义、礼、智、信、忠、孝、和、合等，虽然现在已经成了国内外文献中的高频词，但是自400年前利玛窦开始到现在，中国典籍译为外文，恐怕多有不确。大家知道，美国学者郝大维和安乐哲从

20 世纪 80 年代已经开始了这一尝试。例如，他们有感于"西方哲学界一直都'无视'中国哲学，而且是纯粹意义上的'无视'，至今仍然如此"①，"认识到盎格鲁—欧洲文化急需孔子思想所体现的这种赋值性哲学"，"孔子思想确然有助于鼓舞西方哲学家创造新的思维模式"②，同时发现"翻译中国哲学的核心词汇所用的现存常规术语，充满了不属于中国世界观本身的内容，因而多少强化了""文化简化主义"③。于是他们在《通过孔子而思》这本书中，以《论语》中人人耳熟能详的"吾十有五而志于学，三十而立，四十而不惑，五十而知天命，六十而耳顺，七十而从心所欲，不逾矩"为阐述孔子哲学之纲，得出了与前人不同的结论，创新性地阐释了儒家基本概念的含义。他们还声称，该书的"一个中心问题就是文化翻译问题"④。可惜，至今中国学人在这方面所做的工作很少。郝大维和安乐哲还指出，"现阶段（指 20 世纪 70—80 年代）对儒学最重要的研究又不在中国"，"儒学的重大复兴不是必然只能发生在中国"⑤。现在距那时又过去了四分之一个世纪，我们国内的学者的确应该认真思考，我们做得如何了？

　　第四个问题是需要重视尽力"复原"原典的语境。前人的论述是在彼时彼地，为了回答他所生活的那个社会的现实困惑而说、而写作的。但是，"书不尽言，言不尽意"⑥，如果局限于一字一句，而不能依据尽可能多的文献想见其人，也就是尽量"复原"彼时彼地的语境，就难以体会前人的言中之义，更不要说领会和开掘言外之意了。在这点上，美国学者宇文所安（Stephen Owen，1946—　）所写的《初唐诗》《盛唐诗》《迷楼》《追忆》等著作，都进行了大胆尝试。固然，他的有些论据、论点还可以讨论，但这种努力的方向确实给我们以启发。

　　当然，任何语境都是由无限多的元素构成的，是无法完全把握的，何况时过境迁，已经逝去的语境是无法基本复原的，从这个角度说，"复原"一词是不准确的，但是我一时找不到更合适的词语，所以我特意给"复原"加上了引号。从另外一个角度看，语境的要素又是有限的，是可以把

---

　　①②③④⑤　［美］郝大维、安乐哲著，何金俐译：《通过孔子而思》，北京大学出版社 2005 年版，《序言》，第 329 页；《序言》，第 314 页。

　　⑥　《周易·系辞上》。

握的,尽力把握有限,以有限控制(推衍)无限,我们就可以一步步地接近古人,对其言、其意有更为准确的体味。例如,孔子所说而近百年来一直被诟病的"君君,臣臣,父父,子子",如果我们注意语境的"复原",也就能比较客观地剖析"君君,臣臣,父父,子子"背后的哲学、社会学理念,从而把孔子的思想和后世帝王以及儒家所做的再定义与实践区分开来,把原始儒学在社会伦理和治国方面的主张与他们思想的基本立足点区分开来。

第五个问题是希望不要过多地在无关宏旨的名词术语上盘桓太久。例如,对于何谓汉学,何谓国学,何谓儒学,现在意见并不一致。汉学也好,国学也好,包括不包括现代?如果包括现代,那么现代中国经济学是否也在其中?儒学和经学是什么关系,至今仍然见仁见智。这些问题要不要讨论呢?需要。但是,恐怕即使再讨论几年也未必能够统一。先不在这些问题上面纠缠,对我们各自的研究有没有大的妨碍?我看不会有。那么,我们就不妨各按自己的主张研究自己的,或许在我们研究得深入了的时候,多数人就会自然形成共识,那时对何谓汉学、国学的认识也会比现在更为深入。

下面,我想说说我对汉学实践层面的思考。

应该说,中国的现代化建设就是传统文化走向现代文化、中国文化与外国文化接触并融合的实践。这不仅显性地体现在城乡人民的日常生活中,也隐性地贯穿在我们整个国家的政治体制和施政过程中。费孝通先生就说过:"当我们讲到'社会主义的初级阶段'这个提法(就)含有承认传统的基础,是我们要进行改革的底子。"①这在经济领域和社会转型的过程中是再明显不过了。

但是,我们再来看一看我们的文化领域,又是怎样的情形呢?汉学,如我上面所说,集中了中华文化的精华,和经济、社会相比,却显得冷清和苍白。要使传统文化与现在的时代特色相结合,难道可以在基础研究薄弱、理论研究乏力的情况下,仅仅靠残存在人们心目中和生活起居中已经淡薄的传统记忆吗?难道中华文化今后就体现在街头和剧场里的表演中吗?如果没有传统和时代精神相结合的文化的支撑,社会的转型

---

① 费孝通:《费孝通文集》第 11 卷,群言出版社 1999 年版,第 193 页。

能完成吗？能持久吗？时代呼唤汉学的振兴，人民渴望汉学的普及，现在是我们汉学家们大显身手的时候了。

改革开放以来，中国的经济建设是"摸着石头过河"，我们成功了，但是这个试探着前行的过程还远远没有结束。我们的汉学振兴，就是汉学的实践，也将是"摸着石头过河"的过程。在这样的时刻，百花齐放、百家争鸣是至关重要的。在历史上，中国曾经有过几次大大小小的百家争鸣时期，对当时和尔后的社会影响最大的莫过于春秋战国时期那一次和19世纪初到20世纪中叶的一次。两次百家争鸣都是出现在社会环境发生巨变，人们需要寻求明天走向哪里的答案的时候。春秋战国那一次，争鸣的结果是争出了一个大一统的帝国，从此中华民族一体、一统、一家的观念，就成了所有中华儿女代代不绝的牢固信念；而那时各家的思想成果几经撞击，融合成了以儒家的伦理道德、修身治国学说和道家的哲学为主干的主流文化，绵延至今。19世纪到20世纪中叶，中国在列强坚船利炮的轰击下，丧权辱国，面临着古老的中华民族还能不能和一切国家、民族一样，以平等、尊严的面貌站立在地球上这样一个严峻的问题。为此，百家彼此争鸣，结果呢，争出了一个中华人民共和国。从1978年开始，中国人又面临和以前几次百家争鸣时代相类似的情况了，这就是：在经济全球化和科技迅猛发展的格局中，中国作为一个在文化、教育、科技领域落后的大国，怎样尽快地改变面貌，提高人民的生活水平，把中国建成一个和谐的国度，并为推进、维护世界和平做出贡献？科技并没有给人类带来真正的幸福和庇护，中国如何既用其利又避其弊？争论出现在各个层面、各个领域，不但关于中华传统文化、现实文化的争论热烈，在经济领域、社会发展领域也争论不休。争论的结果，是又争出了一条中国特色的发展道路。依我看，这次的百家争鸣刚刚开始。中国的历史验证了这样一条规律：每当历史转折的关头，必然要出现多种思想见解相互激荡、互补，分而合、合而分的争鸣景象。这是一个探索未来的思考过程，文化、历史就是这样前进成长的。与古代和近代的百家争鸣相比，现在我们的汉学还不够热闹，一般只有具体问题上的意见不一，还没有形成流派或"百家"之"家"。这说明我们的视野还不够宏阔，我们的思想还没有充分放开，我们还需要继续解放思想。

在这里，就汉学的实践我也有两个问题。

第一个问题是学术研究和知识普及的关系问题。对汉学中的种种事实、疑点、歧义作深入、专业性很强的研究。例如考古、考证、辨识、论证等，当然是十分需要的，没有这些硬功夫，就没有建在上面的坚实的理论大厦。但是，真正对社会、对文化建设产生巨大影响的，是在专家们看来并非严格意义上的纯学术论著。我们应该两条腿走路，在加强研究的同时，要多做些普及的工作。罗素就曾对当时欧洲一般读者对历史的兴趣有所下降感到惋惜，他希望"历史不应该仅仅为历史学家所掌握"，认为"历史则是每个人在精神装备上值得拥有的一部分……如果历史要验证这个功能，它就只能诉诸那些并非是专业的历史学家了"，"非历史学者是有表达意见的权利的"。他还说："把事实积累起来是一回事，而将它们融会贯通则是另一回事。"①对历史和传统的记忆，是人类本能的需要。特别是在中国这样一个重史、善于以史为鉴的国家，特别是在当前许多人已经被物质、利润和金钱冲得失去了理智，越来越多的人希望知道人生的价值、自己应该和将要走向何方的时候，恢复历史和传统的记忆将格外迫切，我们汉学家应该努力满足时代和人民的这种需求。

第二个问题是关于汉学的国际交流问题。诚如有的学者所说的，汉学和其他国家的双向交流已经有三四百年了，但是现在我们所进行的国际交流和过去有了很大不同。过去我们基本上是不自觉的，现在是自觉的。当一个国家处在被奴役、被恶性盘剥和压榨的境遇中，民族文化被视为野蛮、落后，遭到外人贬斥和自家人摧残的时候，怎么可能还想到主动地向外介绍自己的文化呢？从17世纪开始进入中国的传教士不是我们请来的，大量中国的典籍，除了清朝同治皇帝送给美国国会图书馆的御用书等极少量的古籍，都不是我们为了交流而主动销售出去的。就拿《论语》的译本来说吧，从利玛窦和殷铎泽（Prospero Intorcetta，1625—1696）等先后用拉丁文进行翻译，到20世纪阿瑟·韦利（Arthur D. Waley，1889—1966）的英译本，都是各国人士主动完成的。中国人翻译介绍的，就我所知只有香港的刘殿爵先生。对外交流的主动与被动，既

① ［英］伯特兰·罗素著，吴凯琳译：《罗素回忆录：来自记忆里的肖像》，太原希望出版社2006年版，第145—155页。

是一个国家实力强弱的反映,更是有没有国际眼光和胸怀,对自己的文化有没有自信心的表现。说到这里,我不能不提到大家所知道的中国在五大洲和各国共建孔子学院的事。到现在为止,已经在50多个国家建立了140多所孔子学院或孔子课堂,还有200多家外国教育机构在申请、洽谈。为什么在不到两年的时间里就形成了各国争相建立孔子学院的局面?这就是我们主动适应各国朋友对学习汉语和中国文化需求的最好例证。另外,过去是中国人自己研究,和外国学者之间的沟通很少,内外几乎是绝缘的。现在中外之间的交流合作、合力推动已经规模化、经常化,但是,相对于现在世界上各种文化的动向而言,我们的主动性、自觉性和内外结合都还很不够。在汉学研究的内外交流方面,中国还有极其巨大的逆差。现在一个严重的问题是,我们既精通汉学又精通外语的人才太少,短期内还无法改变不能和各国学者自由交流的局面。这是妨碍汉学走出去,影响国内汉学研究扩大视野和提高水平的高大门槛。另外,记得一位美国学者说过,研究中国的文学,外国人无论怎样努力也不如中国人,因为把汉语作为第二语言来学习,很难在中国作品里获得和中国人一样的语感。我想,在一般意义上,这话是对的;但是,在汉学凋零了许久之后,我们还有多少人对于典籍的原文本能有真切的语感呢?当前社会的浮躁和一些等待改革的体制、机制,又在影响着学人本应冷静沉着的心。因此,我认为,要达到理想的内外双向交流的境界,还需要我们努力若干年。

我始终认为,“轴心时代”东方的几位哲人的智慧光芒,追寻到底,有着根本一致之处。两千多年过去了,我们所有的认知并没有超越他们所思考的范围,也没有脱离他们的根本理念。因此,后代的文学艺术、宗教哲学都有相通相同之处,包括无神论和有神论之间也有相通相同点,这是不同文化之间能够对话的基础,中华文化是应该并可以为世界提供人类未来所需要的智慧的。如果汤因比、安乐哲等学者的预言得以实现的话,那就是中华文化已经完全主动、自觉、活泼地走向世界了。

中国,作为一个占世界人口五分之一的古老国家,有责任为世界的和平、安宁、繁荣、幸福做出自己的贡献。今天,我们还只能奉献质高价廉的工农业产品,其实这主要是贡献劳动力;明天,我们将奉献中国人发明的科学技术,也就是主要贡献知识;后天,也许不需要那么久,我们就能够把中华民族积累了几千年的智慧作为礼物送给五大洲。在这一过程中,汉学无疑肩负着比其他领域更重的责任。曾子说:"士不可以不弘毅,任重而道远。仁以为己任,不亦重乎? 死而后已,不亦远乎?"①

①　《论语·泰伯》。

第十一讲

中华文化的过去、现在和未来

文化已经成为当今的"显学",中华文化的过去,悠悠数千载;它的现在,丰富多彩,错综复杂;至于它的未来呢,遥遥无止境。

文化是国家和民族的标志和灵魂,是人的精神家园。任何一个国家和民族都要时时思考、时时注意,不如此,国家或民族就要涣散、萎靡,严重时可能要解体、灭亡;特别是在当前,经济和文化的关系越来越紧密,各国的经济已经是"文化经济",国家间的关系究其根本,是文化间的关系。在经济全球化和政治多极化的趋势中,世界需要文化的多元化。多元文化的世界,可以给人类带来各国人民之间的友好相处,给世界带来和平与繁荣;反之,则将是很危险的。

一、文化的层次和类别

狭义的文化,指的是人类所创造的精神领域的一切成果;最狭义的文化,则专指艺术、出版等事业。按照内容分,可以把文化分为三层:表层是蕴含在人类物质生活(衣食住行)中的文化,即服饰、烹调、器皿、建筑等,这实际上是人类运用物质以满足各种需要的形态;中层是借助物质所体现的文化,礼仪、风俗、艺术、宗教、法律、制度等都属这一类;底层文化是伦理观念、审美意识和哲学思想等,实际上是包括了对待人与人(社会)、人与自然、现实与未来关系的态度。底层文化之所以为底层,是因为它为全民族所共有,不像中层和表层那样,不同地域和行业可以有自己的特点。底层文化是民族文化的灵魂、核心,它的精神总是投射到中层和表层,或者说,表层和中层总是蕴含着、体现着底层。按照组成的情况分,在民族文化中有亚文化,例如汉文化、藏文化、维吾尔文化等等;也可以着眼于地域,那么就有江南文化、广东文化(岭南文化)、西北文化等,也还可以细分为香港文化、首都文化等,它的细胞是不同社区的文化;如果着眼于行业,就可以分出文人文化、农民文化、金融文化、商业文化、学校文化等,还可以细分为某某企业文化、某某学校文化。总之,对文化进行分类,也和给其他一些事物分类一样,可以从不同的角度做出不同的分法。需要说明的是,无论从什么角度划分,各个层次和类别之间的区分都是相对的,而且彼此之间不是绝缘的,总是相互影响着(包括相互吸收、促进,或相反,相互制约、抵消)。

二、中华文化形成的环境和条件

人类的初始文化主要是受了生活环境和物质生产条件的刺激而发生的；而一旦文化发生了，最初形成的文化底层将对尔后的文化产生永远拒绝不了的影响、打上磨灭不掉的痕迹，有的学者称这些初始文化的核心内容为文化基因，不是没有道理的。

那么中华文化初始时的环境和条件是怎样的呢？

中华文化来源是多元的。从地域上看，有陕甘地区的商周文化，有川渝的巴蜀文化，有江浙的河姆渡文化，后来又有齐鲁文化、楚文化等等（我在这里用了一些比较含混、笼统的名词，而不用考古学上严格的术语）。但是，后世所谓中原文化，实际上就是商周文化，逐渐成了主体。为什么是这种情况呢？从文献和出土文物看，商周时期已经有了相当发达的农业，其水平超过了同时期的其他地区。基于农耕生产和生活所产生的文化，当然要比狩猎采集时代的文化发达，也更为精细，更有感染力和吸引力；再加上农业社会有超过日常需要的粮食和其他物品，社会分工也更为细密合理，因而在当时经常发生的部落或部族战争中容易获胜。这样，中原文化靠着文的和武的两种手段慢慢地向外扩散，在扩散的过程中，并不是单向地输出，而是随时吸取当地部落、部族的文化，融为己用，边扩散边演变壮大。这就犹如黄河之水，在奔腾向海时沿途大小河川纷纷汇入，愈向东流其势愈大，遂成大河。如果我们放眼永无尽头的历史就可以看出，中华文化的这一趋势至今也未中止，以后也不会终结。

现在我们来看商周文化产生的土壤。商、周活动的地域大体在今河南、陕西一带，而且主要集中在淇河、沁河、渭水（包括泾水、漆水、丰水）两岸。那里是怎样的情况呢？土地肥沃，适于耕种；但同时自然灾害频仍，接近北边和西边的游牧部落。中华文化的根基，大致就是由这一自然和社会状况的刺激而形成的。农业生产需要社会的稳定和氏族、家族和家庭的延续，农业的耕种和收获是以年计算的，只有稳定，才能春种秋收，才能不断提高耕作技术、提高产量，生活也才能逐渐富裕起来；只有延续，包括土地、工具的占有才能长久，技术的传承和提高才有保障。要稳定，就要人与人之间的和谐合作；要延续，就要重视血缘的纯正，要分清正支与旁支，要保持以辈分为基础的等级制。既然时时可能发生自然灾害和外来兵灾，就要与水旱风雹、虫兽疾疫搏斗，要和入侵劫掠者拼杀，灾后还要艰苦奋斗以恢复家园。在应对种种自然界和人的挑战过程中，不但磨炼了人们自强自立的意志和能力，同时也使得对自然界的观察越来越细密，天文、历法、地理、算学、动植物学、医学等都有了发展的需要和可能，因而高度发达。这样，中华文化就种下了吃苦耐劳、聪明睿智、自立自强、知难而进、崇和反战、宽容豁达、重视伦理、忠孝仁义、重实轻虚等基因。当然，与此同时也产生了上面所说的重等级、轻平等，以及重义务、轻权利的因素。

　　中华文化这样形成之后，表层、中层和底层形成了一个庞大而严密的体系，这是中华文化历久不衰的内在原因。任何文化，表层是最易发生变化的，道理很简单，因为它与人们的日常生活、与社会的物质条件关系太密切了。生产力和生产方式一经变革，人们的衣食住行就要跟着变化。中层变化的速度仅次于表层，随着时代的变迁，随着中华文化与异质文化交融的加深，礼仪、风俗、艺术、宗教、法律、制度等也必须相应地演变。表层与中层文化的每一次演变，也就是向前进了一步。唯有底层文化，因为经过了数以千年计的表层和中层的反作用而不断地"修订"、加强，已经深深渗透于民族的血液中，所以极难改变。但是，既然表层和中层对于底层有着反作用，所以表层和中层变得久了，也就要动摇底层文化。

三、中华文化的成长和细密化过程

　　众所周知，商、周都不是严格意义上的集权政权，而是靠着"天命"和血缘（"祖"）维护的宗主制国家，帝或王虽然可以册封和征讨不听命的诸侯，但他的最大特权却是主持祭祀：祭天与祭祖。对于诸侯统辖区域内的事务，王或帝并没有指挥权，也就是说诸侯可以自行其是。因此与后代皇朝比，当时天下的思想和学术并没有那么高度统一，还是比较活跃、多样的。

　　商、周的这一情况到了东周时期，特别是"三家分晋"以后，也就是战国时期,发展到了顶点。王权衰落到极点,各地思想空前活跃,这就是人们熟知的"百家争鸣"时代。后来成为中华文化核心的儒家学说,这时还不过是"百家"中的一家,并没有后代那样显赫,更没有独尊的地位。但是,慢慢地儒家有些突出了。从其学说的内容寻找原因:一是儒家学说直接研究如何治理国家、如何处理诸侯国之间的关系,而这正是当时社会上层所注意的。二是儒家注重家庭人伦关系,这是农业社会所有成员所十分关注的。这两点说明儒家是入世的,是抱着积极的人生态度的。三是其学说归纳了很多大自然和社会的基本规律,这些规律可以说带有相当的普世性。这一点说明,儒家在观察主、客观世界时虽然是从现实出发的,但是其思维却超出了现实的范围,已经涉及本体论和方法论。从学说的传承看,由于其学说具有很强的实用性和普世性,所以追随的人多,涌现的大师也多,因而在传承过程中得到较好的丰富和完善。丰富完善的渠道之一,是儒家不断吸收、融合其他学派的营养。到秦始皇焚书坑儒时,儒家已经比大多数学派引人注目了。

到汉代,在经过了依据黄老学说休养生息之后,国家发展强大,就需要统一的理论体系,于是汉武帝实行了"罢黜百家,独尊儒术"的政策,不仅把天下的思想归于一统,而且与神学相结合,神化了孔子,当然也就神化了汉家天子。学术似乎有着这样的规律:一种学术,在发展到一定阶段就要产生不同的学派,可以说产生学派是学术达到一定水平的标志;不同学派之间既争论,甚至相互攻讦,同时彼此也在从其他学派那里,特别是从对手那里学到东西,用来丰富自己;如果一旦一个强势学派淹没了或压制了其他学派,变成"只此一家,别无分号",学术的进步也就放慢,甚至中止了。儒家在汉代就陷入了自身发展的这一悖论。在东、西汉共约400年的时间里,儒家学说在义理的研究上可以说几乎没有多大的进展,渐渐走进死胡同而不能返,因为它已经蜕变为一些文人谋取仕途的专用工具,不能容许任何变革了。这一来倒是有了一个意外的收获:逼出了一门后世国学不可须臾离的工具性的显学——训诂学。这是题外话。物极必反,唯一的学术权威消失了,就要出现百花齐放的局面,因为人类的思想什么时候也不会停步。汉亡之后进入南北朝时期,前后不到300年,这一时期如果把魏、蜀、吴三国算上的话,共出现了二十几个皇朝。旧有的儒家理论已经无法解释天下四分五裂、征战不已、社会动荡的现实,也不能回答在这种情况下如何处理人生问题；同时，既然没有一统的皇朝，也没有了唯一的权威学说，人们在感慨世事无常的同时，思辨的翅膀重新开始翱翔，出现了可以说是又一次规模较小的"百家争鸣"局面。大体而言，在北朝儒家学说居于绝对优势，但并没有多大的建树；在南朝则老、庄一系的思想占了上风，这对道家思想的发展、丰富有着极大的好处。在我看来，这一时期最大的作用，是鼓励了人们大胆怀疑的精神，吸收了儒家之外其他学派的长处，为尔后学术的更大发展打下了思想和方法论的基础。与此同时，在文化的其他层面和品种上，由于与西部民族共处或交往甚多，也吸收了不少异质文化的内容和形式。

隋朝时间虽短，但是依我看，在发展中华民族文化方面的功劳却不小。择其大者而言之：一是在吸取了历史的经验教训之后，建立了当时世界上最完备的文官制度，这是在中层文化中做的一件很了不起的事；一是在南北朝学术歧出的基础上进行整合，既以儒家学说为主，又兼容百家。这两项，于近期，为唐代的鼎盛作了准备；于长远，则此后 1000 余年，一直得其润溉。但是，因为唐代太强盛了，对中华文化的贡献方面太多，成就太大了，因而有隋一朝的功绩犹如明月旁边的星星，不为人所重了。

唐代是一个值得大书特书的皇朝。我们都知道，汉代是中国第一个真正意义上的皇朝，文景之治为汉代打下了牢固的政治和经济基础，国力十分强大。但是唐更为强盛——当时的生产总值占了全球的四分之三，科学技术——当然是农业社会的技术——和艺术成就，例如文学、绘画、音乐、建筑等等，都达到了空前高度。在各个领域的创造发明也更多，对后世的影响也更大。可以说，唐代是自汉至清两千多年社会历史上国力最盛的时代。有一件事情应该在这里提出来特别说一说，唐代在隋朝的基础上进一步确立和完善了文官制度，包括科举取士的制度，形成了极其严密的官僚及其培养体系。虽然自秦汉起，已经在探索建立这样的制度，但是不但粗疏，而且与贵族掌权制也没有完全断绝关系，这一制度的最终确立应该是在隋、唐。文官制度的意义在于，使政府相对独立于皇家，官员可以来源于民间，不但要比皇家子弟勤奋、了解民情，而且随时可以撤换，不会因世袭而陈陈相因；又因为是由于"为人谋而忠"的儒家传统和对知己者的感恩，所以比贵族更忠于社稷。这件在今天看来是理所应当的事，在当时却是极大的首创。这一制度不但为以后历代皇朝所沿用,而且传到了西方。西方的文官制度,就是首先由英国从中国学去,然后不断完善,并传遍西方世界的。唐朝的法律体系也是最完备的,是中国此后1000多年传统社会法律的楷模和基础,这也是了不起的事,在这里就不多说了。

唐代对异质文化的气度,也要比汉代大得多。汉代吸收了当时从西域传来的艺术、音乐、服饰、器皿等表层和中层文化成果,但是如果和唐代比起来,后者吸收的异质文化更多,而且涉及到底层文化。唐代的强大,是中华文化以其博大的胸怀广泛吸收来自各方面的异质文化,并在此基础上不断创新的必然结果。

在这里我只举两件突出的事情。

一件是佛教的中国化。据说佛教最初是汉末传入的,但是一直不能被广泛接受,因为佛教的教义中有许多内容和中华民族的传统是绝对不能相容的。例如必须苦行,要与父母家人断绝关系,就是中华民族不能接受的。即使唐三藏(玄奘,600—664)千辛万苦取了真经回来,又带着学生埋首翻译了不少经卷,朝廷又一再提倡,可是仍然传播不开。又过了不久,六祖慧能在南方(今广东)巧妙地把佛教教义中可变的部分,如修行的方法、修行与现实的关系等和中华民族传统文化融合起来,禅宗这才在广大民间普遍开花,也就是为整个中华民族所接受,从而成为中国佛教中的最大宗派,一直延续到今日,而且很早就传到已经接受了儒家学说的韩国和日本,又成为那里的佛教主流。与此同时,儒家学说也从佛教那里学到很多东西,尽管二者之间存在着激烈的对立和斗争。前面我们说过,南北朝时期儒家学说并没有多大提高,进入唐代,受到佛教的启发,就开始了较大的演变,特别是通过哲学思辨形成对宇宙本体和认识方法的新结论。唐代是儒、释(还有道)相互影响的阶段,当时还没有结出太大的果实,到宋代,儒家学说达到新的高峰,也就是出现了新儒学,这就是通常所说的宋明理学。我们可以说,禅宗是在适应了中华文化后形成的中国化的佛教,宋明理学则是吸收了佛教一些内容和形式后禅化了的儒家学说。儒、释的相互影响和吸收,对中华文化的丰富和提高起到了极大的作用,这段历史是十分值得深入研究的。

另一件是唐的对外关系。先看西部。大家都知道,丝绸之路的开辟可以追溯到汉代;隋朝向西的通道共有三条,隋炀帝于609年还曾经到达今甘肃河西走廊的张掖,接受西域各国的朝贡,并在武威置高官接待西域来访的使者和君长,不妨可以把河西走廊看成是 1400 年前的开放特区。到唐代,多次反击东、西突厥的进攻骚扰,打通了天山南北两条大通道,使得丝绸之路更为畅通稳定。中国与中亚、中东各国建立了良好关系,与该地区乃至欧洲的文化交流比以前规模更大、更全面。文成公主、金城公主出嫁吐蕃,促进了西藏地区的文化发展,为以后西藏成为中华民族的一员打下了基础。再看东部。唐和朝鲜、日本关系密切而友好,交往频繁。以玄奘为代表的多批僧侣西去取经,带回了大量南边的天竺(印度)文化。

总之,唐代是极为开放的时代,中华文化之所以如此博大,对世界影响如此深远,与唐代的强盛、开放和文化的细密有着极大的关系。此后,五代又陷入相对比较混乱的时期。入宋,基本承接的是唐代的余荫,虽然也有不少创造和发展,但就其总体而言,已经远远不如唐代了。

四、历史趋势的逆转

人类文化有其共性规律,任何文化,如果长时间不和异质文化接触——包括交流、摩擦、冲撞,从异质文化中吸取营养,单凭自己的内部动力,是难以有大的发展的,通常还要萎缩,甚至衰落。而在与外来文化接触时,如果自身底蕴不足,则可能被异质文化淹没,也就是被同化,没有了自身的文化,民族也就在实质上灭亡了。虽然文化会随着生产力的发展而自然发展,但是如果能进入自觉状态,情况就不一样了,文化的建设将是主动的、更为积极的,已有的文化动力将更大,方向更明确,进展更迅速。

由明代晚期到清代,就是中华民族从开放走向封闭、从先进转向落后、从奋扬变为衰落的时期。

15 世纪,西方发生了文艺复兴,人们的思想开始从中世纪宗教的禁锢中解放出来。人本主义的复兴,为经济和科学的发展扫除了道路,从 18 世纪起,英国开始了工业革命,工业生产以农业生产无可比拟的速度增加着社会财富,并且结束了冷兵器时代,火器成了战争的主要武器。与此同时,中国是怎样的情形呢?明代禁锢人们的思想,后来为了防止倭寇入侵实行"海禁"政策,没有禁住外寇,却把自己禁住了。本已停滞的中华文化从此又与异质文化断绝了来往。与西方正在进行工业化建设的国家相比,一消一长,其势已经可危。入清,如果及时改变明朝的策略,开放改革,中国还是可以继续走在世界前列的,可惜由于清皇朝是少数民族执政,对汉族地区一直保持着高度警惕,自然更不敢向世界敞开大门,也不敢让国人走出去,于是继续着自我封闭和逐渐衰落的进程。"百足之虫,死而不僵",虽然直到清代康乾时期号称盛世,中国的 GDP 还占着全世界的 32%,但是,用《红楼梦》里的一句话说,却是"内囊却也尽上来了"。中国犹如一棵千年老树,虽然枝叶还郁郁葱葱,但是树干已经朽空,木质已失去韧性,只待一阵飓风吹来,就要干折叶落了。这阵飓风果然不久就来了,这就是 1840 年的鸦片战争。

西方列强用工业化生产的先进武器,填装着中华民族发明的火药,打开了古老中国的大门。19 世纪,是各国列强瓜分欧洲以外地区,具体地说,即瓜分亚、非、拉几大洲的高潮期。随着 1842 年丧权辱国的《南京条约》的签订,各国列强相继到中国来要求分一杯羹,于是中国被迫与美国签订《望厦条约》(1844)、与法国签订《黄埔条约》(1844)、与英法俄分别签订《天津条约》(1858)、与俄国签订《瑷珲条约》(1858)、与英法俄分别签订《北京条约》(1860)等等。中国的主权几乎丧失殆尽,各种赔款转化成人民的沉重负担,自明朝开始出现的民族工业的萌芽,遭到毁灭性的打击,国家积贫积弱到了极点。

面对民族危亡、人民涂炭的严重局面,中华文化中的基因起到了极大作用。中国人,以先进的知识分子为代表,没有消沉绝望,没有丧失勇气,纷纷探寻救国救民的道路。100 年中,无数先驱前赴后继,屡挫屡起,愈战愈勇。其间,康有为、梁启超发动的戊戌变法、孙中山领导的辛亥革命是这一时期影响最大、成效最著的里程碑(康、梁、孙恰恰都是广东人,这恐怕不是巧合,其所以然,应该从文化学角度进行考察)。

文化的冲撞并不只有相斥的一面,绝对的抗拒只能加剧民族文化的衰败。特别是像中华民族这样源远流长、博大精深的文化,更应该在对抗中认真学习对方文化中先进和优秀的东西,以充实自己,发展自己。我们学术界的先驱者们就是这样做的。从 19 世纪后期起,介绍欧洲文化学术的译著、用当时新兴方法研究中国问题和自然科学的著作如雨后春笋,接连问世。新的思想必然受到旧思想的抵制,两相冲突,于是爆发了著名的"五四运动"。"五四运动"的精神可以概括为爱国、科学、民主、求实,这正是中华民族传统文化精神和当时时代特色结合的集中体现。

回顾整个 20 世纪的中国历史,应该说,这是中华民族从封闭保守、消沉萎靡到猛然觉醒、振衣而起的历史,是用鲜血和生命探索救国治国之路的历史,是文化逐渐自觉、传统文化与现代社会结合的历史。到今天为止,这一过程还远远没有结束。那么,就中华文化而言,我们应该怎样建设它? 它的未来会是怎样的呢?

五、文化自觉与文化建设

前面我说过,按照人类文化发展的规律,民族的文化自觉是决定文化走向和建设快慢、质量高低的关键。所谓文化自觉,指的是认识到文化发展演变的规律,主动地总结过去的经验教训,思考文化表层和中层怎样建设和发展,底层文化应该有哪些改进。我们所说的文化自觉,并不是指 13 亿人都明白有关文化的道理。受教育程度有高低,从事的专业有不同,所在的地域环境有差异,怎么可能所有人都对同一件事情有同样的理性思考呢? 文化自觉主要还是由知识界,特别是学校系统深思文化问题,形成共识,并把这种自觉向全社会扩散。同时,文化自觉还有一层含义:知识界本来就是新知识的创造者、新文化的传播者,因而应该本着自己对文化的理解,为社会贡献更多、更好的文化产品,特别是有关中层和底层文化的产品。

学校,从来是文化传承的主渠道。但是如果我们考察一下人类的教育史,会发现这样一个历史现象:在现代社会之前,无论东、西方,学校所给予受教育者的都是两类知识和技能:一类是关于如何处理人和自然的关系的,也就是关于生产的知识和技能;一类是关于如何处理人和人的关系(包括与人的群体即社会的关系)、现实和未来关系的。人与人的关系,主要体现为社会生活规范、伦理道德;现实和未来的关系则是包括宗教关于终极关怀在内的对于主、客观世界的深刻思考。自工业革命以来,学校过于偏重了前者的教学,而削弱甚至没有了后者。从文化学的角度看,这是一个很不好的偏差。虽然社会上宗教、社区、团体、传媒可以给人们后一项内容的补充,但是,那毕竟是不系统、不全面的,是否为研究的最新成果也是难以保证的。因此,文化自觉以后对于学校的要求更高了。

文化总要与不同时代的生产方式和生产力的水平相适应,一个国家或民族的文化,要与该民族的生产方式和生产力水平相适应。现在世界已经进入知识经济阶段,以信息技术和生命科学为支柱的现代科学技术,在有力地提高着社会生产力。适应这一时代的文化到底应该是什么样子,至今还是全世界人们苦苦探索的问题。对于中国内地,研究这个问题更为急迫而困难。这是因为,中国内地正处于转型期、过渡期,31个省、市、自治区的发展很不平衡。凡是处于这一时期里的社会、文化,也带有转型、过渡和不平衡的特点。例如,在小农经济环境下形成的生活习惯、观念意识大量存在;很多人感到了文化迷失和失落的惶惑;计划经济的影响不仅仅存在于文化事业之中,在人们日常生活表现里也时时可见……越是激烈变化的时代越需要文化的整合,而变化当中的文化又是难于整合的,这是一个悖论,也正是知识界责任格外沉重的道理之所在。

先进文化,就是民族的传统文化与现代化有机结合的产物。有的学者认为,促使人们做出各种努力的最终动力,是希望获得他人的"认可"。我则认为这动力应该是对美好生活的向往与追求,到生活达到一定水平之后,获得他人的"认可"也不过是美好生活的一个组成部分而已。今后中华文化,恐怕也要遵循这个规律,追求真、善、美(真是普世性的,而善和美则带有民族特征),追求符合人们这种愿望的表层文化、中层文化和底层文化。

那么,现在应该做些什么呢?我不是民族文化的设计师,不可能提出系统的计划或意见;我也不能对三个层次文化的所有现象,例如电影电视、音乐舞蹈、社团宗教、礼仪风俗等一一涉及,看来只能说一说思虑所及、现在可以着手做的几个问题:

1.对中华民族大家庭中各个民族的文化遗产进行保护和抢救。

文化在其相互接触时,弱势文化总是要向强势文化靠拢,虽说不同文化是相互交流的,但往往强势文化主要是输出者,弱势文化主要是接受者。怎样在不同文化交流中,不使多元文化沦为单一,怎样使各个国家和民族的文化在向前发展演变的同时,依然保持住自己的特色,是要特别注意的问题。当前,在中华文化中,原有的民间传统文化是弱者,经济发达地区的文化,特别是城市文化是强者;汉民族文化是强者,少数民族文化是弱者,弱势文化虽弱,却是中华文化中不可缺少的成员,它们是构成中华文化的源头之一。如果任其在经济发展大潮中不断削弱,不仅广大农村和城市人民将陷入文化失落、文化贫困的境地,而且整个中华文化将没有了继续补充以发展、丰富的营养源,那将是贫血的文化、苍白的文化、失去活力的文化。

为什么要提"抢救"?因为民间的、少数民族的有些文化品种已经濒临灭绝。保护是不是要原封不动地留在人们的生活中?不。文化是一种社会选择的现象,是否能继续活跃于社会,要看它是否符合人们的需求,是否在文化竞争中占有优势。那么抢救和保护的意义在哪里?意义就在于这是在抢救和保护中华民族的历史,在那里面镂刻着中华民族从远古走到今天的足迹。它可以让我们以及后代子孙知道我们是从哪里来的,将要走到哪里去。如果让这些文化灭绝,中华民族就成了无根的、迷茫的人群。

2.鼓励发展雅文化。

所谓雅文化,是指在表层和中层文化中经过更多加工、比较细腻、涉及人较少的文化。雅文化与俗文化也是相对的,今日之雅文化几乎都是以前俗文化的提高与升华;今日的俗文化有许多是过去雅文化的遗留。就文化的发生看,俗文化是源头;就文化的发展看,雅文化带动整个文化前进的动力。因此,鼓励雅文化的创作、发展和扩散,包括鼓励学习俗文化中的内容和形式,进而提升为雅文化,再返回到民间。鼓励雅文化就是鼓励文化的不断提高,引导社会不断向上,追求更高层次的文化。鼓励雅文化并不等于轻视俗文化,俗文化存在并活跃于整个社会,拥有最多的群众,满足着绝大多数人的需求,必须为俗文化营造它所需要的环境。鼓励雅文化,也就是从根本上帮助俗文化的发展。

3.建设好大学校园文化。

既然大学是文化传承主系统中的带头者,大学的校园文化自然就是至关重要的了。大学校园文化中有些内容和形式固然可以流散到社会上去,对整体文化起到注入新鲜营养的作用;但是就其主要功能看,校园文化的意义是用具有不同学校各自特色的文化陶冶学生,使他们成长为社会所欢迎的栋梁,把他们在学校所得到的文化修养带到社会中去。例如学校形成研究问题、进行创新的氛围,学生有了创新意识和习惯,随着他们一届一届毕业,就会影响社会观念的改变和进步。

大学校园文化也有表、中、底三个层次。从表层入手,着眼于中层,沉淀到社会的共同底层,就是对社会的巨大贡献。

4.建设好地方文化。

中国幅员广大,由于长期处于农业生产状态,交通不便,各地的文化分别遵循着文化发展的规律向前发展,由于受到多种因素的影响,久而久之,就形成了各具特色的地方文化。例如客家文化、闽南文化、潮汕文化、山西文化、陕西文化、四川文化等等。地方文化的生成、演变规律,有的至今人们还不太了然。为什么这种文化只在这个地方出现或盛行?为什么不能移到邻近的地区去?这中间总有其深刻的原因,需要学者们探究。

地方文化是该地人民在长期与客观世界相处过程中逐步形成的,特别适合表现当地生活和情趣中的细微之处,所以深受当地人们的喜爱。但是如果其形式和内容长期没有变化和发展,就会失去群众,不敌外来文化,社会和个人生活的多样化要受到严重损伤,人们细致、丰富的感情难以寄托和表达,其结果当然是自身受损、社会受损。

有些地方文化堪称世界级的文化精品。例如昆曲,曾经为许多种戏曲输进宝贵的艺术血液,现在"南昆"被联合国教科文组织定为人类非物质文化遗产,这说明,民族的、地方的,往往是全国的、世界的。现在广东、浙江等省已经先后提出建设文化大省的战略,其中就包括了对已有地方文化遗产的搜集、保护和弘扬。随着其他省分经济实力的增长,还会有更多的省、市、自治区努力把自己建设成为文化大省,地方文化将得到越来越高的重视。

中国传统文化在中国当今社会的价值和意义

我们都在思考中国传统文化在今天有什么价值，思考这个问题的前提是已经注意到中国的传统文化，同时也注意到今天我们需要一种价值或者人生意义的见证。我希望从下面四个问题出发，把我的一些想法提出来。

一、文化的发生、发展及其层级。

二、中华文化的形成与定型。

三、中华文化与西方文化的对比。

四、中华传统文化在当今时代的价值与意义。

有了前面三个方面的铺垫，第四个问题就水到渠成了。因为只有认识到人类的传统文化、民族的传统文化是怎么发生、形成与定型的，才能够理解它在今天的价值和意义。同时，如果我们只停留在自己的文化当中来认识自己的文化，这就会出现"不识庐山真面目，只缘身在此山中"的问题，因此要对比。所谓对比，就是把眼光放到中华民族栖息地范围之外去进行比较，也就是跳到"庐山"之外，才能看出"横看成岭侧成峰，远近高低各不同"，但是又在"此山中"，这才能对局部的秀美，微观上也有更深的理解。当然仅仅这样还不够，因为这还是以"我"的眼睛来看中华文化，而每个"我"都受到思维惯性的局限。怎么办呢？这就需要了解他者，看看欧洲人、美洲人、东南亚人、非洲人如何看待中华文化。这就是中华文化走出去和把人请进来，以及不同文明对话的意义所在。不然，容易成为一种俗话："关起门来称老大。"因此要借鉴不同文化中的人的视角，当然他们也有他们的局限，可是毕竟可以参考。

一、文化的发生、发展及其层级

（一）文化的发生

其实这个问题很简单，文化的发生是和人类的出现同步的，也就是当人类意识到自己和豺狼虎豹不同的时候，就开始有文化了。因此，有的西方学者说：文化就是人化。这不是精确的定义，而是从发生学上给出的一个说明。中国的文化，应该说真了不起，不仅仅因为我们幅员辽阔、地貌多种多样、民族众多，而且即使进入到现代社会，我们仍然可以在自己的国土上、某个角落里，发现证明文化就是人化的证据。我们从自己的语言文字文献上也可以找到,以"文"这个字为例,在古文字当中,是一个正面站立的人的形象,在他的腹腔部有个花纹。这是什么意思呢?按今天的话说就是纹身。这告诉我们,从这时候起文化发生了。为什么?任何的野兽,包括最聪明的大猩猩,也不懂把自己胸前的毛剃光,刺上花纹——它们也没有工具,人却会这样做。纹身的具体目的多种多样,人类学的学者说法也不同,有的说是一种图腾,有的说是恐吓别的部落的一种野兽。当人意识到自己是某种不同于野兽的东西的时候,文化就产生了。这后来就变成审美的一项内容,到了这种纹身真正成为审美对象的时候,人类的智力已经又有了长足的发展。在人类的幼儿期,几大洲的原始的人类所走的路几乎是一样的,我们从澳大利亚土著那里,从仍然残留在北美和拉丁美洲的印第安人的保留区里,以及在非洲的丛林里,都可以找到一些现象,这些现象还可以印证大家走的路几乎一样。例如歌舞,围着篝火狂欢;又如直到今天,原始共产社会仍然存在,打了一只鹿不是独食,而要按照部落里的人平均分配。

几乎各个民族的开始都是如此。就中国范围来讲,无论是红山文化、半坡文化,还是余姚文化、河姆渡文化等等,能推测出来的当时的历史文化都差不多。

(二)文化的发展

当人由群居形成部落的时候,文化的发展就加速了。由于每一个地区的地理环境、气象条件等都不一样,这些不一样就造成了生产方式的不同。文化的发展,就是在一定的时空条件下、在生产的环境中形成、发展的。这关系极其密切,因为各地方情况不一样,既有平原丘陵,又有深山密林;有近海的,有江河边的;既有温带也有寒带,还有热带。这样不同地区的文化,就形成了自己的特点。一旦某个特色形成,各个民族的文化就沿着自己的特色和社会的需求不断地前进。例如,中国文化的源头之一就是黄河中、下游,这个地区特点是什么呢?靠近母亲河黄河,气候温暖、潮湿,利于耕作。有些人可能很诧异:黄河南北岸还潮湿啊?我说的是古代,要知道,直到商代定都郑州,后来迁到安阳,那个时候在树林里还有成群的大象。在河南郑州一带,曾经发现过不止一具大象的完整遗骸,甚至在咸阳,在渭河边,就我知道现在保存完整的大象遗骸有7具。比如说"为"字,它的甲骨文字形,就是一只手牵着一头大象的形象。后来考古证明,殷商时代把大象驯化之后用它做代步、代力的工具早于用牛、马。

我们回到黄河中、下游,有利条件和不利条件是什么?原始耕作的锄头、镰刀都是石头磨制的,有了它才能砍树,后来又发明了木制的工具。用木头、石头的东西挖地,那是非常艰难的,用铜已经是很晚的事情了。人们为了提高生产力,就去找新的代用品,一旦发现了铜以后就迅速地普及,于是冶炼业、铸造业就发展起来了。还有,黄河上游都是高山密林,由森林涵养的雨水慢慢地渗漏。但是天有不测风云,今年雨水多就可能发洪水,明年雨水少就可能是旱灾,一旱虫害就要出来。洪水一来家园被毁,旱灾一来连树皮都被吃光,这是大自然对人类的挑战,任何生物,包括无情的植物,都会本能地应对挑战,能很好应对挑战,用我们今天的话说叫适应。后来成为中华民族骨干的黄河中、下游这一支,就在种种大自然的挑战当中不断应战,增强了自己的科学和人文。

前几年跟一位国家领导人一起接见中美洲一个岛国的元首,交谈中他提到,他们国家每个人平均有 6 头奶牛,人均收入 1 万多美元,并且自然条件很好,没有任何天灾,连飓风什么都没有。于是他很感慨上帝的不公平,把这么好的条件给他们,而中国却灾难不断。我用这个观点参加讨论,我说如果中国这块土地没有这么多自然灾害,中国人不会变得如此聪明;条件太好了,就会变得懒惰。他想了一下,表示赞同。

我们的文字虽然晚于两河流域的楔形文字,晚于埃及文化的法老文字,但是我们的文字始终没有中断。今天如果给你几个甲骨片临摹出来,你还能认出几个字来,而且我们字体的变化是有序的。因此,今天我们幼儿园的孩子如果认一些字的话,他能流畅地给你读出"床前明月光,疑是地上霜",这在世界上任何一种文化都是难以想象的。为什么会这样呢?这又涉及文化特色了,华夏族的人在他从事农耕生产当中体会到只有团结、和谐,在广大领域中一统才有利于生产,自己才能吃饱饭、穿暖衣、养儿育女,因此文字就是一个极重要的东西。我们方言很多,像广东话、闽南话,见面语言是不通的,如果文字不通行怎么一统啊?无论是北京还是当初的南宋的杭州,发出指令之后,由于语言不通,如果用口头传达就可能听不懂,但是文字是统一的,只要识字,就可以读懂。

中华文化是多元的,又是多源的。今天看来,中华文化的源头包括巴蜀文化、吴文化、湘楚文化、东北文化,乃至山东一部分地区的文化,到了近代又吸收了西北、西南少数民族的文化,因此用长江与黄河来比喻我们的文化发展是最形象的。在昆仑山发源的时候是涓涓细流,越流水越大,沿途随着地势的变化逐渐形成了它的河道,溪水、小河不断汇进来,大江大河都不断注入,于是形成了世界著名的两条河流。流向哪里呢?"白日依山尽,黄河入海流"。"海"是什么呢? 海是人类的整体文化,但是过去由于利益、信仰,还有交通等种种历史原因,所流入太平洋、大西洋、印度洋的河流在它们之间都建了一个个壁垒,不能真正汇成一个大洋。不同的文化各具特色,且一种文化就是一种生活方式,乃至说是一种习惯,当异质文化来了以后,扭曲了你的习惯,却无法代替你的习惯。因此,民族文化或者地域文化天然就有排他性。

我在谈到上交大进行的一项医药研究的时候,说现在的中医走向国际障碍很多。例如,当初针灸传出去的时候,受到抵制。因为它不合所在国的习惯,他们那里什么都要在实验室里反复实验得出结论才是科学的,才能应用,而经络用现代实验室里的仪器证明不了。后来我们的针灸医生治好了一个又一个的病人,每位患者都是广告,结果影响越来越大。现在针灸按摩的医院遍布全世界,一个小小的英伦就有 3000 多家会所,伦敦有 2000 多家中医馆,但是我们不要忘记它本身受异质文化的排斥。今天我们吊盐水、用激素已经开始受到越来越多的人排斥,因为跟我们的习惯不一致。然而,中华民族文化既有排他性的一面,又有包容的一面,因此我们学习西方的人文社会科学、宗教学以及自然科学、工程技术是非常快的。全世界都在探索为什么中国三十几年就发展这么快,造就了人类经济史上的奇迹,自古至今没有这样的先例。究其原因,金融管理、投资显然不是,你再做个数学模型也解不开,这其实就是中国人的兼容并蓄、拿来主义,但是不是照搬主义,"拿来"是我们消化之后的再创造。所以我曾经和 6 位获得诺贝尔经济学奖的学者说:你们都是世界经济学界的翘楚,可是我作为一个非经济学领域的人,我觉得你们没有人能解释中国 30 年的经济奇迹是什么原因。经济和文化是分不开的。也许哪一年,你们的学生或者你们的朋友能够深入了解中华民族的文化、心理、思维模式,中国人对待传统的态度,再来考察中国的经济,那个时候才能够比较真切地解释中国的现象,而他就是那一年的诺贝尔奖获得者。6 位经济学家分别对我的观点表示赞同。

最后是文化积累的长期性。中国的文化是从在这块土地上的原始人到现在，从人们生产、生活中一点一滴积累的。文化积累的长期性，既是一个规律，又是人类的一宝。由于它的长期性，由于它是人化，由于它是一种生活方式，甚至是习惯，因此，它的渗透性、渐近性以及牢固性就自然形成了。

（三）文化的层级

文化太难琢磨了，任何一个人文学科都不能把文化全概括，特别是在商业发达的今天，什么都是文化。我们思考文化不好切入，于是我建议把文化分出层级来再观察，就好理解和把握了。首先是表层，表层就是可感知的，围绕着衣食住行的好恶去取。衣食住行所用的物质本身不是文化，真正的文化，不是物化，而是精神的，是对物质的好恶去取。例如上海人习惯偏甜的食物，这就是本帮菜的特点；四川人不怕辣，贵州人辣不怕，湖南人怕不辣，这就是辣的文化。有的人喜欢穿 T 恤，有的人喜欢穿衬衣，我喜欢内中外西。麦当劳一进来都喜欢吃，这也是一种文化。衣食住行等外来的文化很容易被接受，因为有新鲜的味道。一个人的胃口偏好大约十岁形成，一旦定型之后，一辈子难改变。我提倡学英国人的一句话："最好吃曾祖母吃过的东西。"现在海鲜多了，嘌呤也高了，痛风出现了；反季节蔬菜是新鲜，冬天我们能吃到夏天的菜，可谁知道这些催生出来的食物在你的身上会有什么影响？就算此生没有影响，没准你的孩子一代、孙子一代就出现了。吃美国转基因大豆做的油，谁知道到孙子一辈会产生什么变化？所以围绕着衣食住行去取好恶，不但体现于个人的爱好、民族的爱好，还涉及一个深层的问题，就是我刚才所说的对后代的影响。基于理性思考的时候，你又产生了一种或者接受或者抗拒的心态，这本身就有精神文化。

表层文化的特点是容易改变。就拿现在的中式衣服来说，实际上是清装，包括咱们开 APEC 会议发给各国元首的衣服都是清装，民国之后公家就不穿了，但是民间还流传，一直到我们"文化大革命"的时候，穿的棉衣还是中式的。改革开放后又变了，我也赶快做西装。穿了 30 年西装，总觉得不舒服，做得贴身，但不方便，于是我又穿回来了，你说这个变化快不快？吃的东西、住的房屋、走的道路也是这样，我刚上大学的时候北京师范大学前是一条窄窄的路,到了我上学的第二年开通了一条公共汽车线,那时候我们可以在马路上散步,为什么?没有汽车。现在马路拓宽了 3 倍,车水马龙,50 年变化太大。

表层文化的第二个特点,是直接作用于人的感官的,眼、耳、鼻、舌、身。所以商家专门刺激人的感官,以增长消费,就是这个道理。表层文化所体现的东西在一定程度上是和动物性密切相关的,小猫小狗也知道挑好的吃。那时候我们经常下乡,我喂过猪、放过羊、赶过马车。那时候的猪食哪有饲料?都是些剩的饭菜,再割点猪草剁一剁,锅里煮一煮。猪很精,它把鼻子直伸到汤水底下去,为什么?粮食都沉底了,猪先吃沉底的粮食,吃完它才吃一点上面漂的猪草。所以只注意感官,就是放大了动物性,忽略了人兽之别。

其次是中层文化。有的学者称为制度文化不太准确,是感而未必知的文化,包括文学艺术、风俗习惯、制度法律、礼仪宗教等等。这个"知"是什么呢?如果把它放到文化规律中来认识,莫言的小说就是一个文化形态,它在整个文化链条上处于什么地位不知道,它的特点是什么,也很难改变。又如宗教,传说佛教是在东汉传进来的,到现在超过两千年,但是没有物证。一开始佛教靠着灵异故事,就是特异功能似的变戏法吸引人,可是深入到佛教的教义,就跟中国的文化冲突了。儒家跟佛教争辩,道家跟佛教争辩,佛教为了适应中国,西来的高僧就学中国的东西,糅进它的内容,让二者接近。这样经过了将近 700 年,到了唐代才开始中国化,形成了中国佛教——禅宗。禅宗的形态和释迦牟尼创建的佛教已经有很大的不同。又经过了二三百年才普遍开花,穷乡僻壤全知道了,甚至信奉,你想想慢不慢?基督教是在唐代传入的,当时有一派叫景教,在基督教的王国被认为是异端受到排挤。当时的基督教对异端教徒是要杀掉的,为了逃难向东迁移,先到波斯(今伊朗),慢慢进入到中国。中国是包容的,你信奉天主,当时叫神,我们信奉的是德行和祖宗。但是没关系,给你一块地建寺庙,同时到别的城市也可以建寺庙,在中国传了两百年。到了唐末五代社会大乱,各种文化都受到摧残,景教逐渐消失。后来又经过几百年,元代基督教徒再进来,传播到现在,天主教总体的人数大约才 500 万人,因为要入教就得改变自己的文化观念,难啊!我举佛教传入的例子,是想指出整个形态适应是缓慢的;举基督教的例子,是想指出一个人观念文化的改变是艰难的。

中层文化既关系到人们的物质生活,如衣食住行方面;又关系到非物质的生活,例如宗教礼仪;关系到物质,是物质里承载着文化。清明节给自己的父母上坟,再节约总得带一枝花或者一束花,它是物质。以前是烧纸,但是容易引起山火,污染环境,所以现在就变了。非物质生活像文学艺术、礼仪宗教会作用于人们的心理,到了这一层为什么难变?因为各个民族都是有意地保护自己的传统,拒绝外来。例如艺术,固然像百老汇、巴西的狂欢我们也看,但是如果想要年年在上海的大街上举办,那还得若干年。为什么?不是有意的,就是老百姓不喜欢,看一遍两遍还好,再下去他就不来了。这不是政府行为,是群众行为。例如犹太教在中国也曾经存在过几百年,中国是保护的,犹太人社区里还出现过宋代的高官,做到四品,现在都有石碑文献的依据。但是本土人信奉犹太教的几乎没有,都是他们的后人。后来黄河决口把开封淹了,再加上金兵南下,宋朝连自己都顾不上,哪还顾得上犹太人的社区?于是犹太社区就散了。犹太人真了不起,他们在世界的社区只有在中国自然消失,只有在中国的犹太人后裔被同化了,剩下在世界各地都仍然保持自己的传统不被同化,其文化的生命力在全世界是最强的。所以民族是有意保护中层文化的,因为这关系到民族的团结,以及国家一统和安定。

底层是精神文化,一般人是难以感知的,或者是知其然而不知其所以然。底层指的是宇宙观、伦理观、价值观和审美观。宇宙观是思考世界怎么来的,世界将来怎么样,世界怎么构成的。中国人认为自然它本来就是这样,找不到原因,过好了今天和明天最重要。西方人理解世界是神造的,你怎么知道是神造的?不需要证明,也无法证明,如果没神哪来的世界?循环论证。这是宇宙观。价值观、伦理观和审美观,特点是极难改变。

底层是要影响到中层和表层的,同时又受中层、表层的反作用。若干年前我给美国400位中学校长和地方教育官员做过一次报告,给我出的题目是讲中华文化。中华文化博大精深、源远流长,让我两个小时讲清,这怎么讲?后来我想给外国人讲还要话语转换,于是我上来就问他们吃过中国菜没有,好不好吃?大家都说很好吃。我再问为什么的时候,就冷场了。接着我就举了几道在中国风行的菜肴:麻婆豆腐、宫保鸡丁、大馄饨等,因为你给他做本帮菜,做杭州的西湖醋鱼,他未必喜欢,我就举宫保鸡丁,酸甜苦辣咸都有,厨师这个加一点,那个加一点,好吃!五味调和。再展示几张画片,八月十五,一家人吃月饼。我说中国人特别喜欢圆,月饼、元宵都是圆的。为什么中国人喜欢圆?周边与圆心等距,大家一样;同时圆是无数的点构成的,没有死角。如果是方的就有角,距离中心不一样;同时圆是最满的,同样的外边长度的最大面积就是圆。这就是为什么中国人追求什么都要圆,要团结,包括剪纸,双喜字也剪成圆的贴在上面。这个就是我们的审美观、伦理观和价值观在表层的映射。所以三层是这个关系。

二、中华文化的形成与定型

中华文化的形成是在夏、商两代。夏、商两代的特点在于他们的底层是对天的崇拜,虽然把天和祖先合一,但是根本还是天。《说文解字》解释"天,颠也"。它的字形在甲骨文中是一个人的形象🧍,上面的圆疙瘩代表头,下面是躯干和四肢,象征人的头指挥全身,这就是中国人的一种宇宙观,跟信仰和崇拜都有关系。其实那个时候各个部族、诸侯信仰都不一样,后来周王朝灭殷之后,定都陕西,传说是周公治礼作乐,他希望让全天下的文化走向定型。为什么这个时候能够定型?当时出现了几个有利条件:

1.社会条件。周王朝前 300 年社会稳定和谐,这是农耕生产的要求。农耕社会讲继承,祖先和父辈开辟的土地不能随便舍弃。你的农具,把石头打造成了镰刀,把木头磨成个锥子,能随便不要吗?人们需要和自己的土地、森林树木以及野兽、家禽、昆虫经常打交道,所以他就需要思考。农耕生产第一次给人类提供了除了即时消费之后的剩余,因此分出一部分人去搞手工业,分出一部分人去搞文化。古代的巫就是高级知识分子,会看病、会算卦,他是专职的。这时候一部分人开始悟道了。什么是"悟道"呢?就是思考宇宙的规律,今年的今天,午夜子时,我看南方的正中是二十八宿的某一宿,明年这一天子时你再看它又来了,它是循环的。知道宇宙循环,同时发现它的一体,发现了天和季节的关系,和生产的关系,"天人合一"就是这么开始慢慢地运作。人生的规律,有生必有死,跟植物和昆虫是一样的。说将来到末日的时候,上帝恩典所有过去千百年的死人全活了,这是天主教的教义,中国人不信,"人死不能复生",这是中国古话。中国人没有彼岸,但是死可以不朽。什么叫不朽呢?《左传》给了回答:"立德""立功""立言"。也就是说你的业绩、你的学术成就、你的精神,会永远流传下去。怎么流传呢?转世了,不是佛教的轮回转世,是我的精神传给我的学生,他再传给他的学生,这就是长期性、牢固性。

2.定型还需要中央政权有权威性。而周的政权则极具权威性,同时还要有杰出的领导人和学者,杰出的领导人就是周公,杰出的学者就是孔子。周公从制度上保证治国、建学校等一系列措施的推行,孔子从理念上继承了之后,整理形成了一套学说,比较完整地体现在《论语》这部书里。虽然《论语》短得只有 12300 多字,可是如果归拢起来深入研究,就会发现中华文化的要素都有了。

《论语》的主要内容是什么?

首先是"礼"。所谓"礼"是制约人际和天人之际关系的规范。《史记》上有两句话:"究天人之际,通古今之变。"通古今之变是纵向的,究天人之际是横向的,要解决人和大自然的关系,这里天是自然的意思。这两个加在一起,就是人文社会科学的全部。公元前 2 世纪司马迁说的话,到现在仍适用于全世界所有的民族。

其次是"仁"。在儒家看来,人从来不是自主的主体。通俗地说我们每个人都有多种身份,这多种身份表现在多种关系中。对于父母来说我是儿子,对于子女来说我是父母;对于学生来说我是老师,对于老师来说我是学生,人在不同节点上接触不同关系。如果每一种关系都打架,我跟父母吵,跟子女吵,跟老师吵,这人还活不活了?因此讲究"和","和"的前提是包容,遇到问题要协商,这个完全是生活和生产决定的。孔子说:"性相近也,习相远也。"孩子什么都不懂的时候,小嘴到处找,把奶瓶一塞就不哭了,这有什么善恶?他为了自己的生存,这是本能。"和"是多么的重要,我自己要修养,胸怀要宽,对人要好,受点委屈没关系,但是这些道理需要学习,这就是儒家的基本。

另外,最可贵的是所谓"礼"和"仁"都是以人为本,所以中国的人文主义在世界上是最早的。但是"五四"以后,我们要学习文艺复兴,殊不知文艺复兴的人文主义,本身就是中国传过去的。文艺复兴的启蒙思想家发现,原来东方有超过他们的智慧,就吸收了,后来我们把它翻译成人文主义。"仁",就是爱人,有等差的爱;同时给这有等差的爱以不同的名称,对父母的爱就是"孝",对兄弟与朋友的爱就是友,对更远的有某种关系的或者不相识的人的爱就是"义",都是以人为本。为什么呢? 不以人为本就是不以生存为本,不以人为本这个民族就要完蛋。如果一个人一个文化、一个人一个爱好、一个人一个行为,肯定不行,社会得有共识。所以"礼"既是制约的,但是又给你空间让你发展。始终有一种理解,认为中国的礼治是扼杀了个性,我在研究中持怀疑态度。我和两位教授聊天,三个人研究方法不一样,但我们都得出"礼"约束人行为的同时,提供相当的空间让你发展个性。

有一个事实很清楚,佛教的中国化就是中国人的创造。在"礼"和"仁"的这个领域里,孟子跟孔子无法比,但是孟子提出了"性"的问题,这就是开始带点形而上;然后到荀子,然后是董仲舒,虽然有些他创造的东西是荒谬的,但是社会和学术允许他这么做;然后到唐代,特别要提出的是柳宗元和李翱,李翱写过中国哲学史上很重要的一篇文章叫《复性书》,又创造了;到了宋代形成了理学,也就是宋代的儒学。所以在帝制时代它是鼓励创造的,否则就不可能在明代的中期以前,中国的科技一直居于世界的首位。

礼的内容很丰富,包括山河一统、社会分级等。人多了必然是一层一层地管理,总统、国务卿、国防部长、联席会议的参谋长、各州州长、各市市长,是层级的,是网络的。我说的是现在,古代中国也是一样,皇帝、各省到各府的官员,讲个人的道德修养,让社会往前走的,是一个一个人的道德修养的汇集,同时允许个性。

仁的内容很难概括,用孔子的话就是"爱人",体现在不同领域有不同的内容,后来又概括了"仁、义、礼、智、信"。这五个字当中"仁"是核心,"信"也就是内在的诚,是爱所必然派生的。比如对父母、对师长、对同学,用你真正的诚恳,一点虚的没有,所以前提是你要爱他。你不爱他,甚至讨厌他,你能对他诚吗? 实际上信就是诚的外在表现,儒家特别强调诚,是指内在。我们今天谈的诚信,其实诚是内,信是外。

说了半天,你把"天"弄哪里去了? 周公在治礼作乐的时候,规定祭天是天子的特权,诸侯只能祭领地里的山川,老百姓更不可祭天,也祭不起。这样一来似乎抬高了天子的地位,但是让广大民众距离天越来越远,也就不关心了。

儒家敬鬼神而远之,为什么对鬼神敬呢?百姓都信鬼神,我不能离他们太远,我心里也敬,适应当时的民俗,这就是中国人对于虚无缥缈的彼岸的态度的一个雏形。

由礼和仁再扩展,就是大家所说的"修、齐、治、平"。先是跟我关系最近的老婆、孩子、父母,古人说的齐家是指家族。再扩大就是"国",国是指诸侯。"平天下",平不是讨平、征伐,平就是和,所以现在说"和平"。中国人"天下"的观念,是随着地理知识的扩大逐渐扩大的。孔夫子那时候的天下,不过就是中原地区加上今天的苏州如此而已,后来扩大为整个华夏。海运发达后,发现原来海外还有山,还有国。今天中国的天下,已经包含了宇宙。但是在这当中要强调"修身"是无止境的,虽然在儒家嘴里有君子、贤人和圣人之分,但是边界是模糊的。"圣",后来人们把"圣人"强加给孔子,我想他活着一定让人把他这个帽子给摘掉的。"圣"是没有止境的、一代一代追求的最高境界,因此孔夫子告诉你:要做君子,不要做小人。

因为是"人化",是渐进、牢固、渗透的,因此社会层级之间形成了凝聚力。为什么能凝聚呢?我个人认为是因为习惯,例如嫁到台湾的大陆新娘,就有一点不习惯,甚至很痛苦,所以有的离异了,有的经常吵架。因为嫁过去之后,甭管你是不是博士毕业,早晨起来第一件事是沏茶端到婆婆面前,老太太可能根本不喝,说你去做别的事吧,这就批准你别来了。我们嫁过去的人,首先对这个不适应。谁好谁坏我不评论,我想说换了一个生活习惯,不适应。

因为习惯所以就认同,湖南人见到湖南人特别亲,为什么?今天咱们可以多吃点辣椒;山东人见到山东人,今天咱们一起来大葱蘸酱;跟上海人一起就不敢吃大葱,嫌你口里有味道。这就是为什么认同。乃至你去留学,耳边响起中国话来,虽然不一定是你家乡的人,只要是中国人,你就会很兴奋。认同之后产生凝聚,于是这个国土就是"超稳定"的。"超稳定"是引用了英国历史学家汤因比的话,他经过研究世界的历史,最后得出结论说中华大地5000年来是"超稳定"的。为什么?因为他用历史主义的方法,把中国放到整个世界的背景去比较,这是我开头所说的外国人在"庐山"外看"庐山"。

这样一来,民族已经是一个文化的概念。例如"中华民族"这个词是孙中山先生先提出来的,中华民族是多民族,因此中华民族这个词是文化的改革。民族也是一个凝聚的实体,靠的什么? 靠习惯,靠人民。

三、中华文化与西方文化的对比

通过对比来认识我们文化的价值。西方文化的形成是在游牧时代,以游牧为主,也有一些农业,这个农业集中在巴勒斯坦地区。顺便提一下,把文化分"东西"这个本身就是欧洲的观点。例如巴勒斯坦在我们的西边,为什么被称为东方呢? 因为它在西方的东边。西方文化用方向来命名是准确的,但应该界定一个范围。我所指的西方是希伯来—希腊·罗马——开国才 200 年的美国不在这个范围,因为它是移植过去的,它的根基是希伯来,也就是犹太。

生活在巴勒斯坦这片土地上的人以游牧为主。人总要解决我来自哪里,要走向哪里;为什么我放着牛突然雷电来了;为什么去年我到这里草木茂盛,今年却这么荒芜;为什么又发生地震了这些问题。他要找原因,于是就假想一个神,本来犹太人信的是多神教,后来慢慢变成了一神。注意一神教这个"一"就不是"二",就不能接受二,因此一神教天然的就是排他的。我要维持一个神怎么办? 杀! 同时这个神是我的神,你说你的是另一神,一山哪能有二虎呢? 杀! 后来基督教演变到中世纪,压迫太深,于是宗教改革了,创造了基督教的新教,就是现在的基督教。老教就是天主教,天主教当时是整个罗马帝国的国教。还有西罗马帝国和东罗马帝国产生纷争,东罗马帝国延续 1000 年,留在这里的教叫正教,就是现在的东正教。当时的基督教统治巴勒斯坦和阿拉伯人,阿拉伯人就开始反抗,创立了伊斯兰教。

一神教的基本教义,是人有原罪,生来就有罪,罪可以遗传。亚当、夏娃有罪,让人别受诱惑。人怎么就让蛇给诱惑了? 本来应该是天下所有的东西由上帝来创造,结果他们乱伦,生出孩子来,他们创造了,所以孩子是非法出生。若要得到救赎,第一条就是无限地信仰上帝,在社会上你就应该拼命地去工作,这是上帝的意思。到了资本主义初期,就是要拼命地赚钱,不择手段地赚钱。上帝又说,只赚钱不行,你要过简朴的生活,你死的时候把剩余的钱交给社会,这就是救赎了。救赎的结果是什么呢?回到上帝的社会,而不下炼狱。而犹太民族是什么地位呢?是上帝特选的子民,选民从犹太跑到美国,因此美国天然地给老百姓一种自豪。上帝选民特权在哪里呢?领导全世界,大家都这么做,最后就能上天堂。

基督教有《摩西十诫》,《古兰经》有"七戒",这些戒律都是引导人向善的。我把中西信仰对话引向伦理的对话,为什么?因为谈信仰谈不拢,外国学者都知道我是无神论。但伦理咱们强,不许奸淫,不许偷盗,不许说谎,中国社会的生活本身就不允许,中国人是自觉地遵守,而不是一个有形的手控制的。因此西方从罗马法发源到现代法,《古兰经》上面说偷了东西要砍手,但是社会上的罪是多种多样的,这些戒与法不行的,就由社会的领袖解释。文艺复兴提出的自由、平等、人权、民主,都是从这里出来的。上帝告诉人们,我造的山川草木都是供我的选民用的,所以你们去用吧,于是乱开发。平等当然平等,在西方祷告里称上帝为天父,父亲只有一个就是主,剩下大家都是兄弟。西方真正的父是主,简化了人权,人权是天赋的,天指的是上帝。而我们理解的"天",是自然生出来的,是大自然宇宙的赋予。

美国式思维特点,自以为是上帝选民,所以唯我独尊。他对世界的理解只是皮毛,甚至是物质的;他了解的都是他本国的事情,认为只要了解了自己就行,所以又是脱离现实的。另外因为利益的驱使,养成讲实用主义精神,讲实用主义就不顾他过去说过的话、过去做过的事情。倒是有一个好处,很坦率。人家不怕,为什么?因为实用主义。说中国人好面子,为什么?其中一个就因为不是实用主义。

这种思维方式形成的原因跟地理环境有关。现在面临一个问题:整个人类走到十字路口,甚至有的学者提出来,照这样下去人类将要走向灭亡,因为人类的战争、环境的污染和资源的枯竭。一旦资源枯竭之后,大量我们没见过的病毒细菌就要蔓延,因此必须另寻出路。这时候西方的思想家就开始思考自己的转型,能不能从二元对立的环境观转变到整体论。同时,我们也要思考如何向西方学习,东西结合以解决我们自己生存的问题。但是西方文化如果要转型,就需要放弃一神论的信仰和由此形成的理念以及哲学,太难了！因为文化是一种生活方式,是一种习惯。"习惯的力量是最可怕的",这是列宁的话。与之相比,中华民族的转变会更直接而快捷,为什么？这就谈到传统文化在当代的价值,我们的四观是老祖宗教给我们的,而这正适合人类的发展,只要我们回忆起来,用来指导实践就可以了。当然我们还有一个重任,就是要学习西方,在解决物质世界的问题的时候,我们的整体论、二元论等这些思维方式不够用,还应该参考西方的分析论。举例子说,只有中医没有西医,解决不了中国人的健康和疾病问题,只靠西医不要中医也不行,恐怕就需要中西医结合。真是出现急性病得赶快送西医,出了慢性病你别上西医,你得找中医去。我这说的是表面,其实任何一个疾病都要中西医结合。现在很多大医院在癌症手术做了之后,很多大夫都嘱咐你出院之后用中药调理,这也是一个课题,还需要一段时间。因此整个观念的转变,对中华民族来说,不是扭转的问题,是回忆和升级的问题。

四、中华传统文化在当今时代的价值与意义

说到这里水已经自然流成了一条渠,我就做一个小结,中国传统文化在当代的价值,我想在伦理层面要大力强调仁。仁的思想应该讲究爱,但是我们又不是博爱。中国曾经出现过博爱的理论,这就是墨子的"兼爱",对天下人的爱应该是一样的,但这违背了人性,也违背了中华民族的传统。然而不管怎么样,各家都共同讲仁爱。哲学层面,中国哲学讲一元论、整体论、中和论。所谓"中",就是不走极端,不是非此即彼,应该参照多元,取不偏不倚、不极端的做法。中庸之道的内涵,比我说的"中"还要宽泛,"中"了之后还要"和"。

另外我们的目标,是社会和谐、大同、天下和平、人民过上和谐富裕的生活。祖宗留下来的这些思想,我觉得在今天不仅仅有振兴中华的价值,而且有和一元论勾兑取得中和的作用。美国一位前几年过世的著名汉学家也说过,中国的哲学更接近于当今自然的发现与成果。为什么？美国的医学发现要学中医的整体论;同时在研究宇宙的时候,什么大爆炸、黑洞都是假设,但是假设当中,有鉴于《老子》,他们已

经意识到宇宙原来是混沌的。同时中国的各种事物之间是密不可分的，不能机械地切断，这个理论已经在多学科当中感受到了。因此从20世纪70年代开始，西方提出交叉学科、复合型人才、跨学科研究，就是意识到了这点。但是一位著名学者跟我说，在西方跨学科相互渗透、复合型人才培养至今是个神话。而我们缺的是什么？我们还在拼命学习西方，到现在国学、儒学、中华文化学在我们学科里面是没有的，申请都通不过。我们研究的国学、儒学、诸子学等都是综合的，所以即使是方法论、思维方式论等中华民族的这些理论都可以给世界参考。为什么我们强调参考？因为我们不能唯我独尊，东西方文明各有各的好处，他适合他的社会那是最好的，我这个适合我，但是我可以介绍给你，你自己选择要不要。

我有一次驳斥西方所谓的威胁论、价值观输出论，我说你们国家的文化是一个店，经常出售给中国，中国这个店过去尘封已久，现在我把门面打扫了，抹上油漆，准备重新开张。我们中国这个店，允许不允许在屋外插上商品介绍牌？逛市场的人你看一看，你看着商品好，你买走；你看着不好，你上别的店去，这怎么叫价值观输出呢？虽然跟我对话的人并不是这个观点，最后也说，你说得完全对。所以我们要注意，我们不管在孔子学院还是在哪儿，我只是介绍，只是讲述我们的故事，不是向你们推销。为什么非得推销呢？

从孔子时代到现在，中华民族始终存在着德与欲的搏斗。有些人问我，既然中国这么好，怎么中国历来有贪官、有荒淫呢？这就是二者在斗争，在一段时间里，可能欲还占了上风。5000年来，德一直在引导，其他的文明也是如此，现在西方人研究中国就是和他自己在比较。前几年我到欧洲，欧洲汉学联合会的会长跟我说，几十年来我们在欧洲研究汉学的人是孤儿，现在你们崛起，我们找到家了，这是现状。但是这背后为什么他能坚持汉学？就是在和他们的东西进行博弈。同时我们在考虑它的价值的时候，要把帝王的添加和民间的创造与儒家的本体区分开。例如"三纲五常"，这不是儒家的，是汉代的皇帝强加的；又如裹小脚，也不是儒家的，是民间的创造，这和法国的妇女缠腰是一回事。所以不要把这些陋习算在儒家里，而应该剔除掉。

因此，我认为德在历史的过程中，每时每刻都在起制衡的作用，也就是在天平上博弈。但是在博弈之中，还应该看到人类一直是向着崇高、和睦、太平蹒跚前进。回过头观照中国的历史，你从理性到感性看得很清楚。未来的路程也将曲折坎坷，但是人类总是朝着和平、幸福前进。

漫谈「文化强国」战略

"文化强国"战略和国家整体战略是相互依存的。"文化强国"战略包含在国家整体战略之中，没有"文化强国"战略不可能有完整的、使国家真正强大起来的整体战略。因为，有了钱只能称作"富"，只有在有钱的基础上又有了发达、丰富、先进的文化，才能说是"强"了。现在，我们只是达到了初步的富，还没有达到强，建设富强国家这篇"大文章"只做了一半，因此，需要制定和实施"文化强国"战略来完成"大文章"的另一半。

一、制定和实施"文化强国"战略，既是中国自身的需要，也是世界未来的需要

　　现在，我们文化的状况（我这里说的是文化深层的状况），实在让人担忧。进入近代以后，我们在学习西方文化的很长一段时间里，由于对自己几千年文化传统研究得不深，更由于禁锢过久，面对西方强大的工业、武力，曾错误地认为自己的文化一无是处，应该彻底抛弃，于是大口大口地吞食西方文化食品。但是，西方文化食品中，既有丰富的营养，也有过量的激素，食之过久，浸透了我们文化肌体的每个器官，造成了文化肌体的"亚健康"。其主要表现是：在社会层面上表现为对科学技术的迷信，对物质享受的崇拜，对倒退文化的赞赏；在思想领域充斥着二元对立、工具理性、机械论。现在，我们所遇到的种种社会、环境、心理问题，弥漫在各个领域的"三浮"（浮躁、浮夸、浮浅）现象，无不与这种激素在文化肌体里发生作用有着密切关系。这种"亚健康"的文化肌体，需要扶正祛邪，为此，必须下很大的力气，费很长的时间。

　　那么，当今世界上的情况又如何呢？现在，我们可以说：曾经给人类做出巨大贡献的西方文化已基本走到了尽头，它对解放人类思想、对推动科学技术发展、对社会进步的贡献和推动力，它的再生机能，都已经枯竭，再也无法给人类做出新的贡献。人类未来的出路，在于各个民族和国家恢复被西方文化冲毁的自身传统，以多元文化交融代替一元独大。这一点已经成为西方思想界许多学者的共识。还有许多西方学者，虽然在努力批判他们自己300年来的文化传统，而且得出的结论逐渐接近中华文化的理念，但是由于不了解中华文化，所以还是在"隔山唱歌"，虽与

中国有所呼应,但并不真切,更没有联起手来。因此可以说,中国制定和实施"文化强国"战略,既是我们自身的需要,也是世界未来的需要。

中华传统文化中的确有促进世界和谐、人与自然和谐、人自身和谐的丰富内容,其体系之完整、论述之细密、人性之饱满,为世所罕见。但由于以前我们曾妄自菲薄,毁坏过重,因而传统文化中的这些优秀内容不为国人和世界所知。今天,我们思考文化战略,必须要有历史的眼光、世界的视野、自信的胸怀、创新的胆略。

二、思考文化战略必须遵循文化发生、发展、 壮大以及由兴而衰、由衰而兴的规律

我们应该和可以采取什么样的文化长期战略?这似乎既不是我一时能够回答的,就学界来说,也是见仁见智,莫衷一是。我只想说,思考文化战略,必须遵循文化发生、发展、壮大以及由兴而衰、由衰而兴的规律,必须对症下药,针对当前文化的状况和走势以及未来的可能性。我认为,认识当前文化的状况和走势,可以从以下几个有关文化发展规律的问题入手。

1.文化的长期性和坚韧性。

文化的发生与人类的出现同时,因为有了文化,人类才成为人类。文化,是人类区别于其他动物的根本标志。孟子说:"人之所以异于禽兽者,几希。……饱食、暖衣、逸居而无教,则近于禽兽。"他所说的"教",就是教化、文化、人化——获得人之成为人的品质。

中华民族的历史悠久,中华民族的文化比中华民族的历史记载更悠久。从文化发展史来看,文字发生得较晚,即使最早的文献中有"口传历史"的内容,但实际的文化历史要比这些记载还要早得多,因为更早的传说已经不可得知了。所以,后人所有对文化最终之源的追寻,都是猜测多于证据,永远成不了"信史"。

文化的坚韧性决定了文化的长期性,而坚韧性则来源于文化,也就是人类生活的方式、内容、习惯以及风俗,它一旦形成,就成为人们(部落、部族、民族)生产、生活、相处的基础和条件,因而必然会一代一代地传下去,任何外部力量都对之无可奈何。虽然在传承的过程中,也必然

有所丰富、变异、发展、衰落,但只要文化符合人们生产、生活、相处的需要,特别是如果形成了人们的信仰和哲学,而这种信仰和哲学又已经浸透在其他种种文化形式之中,就不会被颠覆。在人类古代四大文明(两河流域文明、埃及文明、印度文明和中华文明)中,只有中华文明历尽沧桑而从未中断,原因就在于此。任何时代的文化,都只能在前代文化的基础上发展,绝不可能突然种植出或移栽来一种全新的文化,原因也在于此。文化的培育是个长久的过程,不能急于求成,原因还是在于此。

2.教育系统是维护文化传承与创新的主干。

民族文化一代一代传承的方式、方法和渠道是多样的,但其主干则只有一个:教育。

从世界历史来看,人类在蒙昧时期,教育只限于部落、部族中的生活训练或长辈的教导;出现家庭后,则主要是父祖辈亲人的言传身教;一旦形成国家,一般都会出现学校性质的机构体系,对年轻人进行正规的系统教育。在工业革命之前,世界各国的学校几乎都是以传授道德、信仰以及书写、计算知识为主(韩愈所说的"传道、授业、解惑"就是对这一阶段教育内容和性质所做的概括),生产技能则主要是由长辈进行"现场教学",手把手,口传心授;工业革命之后,传授知识和技能变为学校的主要职能,特别是在政教分离之后,西方学校不再主要承担培养伦理、信仰的职责,"纯知识""纯技能"成为其主要特征。

我国从 1906 年正式开始废除旧学,兴办"洋学堂",但是中国人从来重视发挥学校在文化传承、道德培养中的作用,所以在洋学堂里也讲究"德、智、体"的培养,于是学校就成为传承文化的主要场所(在西方社会,虽然学校不承担对学生进行德化教育,但是宗教和社区发挥着极其巨大的教化功能,再加上媒体、影视等工具,补充了学校的不足)。

学校对人进行教育具有系统、综合与形成独特环境的优势,所以虽然家庭也是文化传承的重要场所,父母是孩子的第一任教师,但还是要"易子而教",把孩子送到私学(如村塾、家塾或学校)和公学去学习。

所谓"系统",即根据学生的年龄施以相应的教育,先重感性教育,渐重理性教育,由浅入深,自成体系。这一教育的核心,就是使受教育者成为一个正常的公民,即社会所需要、所欢迎的人,也就是一个完整的人。所谓"综合",即文、理、工、法、音、体、美等课程和课余活动相互配合,形成一个全面、整体的教育。所谓独特的环境,即让受教育者进入一个小社会,形成一个特殊的群体,这是一个"自然人""家庭人"转变为一个"社会人"的准备。过群体生活就要接受群体生活规则的约束,这对于将来进入社会是必不可少的训练。学校进行教学或其他活动,都会有相应的教具和设施,这是家庭难以具备的;另外,学校里独有的学习、思考、辩论、合作、欢乐的氛围,也在悄然地对受教育者的成长产生巨大影响。

教育的本质功能,是留存、传承、创造文化的基地。毋庸讳言,我国教育的这一功能,从某种程度上说遭到过扭曲乃至摧残。这在教学领域的突出表现,就是没有把学生和教师当作一个"人"来培养和提高,而是当作了机器——将来生产物质产品或从事某项业务的机器。机器只能生产,只有"人"——具备了优秀文化的"人"才能创造。如果学生在 16 年(从小学到大学本科)或 24 年(从幼儿园到博士)中成长为一个"全人"、一个可以进行创造的人、一个符合他所处的时代所需要的人,那时学校的本质功能就实现了。

3.社区文化+家庭文化的巨大渗透作用。

在现代社会,我们在文化传承和文化建设中不能忽视了家庭和社区对人的影响。广义的社区包括行业,例如学校、军营、企业等。这里所说的社区是狭义的,指农村的乡镇、城市的街道或居民小区。旧式的街道弄巷,左邻右舍相处多年甚至成为几代世交,彼此熟识,融洽的关系、共同的爱好、互助的风气,已经构成了各具特色的"文化小区",这对人的成长有着无形而巨大的影响。我国城市和农村的现代化和城镇化,极大地提高了人们居住条件的质量,但也把固有的社区打散了,新的社区成了缺乏文化的聚居地。在这样的情况下,人们能够从中获得文化营养的,"八小时之外"就只有家庭了。试想,现在当一家人要从这个小区的大楼中迁往另外一个小区的时候,还会像从小巷子里迁出时那样对邻居恋恋不舍吗?社区文化和人的关系,亦即社区文化与家庭日常生活的关系最为密切;一个社区文化的形成,在自觉营造的前提下,也需要几年、十几年,甚至几十年;放慢了或忽略了社区在文化建设与传播中的作用以及对人的道德养成、培育良好习惯的功能,是很大的损失。

4.考察文化的状况。

我认为,考察一种文化的状况可以从三个方面入手:一是文物保护和利用的情况；二是学术研究的情况；三是百姓在认识上、实践上认同的程度。

文物，包括地上的和地下的文物遗存，当然传世文献也在其中，这些是传统文化的物化形式。虽然我们经历过"文化大革命"的劫难，但是现在地上的原有文物，基本恢复了过去的规模；新发掘的文物日益增多，保护得也很好，在文物的适当利用方面也积累了一定经验。学术研究，因为曾经停顿多年，到 20 世纪 70 年代，我们不仅落后于邻国如日、韩，即使和台湾地区比，也有相当差距。近年来，这方面有了长足的进步，研究的范围、研究队伍的规模、经费支持的力度和成果的水平，都有了极大的提高。虽然在有些领域和国外还有差距，但就总体而言正在接近国际水平。我设想，再给我们十年二十年，一定会整体达到国际水平。

百姓认同情况，实际是优秀传统文化内化程度的体现，也可以说是优秀传统文化生活化的反映，是自身文化强不强的最重要的反映。但这却是当前最让人忧心的一点，我想这似乎无须我来论证，人们可以举出生活中的无数实例。造成这种状况的原因很多，探究和论证起来可以写若干本书。我只从一个学人的职责角度说，优秀传统文化不是摆设，不是只供学者研究的对象，而是养成民族灵魂的最好营养。如果一种文化产品，只存在于博物馆中，一种文艺形式，只存在于舞台上，那么我们就可以说，它们已经死亡了。同样的道理，如果传统文化只存在于学者的书斋里或研讨会上，那么我们也可以说，它已经死亡了。中华传统文化的"纯学术化"，是件极为可怕的事情。避免之道，就学者而言，能够并应该做的，就是应该有越来越多的人走进中小学校，走进城市社区，走进村村寨寨，做些传统文化"扫盲"的工作，唤醒实际还存在于人们心中的文化基因；同时，有越来越多的学者为工人、农民、学生写些通俗的读物，并和文化创意工作者合作，把看似深奥的道理，用人们喜闻乐见的形式，用人人能懂的话语展现出来。话又说回来，普及、通俗化的工作并不好做——只有深入，才能浅出；唯有浅出，才能继续深入。

5.宗教的补充作用。

六中全会《决定》提出："全面贯彻党的宗教工作基本方针，发挥宗教界人士和信教群众在促进文化繁荣发展中的积极作用。"那么，如何看待宗教在当今文化建设中的作用呢？

　　从宗教发展史来看,宗教几乎和人类同龄。宗教起源于人类对未知领域(人的自身和宇宙的奥妙、事物的不可预测)的恐惧和敬畏。当人自知是人而不是其他什么的时候,即自觉到自身存在的时候,生与死就成了他最关心的问题。于是人类自己创造出了宗教,给上述问题以种种解答,目的是给自己以安慰、寄托和期望。

　　例如犹太教和由它直接和间接地派生的基督教、天主教、伊斯兰教,都信奉一个超验的、绝对的、创造了除其自己之外的一切的神,神要求人信仰它,按它的启示行善,忏悔自己的罪恶,死后就可以进入天国,回到神的身边,否则就要沦入地狱,经受种种苦难。这样,宗教对其信众而言就具有了无比的神圣性和吸引力。

　　又如佛教,不重在说明宇宙的起源,所以佛经上常说"无始无终",一再讲述"无始以来"的事。释迦牟尼不是神,而是古印度迦毗罗卫国净饭王的太子,名悉达多,生于迦毗罗卫城的蓝毗尼园,母亲名摩耶,产后七天去世,太子由其姨妈波阇波提抚养。释迦牟尼出生在人间,成长在人间,求法于人间,悟道于人间,涅槃在人间,遗骨(舍利)留传在人间。所谓"佛",即觉悟之义。悟什么?即参悟人生和宇宙的规律,把握正确对待生与死、己与他的态度和方法。在佛教看来,万事万物俱有因果,即"缘起论",无无因之果,也无无果之因。由此要人们看透人生之苦的原因,把握消除苦的方法。可见,佛教是重视现世的,不同于完全寄托于彼岸的犹太教等。

　　不管是"神启"式的宗教,还是"觉者"教导的宗教,归根结底都是对人的关怀,只不过它们都"聚焦"于"终极关怀",即对人生最大的事——生与死的思考和从苦中解脱,以及与此密不可分的对宇宙终极的关注,并给出本教本宗的答案。各个宗教的所有教义,几乎都是从这一点引申出来的。为了到达天国或解脱生老病死之苦,就需明了天人之理,需要行善,需要和平。

　　历史上,各种宗教在长期布道、发展、变革过程中,都形成了各自不同的理论体系,积累了大量经典和历代智者对经典的解释,同时极大地影响了世界各地的文学、艺术、哲学和科学的发展,以至深深地根植于人们的生活和心里。因而可以说,宗教是一种文化,是直接作用于人心的文化,是各民族文化中的一个重要组成部分,甚至可以说,就起源而论,没有宗教也就没有文化,中国也不例外。因而在弘扬、发展中华文化的时候,不能忽视宗教。

我国固有的宗教只有道教;佛教经过自汉至唐与中土文化的磨合,已经中国化了,也应该视为中国原有的宗教;基督教、天主教、伊斯兰教,进入中国短则数百年,长则上千年,也已经适应了中国的国情。因而中华文化中的包容、和合、尊祖敬宗、利己利他,以及仁、义、礼、智、信等观念已经不同程度地被外来宗教所吸收。而宗教的哲学思辨、对自然的敬畏、对死亡的相对淡定(包括薄葬),也融入了中华文化。

但是,宗教从来具有两面性,即促进社会和谐的一面和不利于和谐的一面。在中国古代历史上,凡是盛世皇朝,都是既充分发挥了宗教积极的一面,又制约和限制其消极的一面。现在的问题是,由于对宗教的种种误解和怀疑(其中有些则是宗教自身建设不足造成的),影响了对宗教特质的深入研究,在制约它和使它发挥作用两方面都有加强的空间。如果我们能以史为鉴,总结、借鉴历史上成功和失败的经验与教训,把宗教作为补充,对管理的方法做必要的调整,那么也必将有利于新文化的建设。总之,在考虑文化战略的时候,不能忘记了宗教这一领域。

6.文学艺术的优越性和局限性。

当人们谈到文化的时候,首先就会想到文学艺术。因为文学艺术能够形象、生动地显现时代精神以及人们的愿望和对过往的记忆,"嬉笑怒骂皆成文章"。所以,人们普遍喜爱文学艺术,需要文学艺术,因而文学艺术对民族文化素质的提高能起到很大作用。这就是它的优越之处。

但是文学艺术也有其局限性:一是创作周期比较长,往往是回忆式的叙事。二是反映时代精神的方式是曲折的。它拒绝直白式的说教,所以对创作者和欣赏者的知识、文化水平有较高的要求。虽然娱乐性的艺术常常能为一般大众所欢迎,但是如果创作者没有对生活和时代的深刻理解,没有较高的道德修养,就容易走到媚俗的路上去,不仅不能提高受众,反而会适得其反。三是成本相对于其他文化传播方式普遍较高,有时难免受到一些客观条件的限制。

文学和艺术本属于人民大众,人民的生活和创造是文学艺术的源泉,也应为大众所享用,但是在当今市场经济环境中,容易成为"小众文学和艺术"。如何尽量回避文学艺术的局限,在大众文化的发展中逐步创造、丰富新文化,这是个极其重要的课题。

当前,我国正在积极进行的文化体制改革和各级政府强调的发展文化创意产业,就是在这一领域所采取的战略措施,就是为让所有人民能够享有文化,为未来开辟道路。

三、一旦中华文化能够大踏步地"走出去"了,
就意味着中华文化之身已经强健了

任何文化的弘扬、发展,最重要的是要处理好两件事:一件事情是牢固地树立文化的主体性。这种主体性应该存在于人们的心中和日常生活中;另一件事情是自觉地与异质文化进行接触,通过接触,了解、理解、欣赏、学习对方。

文化的开放性和主体性,是辩证统一的。没有主体性,无论是国家还是个人,就没有根基;没有主见,在与异质文化接触时,就可能或发生不应有的冲撞、抵制,或者走向另一端,良莠不分、囫囵吞枣、盲目信从,最后失去自我,不知"'我'是谁"。反过来说,如果文化不开放,不自觉地与异质文化接触,就会故步自封,久而久之,文化就要凋敝;而文化不强,国家也将衰落,近300年的历史就是最好的说明。

文化"走出去",是文化自觉的集中体现。从19世纪后半期起,洋务运动、戊戌变法、辛亥革命、"五四运动",都是因为接触了西方文化而催生的,但都是外国人或国人介绍进来的,包括马克思主义,也是俄国十月革命给我们送来的,我们是被动中的主动或主动中的被动。现在,六中全会《决定》提出:"实施文化走出去战略,不断增强中华文化国际影响力。"这可能是中华民族发展史上第一次把"文化走出去"提到全体国人的面前,是千载难逢的机遇。其根本的原因是经过30多年的改革开放,中国的经济实力强了,我们的文化开始自觉了。

当前,中华文化"走出去",还面临着诸多困难:一是现在西方文化,尤其是美国文化,已经统治了全世界,中华文化别具一格,是个"例外",常常被视为"异类"加以拒绝。二是西方对中华文化的偏见根深蒂固,动辄说我们在搞"价值观输出"(这本来是个伪命题,在此不详述),刁难、抵制层出不穷。这种情况一时难以改变。三是我们还不善于用外国人喜

闻乐见的形式和话语,客观地介绍中华民族以及当今中国。最近几年,中华文化"走出去"的情况有所好转,一个突出的表现是孔子学院已经遍布五大洲的 105 个国家。西方评论说:这是西方主流社会能够接受的中国唯一的文化产品。这一经验值得认真总结,以便让它在中华文化和各国进行综合交流方面发挥更大作用。

中华文化"走出去",自古就有,但那不是自觉的,是随着商品、移民或战争自然流出的。当中国积贫积弱,或在世界经济中没有地位的时候,即使自觉地向外介绍,也不会引人注意。现在开始自觉地向外走了,但还不是"大踏步",只是"小碎步"。要想"大踏步",还要走相当长的路,一是要等中国真正强大起来,中华文化强大起来;二是要学会"大踏步"。

文化交流大体有三个层次和渠道:第一个是政府间的交流,主要是因时、因地、因人(对象),围绕着国家间的利益进行。这种交流决定着国家间的政治关系。第二个是学者间的交流。这种交流学术性强,参与者寡,却直插文化根底,接触彼此的价值观、世界观、伦理观,其影响久远。这种接触的成果可以观照文化的所有领域,真正了解对方的"心"和"根"。第三个是大众间的交流,也就是现在开始常提到的"公共外交",商贸、旅游、留学、演出、体育竞赛等都属此类。

我认为,在这三个层次或渠道中,最重要的是第二个。因为学界的交流可以超越政治和意识形态,上可以影响各自的决策者,下可以影响大众,而且是在文化的根本上产生影响。现在,我们的情况恰恰是这方面薄弱。因为我们对自己文化的研究还不够深广,同时,研究文化的学者 90% 以上不能用他国语言进行交流;即使交流,也缺乏与异质文化交流的话语技巧和应对方法。这都是长期封闭的后果。最难的是第三个层次或渠道。在大众交流(公共外交)方面,现在参与的人不少,但是懂得或精熟某种形态文化的较多,了解文化与交流规律的较少。这是由于一般游客、文化工作者,曾经受到教育体制的局限。

总之,在我看来,中华文化"走出去"是必然之势,实施"文化强国"战略,目前一个重要的任务就要把这件事摆到重要议事日程上,加大力量。但是,以前我们并没有做好相应的准备,因此,近年我提出了"固本强身,走向世界"和"小步快走"的想法。其意思是,中华文化"走出去"的速度可能决定于国家经济实力和在文化"走出去"方面投入的多或少;而效果的大小、影响的深浅,则基本上决定于我们自己的文化建设和研究的水平。有前一点,所以可以快,有后一点,所以只能是小碎步,不是我们不想大踏步,而是大不起来。一旦中华文化能够大踏步地"走出去"了,就意味着中华文化之身已经强健了;而"走出去",也会影响和促进"固本强身"。

对于中华文化和新文化建设的思考

一、文化在人类社会中的地位和作用

分讲四点：文化即"人化"；文化是人类认同的标准；文化是人类进步的标志；文化是人类最高的追求。

1.为什么说文化即"人化"？

作为最高级的哺乳动物，人与其他动物的区别到底在什么地方呢？在长期进化的过程中，人化的水平是在不断提高的，至今也没有达到终点，而且可能永远达不到终点。未来还有多少年？不知道。现在我们有两个"不知道"：一是不知道人怎么成为人的。课本上都在讲人是怎样来的，说老实话，这些都是假设，得不到验证，即使挖出元谋人、山顶洞人也还不够，也只能根据他们的骨骼、牙齿或者身边的石头、动物残骸作些推测，剩下的全都靠猜想。而这些猜想是永远得不到印证的，因为环境没有了。二是不知道人类的未来。按照马克思主义的学说，人类的未来是建成共产主义，这也是假设，是推理。但是我们信仰它，我们坚信人类社会一定能走到更高级的地步，也就是中国古人说的大同社会。可是共产主义社会到底是什么样子？建成了之后，人又会怎么发展？还是不知道。第一个不知道是因为历史没给我们留下活生生的东西，第二个不知道属于必然，需要我们慢慢去知道。因为我们所获得的，只是相对的真理，绝对的真理还需要不断探究，而且永远也达不到"绝对"，这是马克思主义的基本观点之一。

先来说人和动物的区别。人和动物的共同点，就是生物性的要求。2300多年前孟子就说过："食、色，性也。"——这句话是孟子的弟子说的，孟子没有否认，所以也可以算是孟子的思想。食、色，这是动物的本性，连植物都知道。植物要吸入二氧化碳，要汲取地下的营养，雄蕊和雌蕊的花粉要合一，来孕育种子。食是为了本体的保存，活下去；色，也就是两性，是为了物种或种族的延续。这都是不用教的。所以孟子就说："人之所以异于禽兽者，几希。"人和动物的区别就是那么一点点，这一点点，就是千百万年形成的本质的区别。这区别就在于，我们有语言，我们会制造和使用工具。现在有人研究说，鸟、大猩猩都有自己的语言了，但都是假设，没有得到印证。语言，从出现的时候起就定位是属于人类的，动物的发声只是一种生物性的反映,它的叫声没有含义,因此不能交流思想,不能做报告。人则因为有了语言,所以能交流,促进了思维的发展,形成了牢固的群体,有了认识自身的能力。我们可以做一个试验:当婴儿稍微有点意识之后,你把他(她)抱到镜子面前,他(她)会伸手摸那个小朋友,他(她)不知道那是自己。你再把小狗、小猫抱到镜子前,它们的反应跟婴儿是一样的。等长大一点,婴儿就产生了自我意识,知道了那就是自己,但小狗、小猫就是到了十七岁——相当人的一百多岁,它也不知道那个影像就是自己。另外人还会反思,不是一般的思考,是返回自身和过去的思考。例如年轻人喜欢追问自己的人生价值,能够进行"自我设计",这都是对自身的认识。这些加上有了语言,就形成了我们今天所说的文化。因此,文化是人跟动物的一个本质区别。

文化的最初形态是什么?还是不可知。我们只知道在原始社会人们就知道把贝壳用东西拴起来,后来能够钻孔就串起来,作为身体的装饰,后来演变成今天的项链,这是一种对美的追求。但是,佩带上它,他或她是什么心情?在一个部落里,或者没有形成部落,就是一个自然的人群里,别人看了之后什么反应?自己制作的,还是交换来的?这些疑问我们一概不知道,然而这些东西说明,人已经开始变成人了。人之为人,是从意识到"我"这点开始的。我经常要强调:文化是区别人和动物的本质特征,而这种"人化",也就是文化,是不断提高的。可以说,文化的进步和人类的进步是同步的。人类有文字的历史,大概 6000 年。6000 年前,在两河流域,就是今天的伊拉克,出现了苏美尔人。人们长期都不知道那里曾经有苏美尔人和苏美尔文化,直到 19 世纪破译了苏美尔的楔形文字,又叫钉头文字,这才了解了当时的一些社会状况。我们常说史前时期,就是指文字之前的时期。有文字可考的历史,最悠久的是两河流域,其次是埃及。而中国有文字可考的历史有 3000 多年,中国人最早使用的是甲骨文。有了文字,按照一般的说法就是进入到文明阶段了。先有文化,然后这个"文"彰"明"了。

语言促进了人的思想的发展。历来对于语言的定义,都说语言是思维和交流的工具,我把它颠倒过来了:语言是交流和思维的工具。语言因交流而产生,没有交流就没有语言,它的第一功能是交流。交流的时候一定要说话或者书写,书写的也还是语言,思考的时候就不一定是语言。例如此时我说话的时候，下一句说什么，没有稿子，并没想好语句，一下子就出来了，所以交流应该是语言的第一功能、第一动因。思考是在交流的促使下产生和发展的，不交流，一个人的思想提不高，所知的内容也会枯竭。因为思想的发展，人从原始人到现代人，社会从原始社会到现代社会，几百万年下来，杨利伟们可以上天了，人类的进步多快啊！你再看看狼、老虎，人工驯养的马、骡、驴、牛、羊和家里的宠物，它们有多大进步？从人类开始有了文字到现在，只是人类历史上的一瞬间。可就是这一瞬间，因为有文字和语言，有思想，人类加速了发展。

我认为在人类的发展史上，有两个加速器。一个加速器是语言的形成，人会思维了，后来还发明了文字。这时开始，人类包括人类的大脑加快发展。第二个加速器是公元前 500 年左右的轴心时代。这是德国神学家和哲学家雅斯贝尔斯提出的理论。他认为公元前 800 年到公元前 200 年之间，特别是公元前 500 年左右是世界的轴心时代。那个时期，人类的思维在加速，广义的文化也在加速，比较集中地形成了一批认识上的成果，那个时代的人们为人类的发展做出了巨大的贡献。贡献在哪里？从西往东说，希腊出现了苏格拉底、柏拉图、亚里士多德等一批哲学家，他们开始思考神的问题、人的问题以及人和神的关系问题，现在的问题、过去的问题和未来的问题。往东走，到了今天的加沙地带，巴勒斯坦，出现了亚伯拉罕，他创立了犹太教，也在思考生、死问题，过去、现在和未来的问题。再向东走，中国出现了孔夫子、老子以及前前后后的诸子百家，他们同样在思考生、死的问题，也就是今天和明天的问题，即今天应该怎样生活，最后走到哪里，思考人的身心问题，人和大自然的关系问题等等。再向南，相差几十年，古印度出现了释迦牟尼，他创立了佛教。轴心时代哲人所提出的问题和对这些问题的回答，基本思想是接近的。他们所提出的问题，至今还是我们人类思考的基本范畴；他们给出的答案，至今没有前进半步。但是轴心时代四个地方的发展很不一样，中东是游牧，中国是比较发达的农业，印度是畜牧和农业结合。因为交通工具不发达，这些哲人没有交流，即使在本地，也只是率领少数人去思考、去研究、去辩论、去实践。像苏格拉底在学园里面和学生辩论，孔子门下七十二贤人，受释迦牟尼亲传的也是少数人。那时生产不发达，人们整天忙于衣食住行，首先要满足"食色，性也"，知识虽难以普及，却出现了文化的高峰。殷周时代以后，又经过了 2000 多年，在西方出了个马克思。他汲取了西方有文字可考的所有文明成果进行思考，在继承中发展，提出最后人要走向大同世界。其实柏拉图的理想国、中国的大同世界、佛教的极乐世界都是这样的梦想，但都是朴素的、原始的、朦胧的。马克思论述人类发展的历史，认为通过生产关系的改变、生产力潜力的释放和人的全面发展，人类最后要进入高级社会，这是马克思在文化问题上里程碑式的贡献。

我们一定要牢牢地树立文化发展的观点。文化发展是无形的，它要积累到一定的程度才变成有形的。从原始人到高度发达的人，从高度发达的人到有思想、有学说的人，再随着生产力和生产关系的不断变化，农业时代、工业时代、信息时代一路走来，这些都是标记。而在标记和标记之间是有过渡的。这一点鲁迅先生在《写在〈坟〉的后面》一文中说得很清楚，一切事物在转变中，多多少少是总有中间物的。动植物之间，无脊椎和脊椎动物之间，都有中间物，可以说，在进化的链条上，一切都是中间物。

这是鲁迅先生发展变化的观点，人也是这样。人的两个趋向的搏斗，用鲁迅先生《故乡》里的一段话就可以生动地说明。小时候跟他一起玩耍的长工的孩子闰土，等到年长了再见面时，叫了他一声"老爷"，鲁迅马上感到和闰土之间已经有了一堵墙了。当他要带着母亲和侄儿坐船回北京的时候，侄儿问他："我们什么时候回来？"引起他一番感想，他希望他的侄儿和闰土的孩子能成为朋友，"然而我又不愿意他们因为要一气，都如我的辛苦辗转而生活，也不愿意他们都如闰土的辛苦麻木而生活，也不愿意都如别人的辛苦恣睢而生活。他们应该有新的生活，为我们所未经生活过的"。这样，鲁迅把当时旧社会的中国人分了三类：一类如他，即鲁迅，为了新的生活不断地奋斗，因而要辗转南北，搞得很辛苦；一类如闰土，幼时在一起的朋友，至今仍然是麻木的，迷信鬼神，不知道反抗，不知道自己穷的理由；一类是有钱有势的人，放纵，堕落。恣睢的人也很辛苦啊，甚至比正常工作人还辛苦。三种人都是辛苦人，但是状态不一样，目标不一样，麻木者无目标，恣睢者的目标是个人的、一时的、短暂的，辗转者就是为了民族、为了人类奋斗的。两个趋向的搏斗，其中一个趋向是为己，为己是动物性；另一个不仅仅为己，更重要的是为他，这才是人性。恣睢者需要用文化唤醒，让其回到正常的路上来；麻木者也需要用文化唤醒，让他了解今天的生活和明天的生活的关系、个人和集体的关系。鲁迅先生的有些观点，今天看来需要再斟酌，但是他的基本思想应该说是闪烁着中华民族智慧的光辉。人和动物相同之处，是生存繁衍的物质基础，就是食和色。不同之处，中国人讲仁、义，西方基督徒讲究爱，爱的第一个对象是上帝，不管我们赞成不赞成，是否真实，这些是区别于动物的，是"人化"的。

在我看来，凡是过分地体现人的动物性，轻视和贬低"人化"的，都是违背了人类的发展规律的。现在社会上出现的淫秽、凶杀、欺骗、压榨乃至战争——这战争当然是指不义的侵略战争，不包括自卫战争——都属于这一类。网上有一条消息，陕西一个民办林场幼儿园，闯进去一个四十八岁的村民，手持利刃，砍死了7名儿童和1名老师，11个人受伤，这个村民回到家自杀了。我就想不通，这人心怎么啦？孩子不管是不是自己的，爱还爱不过来，居然能下手一刀砍死，连动物都不如，禽兽！这就是人的兽性。可是，我们很多的文化产品不回避这一点，起到了反面作用，例如一些暴力的影片和动漫。据网上报道，一个学者访问了400个未成年的罪犯，都是重刑犯，有的拿起凶器对自己的亲人下手啊！问起原因，多数孩子回答是从电视上学的。我对现在的影视节目，牢骚比较多。警匪片作为警示，警告大众不要上当受骗，展现公安干警的英勇机智，这是可以的，但是全程地播、生动形象地播，其本身就成了一种教唆。最近为什么连续在小学和幼儿园出现凶杀，就是跟报道学习的。

2.文化是人类认同的标准。

2000多年前，我们的先人就说："物以类聚，人以群分。"人是社会性的动物，是群分的，而分的标准又不同。按照社会发展的脉络，先有部落，后来有部族，然后有民族，有国家，再扩大范围就是人种。在不同的人群当中，都有各自的文化。例如，在国外游览的时候，突然听到背后有东北话，或者上海话，你一定回头看，大家相对一笑，认同了。人以群分，要有相认的标记。这个标记不是头发、眼睛、鼻子。假定一个海外华人的后裔，不会说中国话了，到中国来，即使穿上唐装，但一说话就需要翻译，你马上觉得他不是自己的同类人，是个外国人。因而文化就成了一个民族的凝聚力和约束力。古人所谓"心有灵犀一点通"，这灵犀就是文化。

人的群分可以有不同的标准，最核心的是利益之分，像我们面对的个人、集体、国家之间的关系问题，国家和国家之间的关系问题。但是，最根本的群分标准还是文化。利益是一时的，飘忽不定的，例如中美关系，忽而吵起来，忽而好起来；好，好不到哪去，坏，坏不到破裂。政治的关系是一时的，当时欧洲的明灯阿尔巴尼亚，现在又如何？而文化之间的凝聚和认同，可以说是永恒的。

我们现在更多谈到的是文化的凝聚力，但我认为应该同时讲约束力。约束力体现在哪儿？体现为人伦、道德、伦理。这伦理、道德就是一种社会生活的规范、家庭生活的规范，是一部不成文法。在这个约束力当中，突出的是宗教信仰。小平同志曾批评我们的教育，说教育是失败的，精神文明这一手没有硬起来，我看这个问题至今没有解决。现在很多人信佛教、信基督教，信仰是自由的，但作为一个无神论的国家，无神论的政党引导的国家，还是应该引导更多的人信仰我们的主义。除此之外，风俗、礼仪、艺术、语言，都是一种凝聚力和约束力。我不知道现在年轻人出国后是什么想法，20世纪八九十年代，留学生中相当多的人到了国外之后，要家里给他寄中国音乐的磁带，特别点名要《梁祝》，要《二泉映月》。那时在留学生住的公寓里，常常可以听到《梁祝》反复地、无数遍地播，他的一切思乡之情、对祖国的感情、对亲人的思念，都寄托在这些音乐的旋律上。这就是一种无形的凝聚力、约束力。

对于人群来说，最重要的是具有独特力量的社区。这个社区是社会学的意义上的，不是指居民小区或是村落，而是指的以某种标准聚合起来的人群。我们的军营就是一个社区，一所学校是一个社区，一个企业也是一个社区。社区文化，目前是全中国的薄弱环节，因为随着城市建设的发展，经过几十年甚至于上百年所形成的老社区已经被打乱。像北京的四合院，经过"文化大革命"变成了大杂院，一个大杂院就是小社区，张奶奶、李爷爷对王家的儿子、孙子都有照顾，赵家的年轻人对张爷爷、李爷爷、王奶奶也很尊敬，这就是大杂院的社区文化。城市一改造，大杂院的人全分开了，每个人都住进"鸽子笼"，窗户外罩着安全网。一个楼的住户又不是一个单位的，住上三年，楼上那家姓什么、叫什么、在哪儿工作都不知道，这就形成不了一个社区的文化。这一点西方资本主义社会有经验,社区有人做慈善事业,做文化事业,再加社区和宗教教育结合,把文化渗透到每家、每户、每个人。我们现在过分强调八小时之外是自己的,无聊就上网打游戏、网聊。所以社区的建设要特别注意,"心有灵犀一点通",是一个文化认同问题。

中国人"心有灵犀一点通"的文化在什么地方呢? 那就是中国文化当中的仁义之心。我的学生遍布好几个国家,藏独势力折腾时,他们自发组织起来,自己出钱租大巴,凌晨出发,开车四五小时,抢占有利地形,来抵制藏独。出国了,他乡遇故知,不管是否认识,一句中国话就拉近了彼此的距离。又如一些人出访时,吃牛奶、面包、牛排、鱼片,大概三天之后就想吃馄饨、稀饭,这其实也是一种文化的力量,饮食取向也是一种文化。所以我曾经说过这样的话,孩子只要坚持跟父母吃中国饭,大概吃到十岁,中国心就留下来了,将来在外面也不会改变。这就是文化的力量。

3.文化是人类进步的标志。

生产力和生产关系的发展,是人类进步的根本的动力,也是文化的基础。有了生产力的发展,有了一定的物质基础,才谈得起文化。举例来说,在原始社会,人们是乱婚的,那时也没什么所谓的乱伦。后来知道这样不利,于是形成了群婚,在一个群体里或者说一个未成型的部落之间,内部可以随便地寻求配偶,并且不是固定的。再后来,人们从实践中发现这种乱婚或群婚对后代很不利,于是形成了对偶婚。《左传》中就有"男女同姓,其生不蕃"的话。研究证明,由于近亲结婚,达尔文家族大多数人都夭折了。《左传》记载,姬姓的诸侯娶妻子,绝不找姬姓的诸侯,这是对偶婚的遗留。社会进一步向前发展,由于生产力、生产关系的因素,财产继承要保证继承人血统的纯正,于是形成一夫一妻制。马克思也说过,一夫一妻制是人类婚姻生活发展的最高级阶段,是人性最集中的体现。

同时,文化和政治、政体、政权这三者有着极其密切的关系。虽然文化和"三政"都是经济基础之上的上层建筑,但是上层建筑之间,可以互相抵消,也可以互相促进。现在我要强调的是,文化当中的最高表现在大家看来可能是艺术作品的质量,这也不错,但是就其内涵来说,文化的最高表现是智慧。何谓智慧? 就是轴心时代的那几位伟人所提出的问题:第一,人和人的关系问题。也就是个体对个体、个体对群体、群体对群体的关系。这群体放大到最大就是人类,缩小点就是国家、民族。第二,人和天的关系的问题。中国人心目中的天是大自然,也就是人和自然的关系问题。第三,现在和未来的关系问题。用西方的神学语言说,是"终极关怀"问题。个人走向哪里?人类最后走向哪里?第四,个人的身和心的关系问题。心也就是意识、思想,是主观,身是客观,在心之外。对这些关系问题的回答就是智慧,是文化最核心的东西。

文化和政治、政体、政权关系极其密切,社会上有很多论述。我想用哈佛大学亨廷顿教授的论述来进一步说明。他写了《文明的冲突与世界秩序的重建》一书,遭到全世界学者的抨击,但他仍坚持自己的观点,至死不改。后来他又写了《我们是谁》一书。他认为,从历史上看,美国的特性涉及四个主要组成部分:人种、民族、文化记忆、意识形态。人种和民族单一的美国已不复存在。200多年前,英国的清教徒,由于理念和英国王室不相容,受到压迫,于是就冒险乘坐"五月花号",漂到了已经被荷兰、西班牙开辟的所谓新大陆。后来经过战争、谈判、赎买,美国的版图一个州一个州地扩大了。当时美国的人种是单一的,就是英格兰的人。可是要发展,这样不行。美洲很肥沃,于是就有大量的移民先后来到这里,人种和民族单一的美国不复存在,四个主要部分去掉两个了。那么文化记忆呢?苏联的解体表明,在缺乏人种、民族和文化共性的情况下,意识形态的黏合力量是比较弱的。早在20世纪90年代,费正清就提出意识形态的黏合力是弱的。容我不客气地说,至今我们有的同志还没有意识到这一点,还想凭着意识形态凝聚整个中华民族。这样做有些时候是可以的,但长久了就显出它是比较弱的。以苏联的经验看,一旦上层发生变化,加盟共和国一个个地都独立了。而民族、文化和人种的黏合力要强得多,我们西藏的重要性、新疆的重要性就在这里。美国的办法就是重新振作国民身份和国家特性的意识,振奋国家的目标感,以及强化国民共有的文化价值观。它的国家特性意识,就是民主、自由、人权;国家的目标感说穿了,就是做世界警察、世界的领导、世界上唯一的超级大国,永远统治世界。海湾战争之后我访美,住在洛杉矶,有一件事让我很震惊。海湾战争美国打赢了,我从十几层楼上往下看,高速公路上的汽车一律在天线上绑一根黄丝绸条,车上坐的,既有白种人、黑种

人,也有黄种人,这就是一种国家特性意识。尽管美国在两伊战争期间
有百万人游行,但说实话,在美国这是少数,多数是赞成打的,打胜了,他
们心里是高兴的。当抓到萨达姆之后,在华盛顿、纽约的国旗店,国旗全
卖光了,全城没有人通知,完全自动悬挂。我们挂国旗有时还需要小区
居委会主任通知呢,千万不要小看这点。亨廷顿还说,"9·11"事件引人
注目,象征着 21 世纪作为意识形态世纪和意识形态冲突世纪的结束,以
及一个新的时代的开始。在这个时代,人们主要是从文化和宗教信仰的
角度界定自己的,宗教信仰是文化的核心。他认为,美国现在的实际敌
人和潜在敌人,是宗教驱动的恐怖分子和完全非意识形态的中国民族主
义。亨廷顿的这两本书和他的文章,是美国历届总统、白宫制定国内外
政策的理论基础。他还说过这样的意思:基督教文化和伊斯兰教文化必
然要发生激烈的冲突(说这话的时候,还没发生伊拉克战争、阿富汗战
争),但是基督教和伊斯兰教的矛盾是可以解决的,无法解决的是基督教
和儒教之间的矛盾。他认为实际敌人是恐怖分子,潜在敌人是中国,而
最根本的问题就是和中国的矛盾。非常清晰啊! 看过这一段,你再看看
小布什、克林顿和奥巴马的一系列表现,看看太平洋舰队司令的言论,就
豁然而解,原来核心思想在这儿呢。他随时跟你"当面叫哥哥,背后掏
'家伙'",但是今天的"家伙"不完全是武器,还有贸易保护主义,人权大
棒,煽动藏独、疆独,等等,没事就给你挠挠痒,想要遏制你。所以文化和
政治、文化和政体、文化和政权息息相关,只靠意识形态是不行的,智慧
才是文化最高表现。

4.文化是人类最高的追求。

"仓廪实而知礼节",这是我们中国人的经验,是《管子》上的话;"温
饱思淫欲",这是老百姓都知道的话。这是说,当人们仓廪实了,小康了,
就要引导、启发人们内心原来潜在的东西,去追求一个人的伦理观、价值
观、世界观和审美观,合起来其实就是信仰。我对文化的层次有这样的
界定:表层是物质文化,围绕着衣食住行的好恶取舍;中层是制度文化,
即风俗、礼仪、宗教、艺术、制度、法律;底层是精神文化或者哲学文化。

中国的传统文化,基本上成熟于农耕时代。农耕时代人群的要求首
先是生活要稳定,不像游牧生活那样逐水草而居,因为只有稳定了才可
以在前人垦殖的基础上增产;要合力,原始的耕作独自一个人不行,独自

一个家庭也不行；要积累，知识要积累，技能要积累，财富要积累，生产工具要传承，生产技术要传承，土地要传承，观念也要传承；同时，在艰难的环境里生产需要坚韧的意志，人们必须勤俭、勇敢、聪明，这些都是中华民族的文化基因。

我们的一些文化积淀是从经验中形成的，而不是神所告诫的。与此不同的是，西方的宗教根源是犹太教，犹太教派生出基督教，基督教又派生出天主教，穆罕默德汲取了犹太教、基督教的一些文化和启发，又创造了伊斯兰教。为什么亨廷顿说基督教和伊斯兰教之间的矛盾可以调解？因为他们都是一神论，他们的很多理念是一样的。中国则截然不同，中华文化根植于农耕社会，人们的追求跟他们有质的区别。正是因为农耕社会的生活要合力，要和谐，人们养成了一种包容一切的胸怀。外来的宗教，如伊斯兰教、基督教、天主教和儒家、道教相容，这种情况在世界上少有，甚至可以说是绝无仅有。西方千百年来宗教战争连绵不断，至今世界上的冲突大概 90% 以上仍和民族、宗教问题有直接关系。我们不是单方面的宽容，因为宽容这个词是一种恩赐，是有条件的恩赐，如果你赎罪、认罪了，我就宽容你。我们是包容，包容是彼此通过长时间的接触、摩擦之后，互相学习、彼此尊重和适当"妥协"的结果。一个字之差，体现两种价值。主体文化的包容性是关键，对于我们来说就是儒家文化的包容性。各民族、各宗教相尊相融，共同创造和构成了中华文化，这是中华民族在这块土地上"超稳定"的原因。"超稳定"这个词是英国的大历史学家汤因比说的。虽然千百年来，中华大地上战争不断，动乱不少，但是比较欧洲来看，则是令人羡慕地稳定，绝大多数时代是统一政权，而欧洲分裂成那么多国家。汤因比 1974 年去世前（当时我们的"文化大革命"正如火如荼）说，中国有可能自觉地把西方更灵活也更激烈的火力与自身保守、稳定的传统文化熔为一炉，如果这种有意识、有节制地进行的恰当融合取得成果，其结果可能为文明的人类提供一个全新的文化起点。历史学家看的不是一个时段，看的是几千年，他做出了这样的结论：如果中国共产党能够在社会和经济的战略选择方面开辟出一条新路（请注意，这个时候，小平同志还没提出来中国特色社会主义道路这个概念），那么它也会证明自己有能力给全世界提供中国和世界都需要的礼物。这个礼物应该是现代西方的活力和传统中国的稳定二者恰当的结合。对这个大学者的预见性和坦率,我们不能不肃然起敬。

二、当前文化建设的紧迫性

当前中国的文化建设处在这样一个环境里面:第一,中国社会的三个"转型"同时到来;第二,我们的内部,在文化问题上经过了上百年的迷茫和探索;第三,我们的外部,经受着"全球化"的冲击。文化的建设和发展,是全面建设小康社会的必备条件之一,也是祖国统一的必要条件。

"三个"转型是指,从农耕社会转向工业社会,从计划经济条件下以政治为中心转为市场经济条件下以经济建设为中心,从封闭转为开放。三管齐下,中国社会所承受的压力非常巨大。我们内部,经过洋务运动"中学为体,西学为用",经过"五四运动""打倒孔家店",经过全面学习苏联,又经过"文化大革命"打倒一切,然后在这个基础上,突然改革开放,还没有做好文化的准备。外部呢? 经济"全球化"冲击。所谓经济全球化的本质是什么? 我认为到现在为止,仍然是西方发达国家剩余的产品、资本和技术向着发展中国家漂移,选择性地攫取最高利润额。中国积极加入 WTO,就是要改变这种格局,虽然是孤军奋战,但已经取得发言的资格了,这在经济上是一种博弈。文化上呢? 我们不能不答应国外的电影、电视、书籍要进来,他的企业也要进来,企业是带着文化进来的。文化本来应该是多元的,但是现在世界文化基本是一元的,也就是美国文化占统治地位。每次出访,对方问我有什么要求,我都说想到农村看看。我看到在非洲小山村的沙石路旁居然都竖着可口可乐的招牌,可以说无孔不入啊。到所有国家打开电视,全是 CNN。如果去西方发达国家,那几天宾馆就特意给我开通中央四台的节目,否则全是 CNN、BBC。所以,文化多元是很艰难的。但是由于有中国的存在,有中国文化的存在,所以美国人文化一体化的妄想坚持下去也会越来越艰难。现在他们开始意识到,中国可以学他们的技术和管理,但中国人的价值观恐怕改变不了。那么,这种情况下,中国文化要走出去,就看我们经济和文化强大到什么程度,我们是不是善于走出去,这是世界性的任务、历史性的任务。在经济全球化的冲击下,全世界的民族文化都处在危机之中。有的民族至今还处于原始状态,他们没有历史记忆,最早的历史是殖民者记下的历史,这种情况下,原始的文化很快就没有了。不要小看原始文化,原始文化有它的灵感,有它的美。例如非洲的手鼓、舞蹈、歌唱和雕刻,现在西方很多歌曲和绘画都从中汲取灵感。中华民族这样的文化,如果抵不住经济全球化的冲击,也会陷于危机。

发展文化也是全面建设小康社会的必备条件。小康的标准不是单指财政收入、个人收入等等。小康这个词来自于《礼记·礼运》篇。"大同"则是"天下为公"的理想社会。在大同社会里,"选贤与(举)能,讲信修睦。故人不独亲其亲,不独子其子,使老有所终,壮有所用,幼有所长,矜、寡、孤、独、废疾者皆有所养,男有分,女有归。货恶其弃于地也,不必藏于己;力恶其不出于身也,不必为己。是故谋闭而不兴,盗窃乱贼而不作"。这反映了原始公有制社会的一些特征。对"小康"的基本要求也是这些,差的是"不必为己"。在小康社会里,人们还是要"各亲其亲,各子其子,货力为己"。为了维持这种私有社会的秩序,就必须讲求礼义,"以正君臣,以笃父子,以睦兄弟,以和夫妇,以设制度,以立田里"。现在党中央提出全面建设小康社会,文化建设是非常重要的一方面。我们在文化建设上要有更高的要求。党中央当前所采取的措施,我们的施政、亲民政策,也都是在向这个方向努力。

三、怎样建设社会主义新文化

讲到这里,可以说水到渠成。第一,要遵循文化发展的规律;第二,要发挥传统文化的巨大力量;第三,要抓教育。文化的破坏是从教育始,文化的建设也要从教育始;第四,是学习风气的问题。戒除浮躁,宁静致远。

文化的发展,要充分认识到经济基础和上层建筑的关系,上层建筑受着经济基础的制约,同时又反作用于经济基层。苏联的垮台、东欧的解体,都充分证明了这一点。没费一枪一弹,就是文化的问题,不完全是意识形态问题,也不完全是斯大林重视重工业、军事工业,对民生关注不够的问题。1960年开始的三年困难时期,我们的经济基础非常薄弱,中国怎么没垮呀?"文化大革命"后期,国民经济处于崩溃的边缘,全国只有12亿(一说2亿)美元的外汇储备,那是很危险的啊!我们为什么没垮？为什么那么多社会主义国家纷纷解体，中国社会主义能岿然屹立？除了有小平同志的理论，有几十年建设的基础，还有一点，就是社会主义的理想，小康的理想符合中国人的理想，符合《礼记·礼运》所说的理想社会。也可以说，中国人的向往，与科学社会主义、中国特色社会主义有着潜在的、天然的同一性。

"文化就是生活方式"这句话所含的道理，在于强调创造来自于生活。文化的建设、发展要靠政府的推动，要靠创作者的深思熟虑，从而把我们的价值观、伦理观、审美观用艺术的、人们喜闻乐见的形式，不声不响、不贴标签、点点滴滴渗到人们心里，这就是文化规律，说教不是文化。另外，还要处理好"雅"与"俗"的关系。我有一篇文章《论民族文化的雅与俗》，在网上可以搜到，我在这不多说了。我的意思是搞高雅文化的人要注意俗文化，只有高雅的文化领路，俗文化才能提高。可是现在，似乎两家不搭界，俗文化没有引导，雅文化没有借鉴。周杰伦能写《青花瓷》，我们的词作者怎么就不能写呢？我们应该并可以比他写得更好、更优美。中华民族的文化不比不知道，和其他一些国家一比吓一跳！真是闭眼一抓到处都是资源啊！资源在哪里呢？在生活里，在书里。《全唐诗》中很多篇章都可以谱成非常优美的曲子。我也曾经倡导过，却以失败告终了。

节庆是民族文化很重要的内容，是人们释放自己无拘无束感情的时候。像春节，对"春晚"我不置可否，我只是不看而已，播"春晚"的时候，我在读书。"春晚"的特点是强迫人们看东西，本来春节是一个自由的时间，一家人开玩笑啊、闹啊、吃啊、放爆竹啊，可是现在缺乏文化，就只能看"春晚"，演什么看什么。这且不说了，现在许多人喜欢过洋节，比如圣诞节。圣诞本来就是 3 世纪时一个神父假设的，连公元 1 年都是假设的，但我们的年轻人却过得津津有味。台湾的龙应台写过一篇文章，她说中国的年轻人（指台湾的年轻人），过洋节就像是走路碰见一个祠堂，进去就磕头，磕了半天头，还不知道拜的老祖宗姓什么呢。这话说得很有道理。要有节庆，各年龄段的人都要借这机会欢快一下。我不赞成单纯提"释放"，应该说是一种表达，表达美好的感情。所以情人节可以有，现在不是很多人提"七夕"吗？其实我早就提出来了。王维的诗："红豆生南国，春来发几枝。愿君多采撷，此物最相思。"一首诗的力量真是无穷的。红豆为什么最相思呢？红豆，一色的中国红，心形，小而坚，不易腐。20世纪70年代，广东的朋友给我十几粒，我就献给我夫人，放在小瓶里几十年了，到现在也没坏。这些品质就像爱情，很难得，很难萌发，一旦萌发出来不得了，它可以千年不变。这样的诗谱成曲子，又雅又俗，谱得好了，会非常流行啊。再比如"慈母手中线，游子身上衣。临行密密缝，意恐迟迟归"，也可以谱成曲子。我相信如果在一个晚会上有些小孩子唱起来，或者海归们唱起来，绝对是催人泪下。现在也有人把王维的诗、李白的诗谱成曲子，但大部分不是很理想。我印象深刻的，就是"翻作"的那张"旧船票"。

"雅"与"俗"的关系问题，就是继承和发展的关系问题。民族文化是在原有基础上升华、改造的，不可能从平地起，也不可能是外来的照搬照抄。中华传统文化经过千百年的过滤、锤炼，是民族的灵魂，是民族的标志，是民族认同的主要内容，是祖宗给我们留下的永不枯竭的乳汁。《中国青年报》2009年2月5日有篇文章，说了这么一段话：在社会科学、自然科学技术和文学艺术等方面，还缺少原创性的、富有震撼力的成就，中西文化交流，还多表现为西方的科学管理模式，各种思想、理论、学说和艺术向中国单向传播的过程。中国文化对发展中国家的影响，也无法与西方媲美。这段话很有道理，文化，特别是底层的文化，是一个国家灵魂进步的标志，一个国家真正的强大，不在于外汇储备多少，也不完全在于有多少航母和歼击机，而是需要经济、军事、文化都强大。美国的强大，就是经济、军事加上他的文化穿透力。美国文化诉诸人的感官，刺激人的兽性，这是人最容易接受的。不管它好还是不好，美国在文化上是强大的。如果未来的中国在科学文化方面依旧重复以往学习和模仿西方的道路，国民就难以继续保持精神上的凝聚力、亲和力和向心力，至少真的"代沟"就出现了。以前我在学校做领导的时候，学生们让我谈"代沟"问题，我不赞成这个词，我认为不存在。不同的年龄段，不同的心理发展阶段，人与人之间都存在缺乏沟通的问题，要说"沟"，则处处皆是。但那时候学生的价值观、伦理观跟我是一样的，只不过表述不一样，取向略有差异。今天我承认"代沟"很厉害，这个"代沟"并不是时代之沟、年龄之沟，实际上是中西文化之"沟"。一旦这个"代沟"处处存在，家庭、社区、国家乃至部队，其凝聚力、向心力、亲和力都要减弱了。在纪律的约束下，在课堂上、连队里、会议上，一个人可以表态表得很好，但是心里到底怎么想？在没有领导、同事、同学的情况下他会怎样做？真是未可知啊！当然，在国家遇到特别事务的时候，全国上下可以奋然而起，显示出巨大的凝聚力，这也让外国人感到惊奇甚至害怕。但是一个国家的凝聚力、亲和力和向心力，不能只靠突发的灾难，更多的时间是和平，是平平淡淡的生活，是衣食住行。文化建设太重要了，没有大量属于中国的、具有中国"知识产权"和"发明专利"的新思想、新观念、新技术和新艺术的不断问世，并对中国乃至整个人类的社会进程产生重大的影响，中国经济的提升和发展就会缺乏动力源泉、智力支持和消费市场。我们依靠文化影响力的提升来发展自己，是中国重新崛起的正确选择。此外，一个全新的、共同的人类文化体系正在形成，中国文化应该为之做出贡献。

抓教育，就要抓教育的主要功能。现在，教育传授知识和技能，这是必要的；但是本质上，主要的还是要培育灵魂，也就是民族文化的保存、继承和创新。现在的教育忽略了这一点，家长们忽略了这一点，学生们也忽略了这一点。历史的经验值得汲取啊！我们古代的学校，官学主要培养官吏，发展学术和文化主要是私学，私学培养了历史上大量的著名人物。孔子是办私学的第一人，中华民族的思想绝大多数是从私学里出来，然后变成全民族的。从我们全面学习苏联开始，传统教育就断掉了，现在回想起来，连课程的设置、上课的教法，都照抄苏联的。"文化大革命"时期，学校停课，大学都停办。后来毛主席说"大学还是要办的"，但主要是指理工科大学。大学主要应该是作用于人的灵魂。有一次我给学生讲课，讲的是通过《说文解字》来看中国人的思维特点。其间我的思维跑远了，我说：200多年来工业革命的成就是巨大的，改变了人类的物质生活条件，但从哲学角度讲，科学200多年来几乎荡然无存，发展的只是技术，只是工具，而且这种技术首先是发展军事的。科学是什么？科学不仅仅要研究物质，并从中归纳、提炼出关于客观世界的思想，同时还要研究人的灵魂。"五四"的"赛先生"引进的不是科学而只是技术。

人类已经进入到信息时代，轴心时代提出的东西到现在依然如故。我在一个学术会议上讲到：人类再次走到十字路口，下一步往哪里走，恐怕由现在起就要准备；也许一二百年之后会再出现一个核心时代，智慧的人们结合今天的生产力、生产关系和自然的变化，再提出如何处理人和人、身和心、人和天的关系。从这个角度说，西方学术界的主流已经在质疑、批判、解构西方 300 年来的传统，其中有一部分人开始面向东方，从中华民族的文化中发现了极其可贵的东西。其来势之凶猛，远远大于 400 年前意大利传教士把中国的《论语》翻译成拉丁文之后在欧洲所引起的震惊和震动，而我们却并没有充分认识到自己传统文化的价值。

从轴心时代到现在，几乎不同的民族、国家乃至整个人类，到了一定的阶段或遇到了困难与灾难，都要有一次所谓的"回归"，即反思，从传统中找到文化前进的营养。文艺复兴本身就是回归，从祖宗的怀里再吸取乳汁，吸了乳汁自己长大了，但是已经不是原样的乳汁了，也不是原样的母亲了，文化创造发展了。沉下心来就会发现，中华民族和别的民族有共同的地方，像《古兰经》上说：当孝敬父母，当优待亲戚，当怜恤孤儿，当救济贫民，当亲爱近邻，当款待旅客，当宽待奴仆。《圣经》中说：当孝敬父母，不可杀人，不可奸淫，不可偷盗，不可做假证陷害人，不可贪恋人的房屋，也不可贪恋人的妻子、奴婢、牛驴，并一切所有的。所以说文化还是有相通的地方，只不过在基督教和伊斯兰教世界里，一切的学术，从文学、历史、哲学、社会学到自然科学，都是从上帝和安拉创造一切来发源的。一直到黑格尔，西方的哲学被称为"神学的婢女"，即"使唤丫头"。我曾在一篇文章里说：几十年来，如果说西方的哲学是宗教的婢女，那么中国的哲学不过是怡红院里侍候袭人的丫头，就是侍候婢女的婢女。我们的哲学应该来自于生活实践的总结和提高，他们的哲学来自于神。现在我们说文化走出去，是想增强我们文化的影响力，这也是世界的需要。因为西方人明确说，再照着西方的思想走下去，人类会自己毁灭自己，这就需要掺上中华文化。所以我想，文化走出去的问题，是我们一切文化工作者历史性的责任。

正统華夷

刘浦江 ——

著

中国传统
政治文化研究

中华书局

图书在版编目（CIP）数据

正统与华夷：中国传统政治文化研究/刘浦江著. —北京：中华
书局,2025.5.—（中华学术·有道）.—ISBN 978-7-101-16854-9

Ⅰ.D092

中国国家版本馆 CIP 数据核字第 2024Z71R59 号

书　　名	正统与华夷：中国传统政治文化研究
著　　者	刘浦江
扉页题签	徐　俊
丛 书 名	中华学术·有道
责任编辑	樊玉兰
装帧设计	刘　丽
责任印制	管　斌
出版发行	中华书局
	（北京市丰台区太平桥西里38号　100073）
	http://www.zhbc.com.cn
	E-mail:zhbc@ zhbc.com.cn
印　　刷	北京盛通印刷股份有限公司
版　　次	2025 年 5 月第 1 版
	2025 年 5 月第 1 次印刷
规　　格	开本/920×1250 毫米　1/32
	印张 13⅛　插页 2　字数 296 千字
印　　数	1-3000 册
国际书号	ISBN 978-7-101-16854-9
定　　价	78.00 元

目　录